普通高等教育规划教材

合作博弈论
及其在信息领域的应用

马忠贵 编著

北 京
冶 金 工 业 出 版 社
2020

内 容 提 要

本书以合作博弈论模型为主线，系统地介绍了无限次重复博弈、讨价还价博弈、联盟型合作博弈、匹配博弈以及合作微分博弈的基本概念、原理和算法，并循序渐进地介绍了合作博弈论在信息网络分析、设计、建模和优化中的应用。本书注重理论与实践相结合，每章编入 2~3 个信息网络应用实例，力求对合作博弈理论和应用进行精炼介绍。

本书可作为高等院校通信与信息系统、电子与通信工程专业的教学用书，也可供通信与电子信息领域的科研人员和工程技术人员参考。

图书在版编目(CIP)数据

合作博弈论及其在信息领域的应用／马忠贵编著．—北京：冶金工业出版社，2020.9

普通高等教育规划教材

ISBN 978-7-5024-8513-9

Ⅰ.①合… Ⅱ.①马… Ⅲ.①博弈论—应用—信息技术—高等学校—教材 Ⅳ.①G202

中国版本图书馆 CIP 数据核字(2020)第 165263 号

出 版 人 陈玉千

地　　址 北京市东城区嵩祝院北巷 39 号 邮编 100009 电话 (010)64027926

网　　址 www.cnmip.com.cn 电子信箱 yjcbs@cnmip.com.cn

责任编辑 王 颖 美术编辑 彭子赫 版式设计 禹 蕊

责任校对 李 娜 责任印制 李玉山

ISBN 978-7-5024-8513-9

冶金工业出版社出版发行；各地新华书店经销；三河市双峰印刷装订有限公司印刷

2020 年 9 月第 1 版，2020 年 9 月第 1 次印刷

787mm×1092mm 1/16；11.5 印张；277 千字；172 页

49.90 元

冶金工业出版社 投稿电话 (010)64027932 投稿信箱 tougao@cnmip.com.cn

冶金工业出版社营销中心 电话 (010)64044283 传真 (010)64027893

冶金工业出版社天猫旗舰店 yjgycbs.tmall.com

（本书如有印装质量问题，本社营销中心负责退换）

前　　言

当今世界充满了各种矛盾和冲突，潜伏着无数的危机。为了解决这些矛盾和冲突，处理潜在的危机，参与者就需要进行合作。成功的合作往往能通过协同效应发挥各方的优势，共同创造共赢的局面，甚至实现帕累托效率。

基于合作博弈论对当今世界发展所做出的重要贡献，瑞典皇家科学院 2005 年将诺贝尔经济学奖授予希伯来大学的罗伯特·奥曼（Robert Aumann）和马里兰大学的托马斯·谢林（Thomas Schelling），获奖理由是通过对博弈论的分析加深了对冲突与合作的理解；2012 年将诺贝尔经济学奖授予哈佛大学的埃尔文·罗斯（Alvin Roth）和加州大学洛杉矶分校的罗伊德·夏普利（Lloyd Shapley），获奖理由是创建“稳定匹配”理论，并进行“市场设计”的实践。作为一门工具学科，合作博弈论能够在经济学中如此广泛运用并得到学术界两次垂青实为罕见，从而国内外掀起了一股关于合作博弈论研究的热潮。

云计算、物联网以及大数据的飞速发展对信息网络产生了巨大的冲击。新一代信息网络将支持高速接入、交互式多媒体通信、视频会议、实时在线游戏、电子商务、车联网和智能家庭等多种服务。然而，实现上述服务仍存在诸多困难，其中一个主要的困难是在时变的异构网络环境中如何设计分布式动态算法，确保网络操作的鲁棒性。信息网络通常会涉及多个用户竞争性地使用时间、空间、通信、计算、存储等资源，为了避免无序的竞争导致网络的整体性能下降，并支持新一代信息服务，必须要开发出高效的算法和机制以确保资源、成本和性能的最优配置。在合作博弈论和信息网络各自飞速发展的大背景下，将二者结合起来就再自然不过了。因此，采用目前流行的合作博弈论来设计和建模信息网络中的资源分配方案能激发用户间的合作，从而达到网络的性能最优化与资源利用率最大化的目的。

博弈论是研究具有竞争或合作性质现象的理论和方法，它既是现代数学的一个新分支，也是运筹学的一个重要学科。博弈论作为一种形式化框架，研究的是独立的理性参与者的行为发生直接相互作用（动态交互）时，参与者如何进行决策，以及这种决策如何达到均衡。由于信息网络中的用户具有自私性，例如，蜂窝网络中的用户倾向于最大化自己的性能而提高发射功率，但这种最大化会影响网络中其他用户，这样就会形成竞争性场景；与此同时，在一些场景中，蜂窝网络中的用户又需要进行合作以提高网络的总体性能。这些场景激发了许多研究人员和工程师采用合作博弈论的理论与模型对信息网络中的竞争与合作进行建模。在这种情况下，合作博弈论被用于解决信息网络中的许多协议设计问题，诸如资源分配、流量控制、拥塞控制、接入控制、功率控制、路由协议、网络安全、协作中继通信和波束形成等。

博弈论中对于“合作”的研究可以分为三部分。(1) 如果事先可以达成一个具有约束力的合作协议，就使用合作博弈方法，这种合作博弈不考虑参与者合作的具体细节，而专注于合作的结果。(2) 如果事先无法达成一个具有约束力的合作协议，或者达成合约的成本过高，就使用能够实现合作结果的非合作方法，如讨价还价博弈，这类博弈专注于分析合作达成的具体过程。(3) 无限次重复动态博弈，即参与者之间长期重复进行博弈。例如，“囚徒困境”进行无限次博弈，仍可达到合作的结果。事实上，无限次重复博弈和讨价还价博弈都是达成合作博弈解的非合作方法。

本书分为 8 章，在介绍博弈论基础知识后，分别研究以上三种类型的合作博弈论，包括无限次重复博弈、讨价还价博弈、联盟型合作博弈、匹配博弈、合作微分博弈。本书特别编入了诺贝尔经济学奖获得者的一些理论成果，例如匹配博弈；同时，也编入了应用于连续动态合作场景下的合作微分博弈。这些内容都为本书增色不少。本书将飞速发展的合作博弈论的基本原理同信息网络中的实际应用相结合，立足于技术前沿，全面系统地介绍了合作博弈论的基本概念、基本原理和算法，循序渐进地介绍了合作博弈论在信息网络分析、设计、建模和优化中的应用。

作者从 2008 年 9 月到现在，每年秋季学期为博士生讲授“合作微分博弈及其在通信网络中的应用”这门课程。目前国内出版的博弈论教材多以非合作博弈为主，对合作博弈论不涉及或很少涉及。但在十余年的教学中，作者体会到基于合作博弈论的系统建模更加符合实际情况，能够让参与者走出“囚徒困境”，实现网络或系统的双赢甚至多赢。于是作者适时地将授课内容转向合作博弈论，也催生了写作本书的计划。合作博弈论能够将网络中各个用户的竞争行为以效用函数的形式表现出来，可以从数学分析的角度去探索激励机制对网络用户行为的影响，允许建立适当的模型去促使用户积极地参与网络的合作。

此外，在网络资源较为有限的场合下，合作博弈论还对如何公平合理地分配网络资源起到指导作用。

在本书的撰写过程中，曾得到北京科技大学的相关领导、同事、朋友以及家人的大力支持与帮助，在此一并表示衷心的感谢！本书获“北京科技大学研究生教育发展基金”资助，特此致谢！

本书在编写过程中，参考了有关合作博弈论的文献资料，在此向文献的作者表示感谢。

由于作者水平所限，书中不妥之处，恳请专家和读者批评指正。

作　者

2020 年 5 月于北京

目　　录

第 1 章　绪论 …… 1

1.1　博弈论的定义 …… 1
1.2　博弈的基本元素 …… 3
1.2.1　参与者 …… 3
1.2.2　行动 …… 3
1.2.3　信息 …… 3
1.2.4　策略 …… 4
1.2.5　支付 …… 4
1.2.6　理性 …… 5
1.2.7　目标 …… 5
1.2.8　行动顺序 …… 5
1.2.9　结果 …… 5
1.2.10　均衡 …… 5
1.3　博弈论的分类 …… 8
1.3.1　静态博弈和动态博弈 …… 8
1.3.2　完全信息博弈和不完全信息博弈 …… 9
1.3.3　非合作博弈和合作博弈 …… 9
1.3.4　零和/非零和博弈 …… 10
1.3.5　确定性微分博弈和随机微分博弈 …… 11
1.4　合作博弈论 …… 11
1.4.1　合作博弈论的研究现状 …… 11
1.4.2　合作博弈论的分类 …… 15
1.5　信息领域中的合作 …… 17
参考文献 …… 20

第 2 章　博弈论的数学基础 …… 23

2.1　集合与函数 …… 23
2.1.1　集合 …… 23
2.1.2　函数 …… 24
2.2　决策理论 …… 25
2.2.1　效用理论的提出 …… 26
2.2.2　确定条件下的决策 …… 28
2.2.3　不确定条件下的决策 …… 29

2.3 最优化理论 …… 31
2.3.1 静态最优化 …… 32
2.3.2 动态最优化 …… 35
2.4 经典变分法 …… 36
2.4.1 泛函与变分的定义 …… 36
2.4.2 泛函的极值 …… 38
2.4.3 泛函极值的变分原理 …… 38
2.5 动态规划 …… 39
2.5.1 有限时域动态最优化问题 …… 40
2.5.2 无穷时域动态最优化问题 …… 41
2.6 最大值原理 …… 42
参考文献 …… 43

第3章 无限次重复博弈 …… 44

3.1 静态博弈和动态博弈 …… 44
3.1.1 静态博弈 …… 44
3.1.2 动态博弈 …… 46
3.2 有限次重复博弈 …… 55
3.2.1 重复博弈的基本概念 …… 55
3.2.2 有限次重复博弈 …… 57
3.3 无限次重复博弈 …… 58
3.4 基于重复博弈的P2P网络资源共享模型 …… 63
3.4.1 基于重复博弈的P2P网络资源共享模型描述 …… 63
3.4.2 重复博弈的有限状态自动机 …… 65
3.4.3 仿真分析 …… 65
参考文献 …… 66

第4章 纳什讨价还价博弈 …… 67

4.1 讨价还价问题 …… 67
4.1.1 讨价还价的概念和特点 …… 68
4.1.2 两人讨价还价模型 …… 69
4.2 纳什讨价还价解 …… 70
4.2.1 博弈论框架下的两人讨价还价问题 …… 71
4.2.2 纳什公理 …… 71
4.2.3 纳什讨价还价解 …… 73
4.3 讨价还价双方的效用比较 …… 76
4.4 可转移效用的讨价还价解 …… 78
4.5 卡莱-斯莫罗迪斯基解 …… 79
4.6 纳什讨价还价博弈在认知无线电频谱共享中的应用 …… 80

4.6.1　频谱共享的系统模型 …… 80
4.6.2　频谱共享的讨价还价博弈模型 …… 81
4.7　纳什讨价还价博弈在功率控制中的应用 …… 82
4.7.1　功率控制的纳什讨价还价模型 …… 82
4.7.2　功率控制的卡莱-斯莫罗迪斯基模型 …… 83
4.7.3　仿真分析 …… 84
参考文献 …… 85

第5章　两人轮流出价的讨价还价博弈 …… 86

5.1　鲁宾斯坦讨价还价模型 …… 86
5.1.1　有限次轮流出价的讨价还价博弈 …… 87
5.1.2　无限次轮流出价的讨价还价博弈与鲁宾斯坦定理 …… 88
5.2　存在“谈判破裂风险”的讨价还价过程 …… 89
5.3　无限次重复博弈的防重新谈判均衡 …… 95
5.4　未充分使用的频谱定价算法 …… 97
5.4.1　频谱交易系统模型 …… 98
5.4.2　频谱交易博弈模型 …… 99
5.4.3　仿真分析 …… 99
参考文献 …… 101

第6章　联盟型合作博弈 …… 102

6.1　联盟型合作博弈的概念及其表示 …… 102
6.1.1　联盟型合作博弈的概念和分类 …… 103
6.1.2　特征函数型联盟博弈 …… 105
6.1.3　划分函数型联盟博弈 …… 107
6.1.4　几种特殊的联盟型合作博弈 …… 108
6.2　分配 …… 109
6.3　优超关系 …… 110
6.4　核 …… 110
6.4.1　核的特征 …… 110
6.4.2　核的求解 …… 111
6.4.3　空核与核的存在性 …… 112
6.5　稳定集 …… 112
6.6　核仁 …… 113
6.7　夏普利值 …… 114
6.8　应用 …… 115
6.8.1　合作波束的形成 …… 115
6.8.2　平均远场波束方向图 …… 117
参考文献 …… 118

第 7 章 匹配博弈 …… 120
7.1 匹配博弈的概念和分类 …… 120
7.1.1 匹配博弈的概念 …… 120
7.1.2 匹配博弈的分类 …… 122
7.2 一对一稳定匹配博弈 …… 123
7.2.1 一对一稳定匹配的形式化模型 …… 123
7.2.2 一对一稳定匹配框架 …… 125
7.2.3 GS 算法 …… 127
7.2.4 匈牙利算法 …… 131
7.3 多对一匹配博弈 …… 131
7.3.1 多对一匹配的形式化模型 …… 132
7.3.2 稳定性和群体稳定性 …… 133
7.3.3 NIMP 算法 …… 134
7.4 多对多匹配博弈 …… 136
7.4.1 多对多匹配的形式化模型 …… 136
7.4.2 ISF 算法 …… 136
7.5 动态匹配博弈 …… 139
7.6 稳定婚姻模型在 D2D 通信中的应用 …… 140
7.6.1 系统模型和问题表述 …… 140
7.6.2 具有偏好的资源分配 …… 141
7.6.3 仿真结果与分析 …… 144
7.7 多对多匹配博弈在 D2D 网络中的应用 …… 146
7.7.1 网络场景与模型建立 …… 146
7.7.2 双层匹配博弈算法 …… 147
7.7.3 仿真结果 …… 148
参考文献 …… 150

第 8 章 合作微分博弈 …… 151
8.1 n 人非合作微分博弈模型及其解 …… 151
8.1.1 n 人非合作微分博弈模型 …… 151
8.1.2 n 人非合作微分博弈的纳什均衡解 …… 152
8.2 n 人合作微分博弈模型及其解 …… 156
8.2.1 n 人合作微分博弈模型 …… 156
8.2.2 解的分配 …… 157
8.3 n 人合作微分博弈的求解过程 …… 159
8.4 基于合作微分博弈的认知无线网络动态频谱分配建模 …… 161
8.4.1 基于合作微分博弈的动态频谱分配形式化建模 …… 161
8.4.2 动态频谱分配模型求解 …… 162

8.5　基于合作微分博弈的移动 Ad Hoc 网络速率分配 …… 166
8.5.1　基于合作微分博弈的形式化建模 …… 166
8.5.2　合作微分博弈算法求解 …… 167
8.5.3　模拟实验与结果分析 …… 169
参考文献 …… 172

第1章 绪 论

【本章要点】

田忌赛马的故事在中国妇孺皆知，说的是战国时期齐威王和大将田忌赛马，参赛的马被分成上中下三等，齐王的马在每一等级上都比田忌的马好。齐王原本是稳操胜券的，但军师孙膑给田忌出了个主意，要田忌用下等马输给齐王的上等马，然后用上等马和中等马分别赢了齐王的中等马和下等马，三局两胜，最后是处在劣势的田忌赢了齐威王。这中间包含的道理就是“博弈论”。

军事、经济、政治乃至社会的各个领域都充满着冲突与竞争，博弈论无疑是解决这些冲突与竞争问题的有力工具。博弈论最大的特点是能够为相应的博弈过程找到纳什均衡点，有时纳什均衡点也正是最优策略解，这样，博弈论就可以指导和分析现代信息网络的众多算法设计，使得我们对某些问题的研究找到最优策略。

非合作博弈论关心的是策略，它研究的是参与者在博弈中如何做出决策。而合作博弈论研究参与者期望得到什么结果。在合作博弈论中，考察联盟怎样形成、哪些联盟可以形成以及形成的联盟怎样分配他们的收益。学习和研究合作博弈论具有重要的现实意义。当前中国提出构建和谐社会的设想，一个和谐社会不仅要具有建立在完善法制基础上的公平竞争机制，同时也要建立各种各样的公平合理的分配机制。而“公平”作为和谐在分配中的具体体现，需要进一步从理论上加以阐明。本书试图对于什么是“公平”“合理”的分配加以理论分析，并应用于指导和分析现代信息网络的众多算法设计。

本章主要内容包括：1.1 节给出博弈论的定义，指出其与决策论的本质区别。1.2 节详细介绍了博弈的基本元素（包括参与者、行动、信息、策略、支付、理性、目标、行动顺序、结果、均衡），希望读者认真领会每个元素的基本含义，为后面章节的学习打下坚实的基础。1.3 节介绍了博弈论的几种分类方法，本书主要介绍合作博弈论。1.4 节对合作博弈论的研究现状进行综述，并对三类合作博弈论进行了论述，指出了本书的框架。1.5 节简要介绍了信息领域和信息网络中存在的合作，并指出合作博弈论在信息领域应用的可行性。

1.1 博弈论的定义

利益冲突与竞争是人类社会永恒的主题，即使是在所谓的“双赢”状态下，也依然存在着谁赢多、谁赢少的矛盾。在人与人之间存在着利益冲突与竞争时，参与者所进行的行为选择，我们称为“博弈”。而“博弈论”正是运用现代的数学模型来分析博弈行为的理论，是研究具有冲突或竞争性质现象的数学理论和方法，它既是现代应用数学的一个新分支，也是运筹学的一个重要学科[1]。

博弈论（Game Theory）亦称“对策论”或“赛局理论”，在我国的台湾地区则称为“游戏理论”[2]，至今仍无统一的确切定义。1991 年罗杰·迈尔森（Roger Myerson）给出的定义为：博弈论是对智能的理性决策者之间冲突与合作的数学模型的研究。博弈论为分析那些涉及两个或更多个参与者且其决策会影响相互间的利益的局势提供了一般的数学方法[3]。1994 年的诺贝尔经济学奖获得者约翰·海萨尼（John Harsanyi）对博弈论的论述为：博弈论是关于策略相互作用的理论[4]。就是说，它是关于社会局势中理性行为的理论，其中每个参与者对自己行动的选择必须以他对其他参与者反应的判断为基础。2005 年的诺贝尔经济学奖获得者罗伯特·奥曼（Robert Aumann）将博弈论称为“相互有影响的决策论”[5]。罗伯特·吉本斯（Robert Gibbons）所著的著名教材《博弈论基础》称：博弈论是研究多人决策问题的理论[6]。而国外不少著名的教材未给出博弈论的定义。可见，要给出博弈论完整准确的定义是困难的。

博弈论是研究若干决策主体之间的动态交互过程。这些决策主体也称为决策者（Decision Makers）、参与者（或局中人，Players）、主体（Agents）等。本书为了叙述上的一致性，统一将决策主体称为参与者。在总结前人工作的基础上，我们给出博弈论的定义如下：研究参与者的行为发生直接相互作用（动态交互）时，他们如何进行决策，以及这种决策如何达到均衡。所谓动态交互，通常是指博弈中的任何一个参与者受到其他参与者的行为的影响，反过来，他的行为也影响到其他参与者。由于这种相互影响，博弈的结果依赖于每一个参与者的决策，没有一个参与者能完全地控制所要发生的事情，也没有一个参与者处于孤独的状态。由于参与者的相互影响，博弈中一个理性的参与者必定建立在预测其他参与者的反应之上。一个参与者将自己置身于其他参与者的位置并为他着想，从而预测其他参与者将选择的行动。博弈论刻画的是参与者之间的直接互动，而非间接互动。在这个基础上该参与者决定自己最理想的行动，这就是博弈论方法的本质与精髓。

对博弈论概念的理解，需要注意以下三点：

（1）博弈论可以看作是多人决策理论，即是两个或两个以上参与者之间的决策理论。而决策论一般是单人决策，因此也可以说博弈论是决策论的拓展，它更能反映人类经济和社会活动的本质特点。用一个形象的例子可以说明博弈论与单人决策论之间的区别：石匠的决策（单人决策论）与拳击手的决策（博弈论）。

（2）参与者的理性假设。如果一个参与者在实现其目标时能前后一致地做决策，我们就称该参与者是理性的。在基于决策理论的基本结论而建立起来的博弈论中，我们假设每个参与者的目标是追求其个人期望收益或效用最大化。理性参与者在面临给定的约束条件下，应该按使自己的期望收益或效用最大化的方式去做决策。也就是说，每个参与者在决定采取哪种行动时，不但要根据自身的利益和目标行事，而且要考虑到他的决策行为对其他参与者可能的影响，通过选择最佳行动计划，来寻求收益或效用的最大化。

（3）参与者的智能性假设。当我们像博弈论专家那样分析一个博弈时，如果参与者知道我们对此博弈所知道的一切，并能做出我们对此局势所能做出的一切推断，我们就说此博弈的参与者是智能的。博弈论一般都假设参与者在上述意义上是智能的。

人生是永不停歇的博弈过程，通过博弈策略达到合意的结果。作为博弈者个人而言，最佳策略是最大限度地利用博弈规则，最大化自己的利益；而作为社会最佳策略，是通过规则使社会整体福利增加。博弈论不但在理论界中光彩夺目，而且在经济、社会、军事、政治、管理、环境、信息科学、人工智能、生物学等领域受到了人们更大的关注，也得到了广泛的应用。

1.2 博弈的基本元素

博弈的基本元素包括参与者（Player）、行动（Action）、信息（Information）、策略（Strategy）、支付（或报酬，Payoff）、理性（Rationality）、目标（Objective）、行动顺序（Order of Play）、结果（Outcome）和均衡（Equilibrium）。博弈是由这些元素所组成的决策情况，当中每个元素都必须清楚明确。以下是这些元素的精确定义。

1.2.1 参与者

参与者也称为局中人，是指博弈中选择行动以最大化自己效用的决策主体，本书统一使用参与者。参与者可以是自然人，也可以是各种社会组织，如企业、政府、社团等，在一些应用中也可能是生物等其他主体。我们称由两位参与者组成的博弈为二人博弈，而由 n 位参与者组成的博弈称为 n 人博弈。在博弈论里，我们常用 $\Gamma=\{1, 2, \cdots, n\}$ 来表示一个 n 人博弈的所有参与者的集合，用 $i\in\Gamma$ 代表博弈中的任何一位参与者，亦即代表一位任意的参与者。为了讨论的方便，我们将某个参与者 i 之外的其他参与者称为“i 的对手”，记为 $-i$。一般来说，博弈的参与者被定义为理性的。

为了分析问题的方便，引入“自然”作为虚拟参与者，它往往表示一种博弈面临的环境或外生条件，使用 N 表示。自然没有自己的支付和目标函数（即所有结果对它是无差异的），参与者决策的后果依赖于自然的选择。在不完全信息博弈中，自然选择参与者的类型。

1.2.2 行动

行动是参与者在一个特定的时间点上的决策变量。在一个 n 人博弈中，用 $a_i\in A_i$ 表示第 i 位参与者的一个特定的行动，而 A_i 则表示他在整个博弈里可以采取的全部行动的集合，这个集合又称为行动集。行动的顺序对于博弈的结果是非常重要的，事实上，不同的行动顺序意味着不同的博弈。在博弈论中，一般假设参与者的行动空间和行动顺序是所有参与者的共同知识。

1.2.3 信息

信息是参与者所具有的有关博弈的所有知识，如有关其他参与者行动或策略的知识、有关参与者支付的知识等。在博弈论里，常常通过信息集来描述信息。信息集可以理解为参与者在特定的时间点上有关不同的变量值的知识。信息集内的元素是参与者认为可能的不同值。在一个博弈中，如果每位参与者的信息集都只包含一个值，那么我们便称它为完美信息。反之，则称为不完美信息。我们称一个信息为共同知识，当且仅当，这个信息是所有参与者都知道的，而每位参与者都知道所有参与者都知道的，且如此直到无穷。我们称一个博弈拥有完全信息，当且仅当，每位参与者的类型、策略空间和支付函数等都是共同知识。反之，则称为不完全信息。故此，一个不完全信息的博弈必定是不完美的，而一个不完美信息的博弈却未必是不完全的。参与者在博弈中所享有的信息量对于博弈的结果有着重大的影响，博弈中的信息对称程度（或不对称程度）也决定着博弈的特征和结果。

1.2.4 策略

策略与行动是十分相似的两个概念。策略可以分为纯策略和混合策略。纯策略是参与者在给定信息集的情况下选择行动的一种规则，它规定参与者在什么情况下选择什么行动，是参与者的“相机行动方案”。它是一项规则而非行动本身，每个参与者均有可供其选择的多种策略。而行动是指参与者的决策变量。在一个 n 人博弈中，可以用 $s_i \in S_i$ 表示第 i 位参与者的一个特定策略，而 S_i 则表示第 i 位参与者所有可选择的策略的集合或策略空间。n 个参与者各选择一个策略形成的 n 维向量 $\boldsymbol{s}=(s_1, s_2, \cdots, s_n)$ 被称为策略组合，策略组合的集合为 $\boldsymbol{S}=\times_i S_i$。

混合策略是在纯策略基础上形成的，参与者 i 的混合策略 σ_i 是其纯策略空间 S_i 上的一种概率分布，表示参与者实际博弈时根据这种概率分布在纯策略中随机选择加以实施。$\sigma_i(s_i)$ 表示 σ_i 分配给纯策略 s_i 的概率，参与者 i 的混合策略空间记为 $\sum i$，混合策略组合空间为 $\sum =\times_i \sum i$。可以看到，纯策略可视为混合策略的特例，也就是对某个纯策略赋予概率 1 而对其他纯策略赋予概率 0 的混合策略。

为了表达上的简略，我们今后可将除第 i 个参与者所选择策略 $s_i \in S_i$ 之外的其他所有参与者所选择的策略组合向量记为 $\boldsymbol{s}_{-i}=(s_1, \cdots, s_{i-1}, s_{i+1}, \cdots, s_n)$，$s_i \in S_i$，$i \in \Gamma$，又记 $\boldsymbol{s}=(s_1, \cdots, s_{i-1}, s_i, s_{i+1}, \cdots, s_n)=(s_i, \boldsymbol{s}_{-i})$。

为了下文讨论的方便，记参与者 i 之外其他参与者（即 i 的对手）所采取策略的组合为 $\boldsymbol{s}_{-i}=(s_1, \cdots, s_{i-1}, s_i, s_{i+1}, \cdots, s_n)$，$s_i \in S_i$，$i \in \Gamma$。由于我们常常要讨论只有一个参与者改变策略的情况，因此我们将策略组合 $(s_1, \cdots, s_{i-1}, s_i', s_{i+1}, \cdots, s_n)$ 记为 $(s_i', \boldsymbol{s}_{-i})$。在一些文献中，对此还有另一种表示方式 $s \setminus s_i'$，表示策略组合 s 中参与者 i 改变策略为 s_i' 后形成的新策略组合。对混合策略，也有类似记法。

在静态博弈中，策略和行动是相同的。作为一种行动规则，策略必须是完备的。

1.2.5 支付

在博弈里，参与者对不同结果，可以有不同的渴望程度或满意程度，参与者对不同结果的偏好，都可以根据冯·诺依曼和摩根斯坦恩的方法用数字来量度。支付指每个参与者从各种策略组合中获得的收益，其中收益往往采用效用概念，由于它是策略组合 s 的函数，所以也被称为支付函数。在一个 n 人博弈中，用 $u_i(s_1, \cdots, s_i, \cdots, s_n)$ 表示第 i 位参与者的支付，n 维向量 $\boldsymbol{u}=(u_1, u_2, \cdots, u_n)$ 则称为支付组合。对应于混合策略，参与者的支付为得到的期望效用，参与者 i 对应于混合策略组合 σ 的支付为：$u_i(\sigma) = \sum_{s \in S} [\prod_{j=1}^{n} \sigma_j(s_j)] u_i(s)$。

博弈的基本特征是一个参与者的支付不仅取决于自己的策略选择，而且取决于所有其他参与者的策略选择。因此，每个参与者的最优决策函数中也包括其他参与者的决策，这就是所谓的反应函数。

1.2.6 理性

在博弈论里，“理性”的定义与在哲学上和在其他社会科学上的定义是不同的。根据冯·诺依曼和摩根斯坦恩的说法，如果参与者是理性的，则都会在一定的约束条件下使自身利益最大化。即当面对两个不能并存的选择时，他将选取带给他最高支付（或期望支付）的选择，而如果有多于一个带给他最高（期望）支付的选择，则他将选取其中一个带给他最高支付（或期望支付）的选择。

1.2.7 目标

如果每个参与者的偏好都可用上述的（期望）支付来表示，那么参与者便有一个清楚而明确的目标，就是通过策略或选择行动来最优化自己的（期望）支付函数。由于最优化这个函数是每位参与者的目标，所以我们又称它为参与者的目标函数。每个参与者试图最大化（在这种情况下，目标函数是一个效用函数或收益函数）或最小化（在这种情况下，目标函数被称为一个成本函数或损失函数）自己的目标（支付）函数。

1.2.8 行动顺序

在博弈中，每位参与者都有可以选择行动的时间点，这些时间点称为决策结。决策结是可以有先后次序的，而这次序则称为行动顺序。换句话说，行动顺序是所有参与者和自然采取行动的次序。博弈中各参与者在选择其行动时的先后顺序也决定着博弈的特征和结果。

静态博弈的特点是，所有参与者都同时采取行动，故此又称为同时行动博弈。与静态博弈相对应的是动态博弈。动态博弈可以分为两大类：离散动态博弈和微分博弈。最常见的离散动态博弈包括：序贯博弈、组合序贯同时博弈和重复博弈。在现实的决策情况中，时间是不间断的，也就是说，参与者必须每时每刻做出决定，而不是在一些离散的时间点上选择行动。这些时间不间断的决策情况便是微分博弈。

1.2.9 结果

结果通常指参与者对博弈结束时所带来的各种感兴趣的效应或要素的集合。即在博弈完结之后，每次参与者采取的行动和所得的支付，以及其他相关的变量的最终值。

1.2.10 均衡

在博弈里，一个均衡就是一个由所有参与者的最优策略所组成的组合，亦即一个特殊的策略组合。这个策略组合是特殊的，因为当所有参与者都采用这个策略组合中属于他的策略时，便没有一位参与者能够通过独自采用其他策略而获得更多。在一个 n 人博弈中，如果我们为每个参与者编上一个编号，那么我们便可以用 s_i^* 表示第 i 位参与者的最优策略。而 $\boldsymbol{s}^* = (s_1^*, s_2^*, \cdots, s_n^*)$ 则是由所有参与者的最优策略所组成的策略组合，亦即一个均衡。博弈的均衡亦可以用数学公式表达如下：

$$u_i(s_1^*, s_2^*, \cdots, s_{i-1}^*, s_i^*, s_{i+1}^*, \cdots, s_n^*) \geqslant u_i(s_1^*, s_2^*, \cdots, s_{i-1}^*, s_i', s_{i+1}^*, \cdots, s_n^*)$$

$$\forall s_i' \in S_i,\ s_i^* \neq s_i',\ \forall i \in \Gamma$$

参与者、行动、结果称为博弈规则；博弈分析的目的是使用博弈规则确定均衡。

博弈模型可以有三种不同的表示方法，即策略型（标准型）、扩展型和特征函数型。通常情况下，静态非合作博弈使用策略型表示、动态非合作博弈使用扩展型表示、合作博弈使用特征函数型表示。下面先简要说明一下博弈各要素的使用方法和博弈模型的表示方法。

【例 1-1】 有两个销售同样产品的销售商 A 和 B 打算进入某一区域性市场。由于这个区域市场对产品的需求是有限的，当他们都同时进入该区域市场时，他们各自占有的市场规模都偏小，从而造成 1 个单位的亏损；但是，当只有一个销售商进入该区域性市场时，则获得 1 个单位的利润；当然，不进入市场时的利润为零。假如 A 和 B 同时进行决策或者他们在进行各自的决策时并不知道另一方的选择，则博弈就被称为是一种“静态”博弈，刻画它们的支付情况的矩阵被称为“支付矩阵”，见表 1-1。

表 1-1　市场进入的静态博弈

		B 进入	B 不进入
A	进入	-1，-1	1，0
A	不进入	0，1	0，0

A 和 B 的策略选择范围都是“进入”或“不进入”。当 B 选择“进入”时，A 的最优策略选择是“不进入”；而给定 A 选择“不进入”时，B 的最优选择是“进入”。因此，{不进入，进入} 是一个纳什均衡。类似地，{进入，不进入} 是另一个纳什均衡。

下面，我们将这个博弈做一种修改，假定博弈是“动态”的，即 A 和 B 在行动选择上有“先”与“后”的顺序。假定 A 先选择，B 在 A 完成了其选择后再进行自己的策略选择，并且 B 在进行策略选择前知道 A 的选择结果。此时，我们用图 1-1 来表示这个博弈。

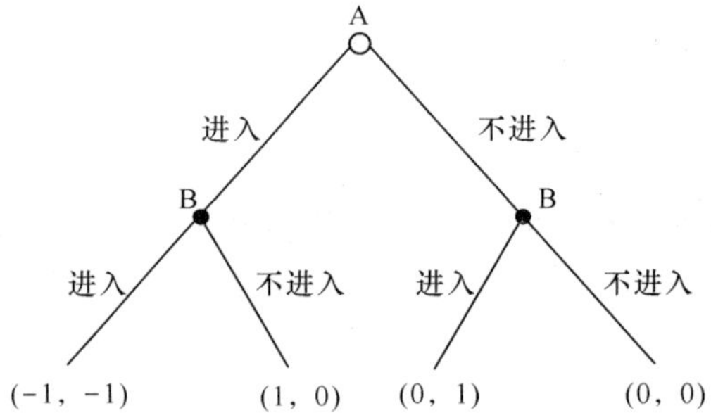

图 1-1　市场进入的动态博弈：A 先行动

在图 1-1 中，空心和实心的小圆点被称为决策结（decision nodes），位于决策结旁边的字母代表在这个决策结处进行行动选择的参与者，该参与者在此决策结处进行行动选择。通常，整个博弈中进行第一个行动选择的决策结用空心圆点表示。图中的线段被称为“枝”（branches），一个枝表示位于该枝上端决策结处的参与者在该决策结可能选择的一个“行动”。最下方的枝的下端被称为终点结（terminal nodes），当博弈进行到任一终点结时，博弈过程就告结束。终点结处的向量表示博弈进行到此处从而结束博弈时参与者的支付，向量中从左端数起第一个数字是最先行动的参与者的支付，第二个数是第二行动的参与者的支付等。每一个枝旁边的文字指出了该枝代表的行动。博弈的行动顺序在图中是从“上”到“下”，现在，我们来看看这个博弈的“均衡”是什么。当 A 选“进入”时，B 接着就会选“不进入”；当 A 选“不进入”时，B 接着选的是“进入”。A 比较两种选择所获得支付，从而选择“进入”。于是，博弈只有一个“均衡”，即 {进入，不进入}。均衡结果是：A 选“进入”，B 选“不进入”。图 1-1 中的几何图形常被称为“博弈树”。

显然，行动有先后之分的“动态”博弈与“静态”博弈相比会给出不同的预测结果。下面，我们再将上述“动态”博弈中参与者 A 和 B 的行动顺序做一下修改，即假设 B 先行动，A 在观察到了 B 的行动选择后，再进行自己的行动选择。我们用图 1-2 来表示这个博弈。

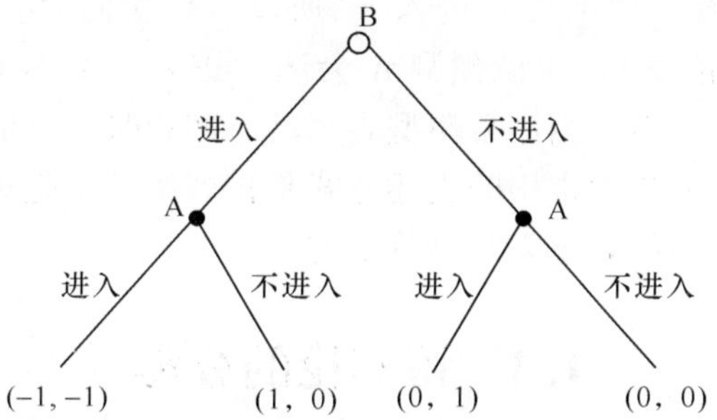

图 1-2 市场进入的动态博弈：B 先行动

显而易见，图 1-2 与图 1-1 所表达的博弈相比除行动的先后顺序不同外，其他结构特征完全相同。所以，均衡结果是：A 选“不进入”，B 选“进入”。这样，我们看到，博弈的行动顺序会影响博弈的预测结果。我们通常将支付矩阵（见表 1-1）表达博弈的方式称为博弈的标准型表示或“策略型”表示，而将用图 1-1 和图 1-2 中那种“博弈树”表达博弈的方式称为博弈的“扩展型”表示。两种表示方法本质上是相同的，但通常用策略型表示静态博弈较为方便，而动态博弈用扩展型表示更为直观一些。例如，我们用表 1-2 中的策略型表示由图 1-1 给出的动态博弈。

表 1-2 用策略型表示图 1-1 中的动态博弈

		B			
		（进入，进入）	（进入，不进入）	（不进入，进入）	（不进入，不进入）
A	进入	−1, −1	−1, −1	1, 0	1, 0
	不进入	0, 1	0, 0	0, 1	0, 0

此时，需要注意的是，这时 B 的每一个策略都必须给出任何情况下（无论其是否真正可能出现）自己的行动选择。在表 1-2 中，B 有四种策略，每一个策略用一个向量表示，向量中左端第一个行动选择对应于 A 选“进入”时 B 的行动选择，第二个行动选择对应于 A 选“不进入”时 B 的行动选择。给定 A 选“进入”，B 的最优选择是（不进入，进入）和（不进入，不进入）。当 B 选（不进入，进入）时，A 的最优选择是“进入”，当 B 选（不进入，不进入）时，A 的最优选择是“进入”；当 A 选“不进入”时，B 的最优选

择是（进入，进入）和（不进入，进入）；当 B 选（进入，进入）时，A 的最优选择是“不进入”；当 B 选（不进入，进入）时，A 的最优选择是“进入”。所以，有三个纳什均衡：{进入，(不进入，进入)}，{进入，(不进入，不进入)} 和 {不进入，(进入，进入)}，均衡的结果为：A 进入，B 不进入和 A 不进入，B 进入。“均衡结果”指 A 和 B 的均衡策略组合下预测的 A 和 B 的行动组合，“均衡”指均衡策略的组合，两者是不同的概念。显然，在这里，多个不同均衡可以带来相同的均衡结果。细心的读者会发现：表 1-2 中用策略型表示的纳什均衡比图 1-1 中用扩展型表示的均衡多出一个，即 {不进入，(进入，进入)}，其均衡结果为 A 不进入，B 进入。这个均衡实际上是不可信的，因为 B 威胁无论 A 是否进入他都要进入，若 A 相信 B 的威胁，给定 B 无论如何要进入，A 的最优选择当然就是不进入。但是，A 怎么能相信 B 的威胁呢？因为，只要 A 选择了“进入”，B 的最优选择就是“不进入”而不是“进入”。所以，在我们对参与者的理性行为假定下（而这正是博弈论的假定前提），应该预测 A 会选“进入”而 B 选“不进入”。所以，这个多出来的均衡应去掉。显然，当用策略型表示动态博弈时，可能将一些不可信的均衡包括进来，所以在动态博弈分析中常用的表述方式是扩展型而不是策略型。类似地，也可用扩展型去表示静态博弈，两种表示方式是等价的。

1.3 博弈论的分类

根据不同的分类方法可以将博弈划分为很多类型，具体分类情况见表 1-3。下面介绍几种常用的分类。

表 1-3 博弈的分类

分类方法	博弈类型
参与者行动的时间先后顺序	静态博弈、动态博弈
参与者之间了解程度（信息结构）	完全信息博弈、不完全信息博弈
有无约束力的合作协议	合作博弈、非合作博弈
参与者的人数	二人博弈、多人博弈
博弈的结果	零和博弈、非零和博弈
博弈进行的时间	有限次博弈、无限次博弈
参与者策略的连续性	离散博弈、连续博弈
连续博弈中是否包含随机扰动	确定性微分博弈、随机性微分博弈

1.3.1 静态博弈和动态博弈

按照参与者行动的时间先后顺序，博弈可分为静态博弈和动态博弈。

静态博弈是参与者同时选择行动，或非同时行动但后行动者并不知道前行动者采取了什么具体行动。简单地说，静态博弈是指参与者独立地采取行动各一次，每个参与者都没有其他参与者采取决策的知识。

动态博弈是参与者行动有先后顺序，且后行动者能够观察先行动者选择的行动。对于任何一个博弈，如果博弈的其中一位参与者在某时间点的行动依赖于在他之前的行动，那么，该博弈便是一个动态博弈。在动态博弈中，时间将对决策起着重要作用。动态博弈可以分为两大类：离散动态博弈和微分博弈。最常见的离散动态博弈包括：序贯博弈、组合序贯同时博弈和重复博弈。在现实的决策情况中，时间是不间断的，也就是说，参与者必须每时每刻做出决定，而不是在一些离散的时间点上选择行动。这些时间不间断的动态博弈便是微分博弈。

1.3.2 完全信息博弈和不完全信息博弈

按照博弈的信息结构，即参与者对其他参与者（对手）的特征、策略空间及支付函数的共同知识，博弈可分为完全信息博弈和不完全信息博弈。

其中，共同知识是指“所有参与者都知道的，且所有参与者都知道所有参与者知道……”的知识。完全信息是指每一个参与者对所有其他参与者（对手）的特征、策略空间及支付函数有准确的知识，否则为不完全信息。

若一个参与者对其他参与者（包括“自然”）的行动选择有准确了解的情况，即每一个信息集只包含一个值，则称为完美信息。

根据博弈参与者的行动顺序和博弈的信息结构对博弈进行分类，见表1-4。

表1-4 根据博弈参与者的行动顺序和博弈的信息结构进行分类

行动顺序 / 信息结构	静 态	动 态
完全信息	完全信息静态博弈	完全信息动态博弈
不完全信息	不完全信息静态博弈	不完全信息动态博弈

1.3.3 非合作博弈和合作博弈

传统上按照参与者的行为相互作用时，能否达成一个具有约束力的合作协议（Binding Cooperative Agreement），博弈可分为非合作博弈和合作博弈。若存在有约束力的合作协议，则是合作博弈，否则是非合作博弈。如两寡头企业，如果它们之间达成一个协议，联合最大化垄断利润，并且各自按照这个协议组织生产，这就是合作博弈，他们面临的问题就是如何分享合作带来的收益；但是，如果这两个企业间的协议不具有约束力，就是说，没有哪一方强制另一方遵守这个协议，每个企业都可只选择自己的最优产量或价格，则是非合作博弈。

然而，“非合作”并不是说每个参与者总是拒绝和其他参与者合作，而是在非合作博弈中参与者只是根据他们的“可察觉的自我利益”来决策，即使在博弈之前参与者可以相互沟通，他们之间的协议、威胁或许诺也都是无法实施的。需要指出的是，非合作的参与者虽然仅仅由各自的私利所驱使，但在某些情况下他们却能表现出“合作的行为”。

（1）非合作博弈是指博弈参与者最大限度地利用游戏规则，最大化自己的利益。即以参与者个体的利益为中心，研究多个参与者如何在利益相互影响甚至竞争的情况下做出最有利于自己的决策，是一个策略选择问题。非合作博弈是博弈论的最重要的分支之一，前面介绍的完全信息静态博弈、完全信息动态博弈、不完全信息静态博弈、不完全信息动态博弈均为非合作博弈。非合作博弈从个人效用出发，强调的是个体理性（Individual Rationality)，强调个体最优决策，其结果可能是有效率的，也可能是无效率的。非合作并非是态度上的不合作，而是没有达成一个具有强制约束力的合作协议。完全信息静态博弈、完全信息动态博弈、不完全信息静态博弈、不完全信息动态博弈、拍卖、机制设计均属于非合作博弈。

（2）合作博弈不讨论理性的参与者如何达成合作的过程，而是直接讨论合作的结果与利益的分配。博弈双方具有“协商”合作的行为，按照一定的规则或协议以最大化整体利益为目的。合作博弈假设了参与者之间如果达成合作意向，他们的协议将是可强制执行的，也就是说合作是必然成立的。在这个时候，策略选择问题就不再重要，合作者总会选择使收益之和最大的策略组合，是从集体效用出发进行研究。合作博弈的基本形式是联盟博弈，它隐含的假设是存在一个在参与者之间可以自由转移的交换媒介（如货币），每个参与者的效用在其中是线性的。这些博弈被称为“单边效用”博弈，或“可转移效用”博弈。对于这类博弈，主要研究博弈参与者如何形成合作联盟，以及分析达成合作的各参与者如何分配由于合作而带来的额外利益。2005 年诺贝尔经济学奖获得者罗伯特·奥曼把“可转移效用”理论扩展到一般的不可转移效用理论，发展并加强了可转移效用和不可转移效用的合作博弈论。合作博弈强调的是集体理性（Collective Rationality)，强调的是效率、公平、公正。当发生冲突时，不同的合作博弈解会强调公平或者效率的不同侧面。

非合作博弈将模型的描述精确到每个参与者的行动及其次序，而合作博弈则将这些细节抽象掉，直接关注各参与者形成不同的联盟会带来哪些结果。在很多情况下，将一个复杂的现实场景转化成一个严格的非合作博弈模型可能比较困难，而转化为合作博弈框架则可简化对场景细节的描述，突出结果的形成。因此，两种博弈理论各有所长，它们的选择与应用取决于我们所研究问题的特点。

简单地说，非合作博弈理论的核心问题是策略选择，研究参与者如何在利益相互影响的情况下做出最有利于自己的选择。合作博弈理论的核心问题是利益分配，研究参与者如何协调一致、通力合作，争取联盟所获得的支付总和最大化，以及如何分配联盟的总支付。这种侧重点的不同造成两种理论的模型、研究方式与研究成果有着相当大的差异。

1.3.4 零和/非零和博弈

如果对 $\forall s \in S$，有 $\sum_{i=1}^{n} u_i(s) = 0$。也就是说所有参与者的支付之和在任何情况下均为零，那么这种博弈被称为零和博弈。显然零和博弈表现的是参与者的利益完全对立的情况，并且二人零和博弈在博弈论的早期发展中曾占据过重要地位。

如果对 $\forall s \in S$，有 $\sum_{i=1}^{n} u_i(s) \neq 0$，那么这种博弈被称为非零和博弈。如果对 $\forall s \in S$，有 $\sum_{i=1}^{n} u_i(s) > 0$，则称为正和博弈，如日常生活中的股票。如果对 $\forall s \in S$，有 $\sum_{i=1}^{n} u_i(s) < 0$，则称为负和博弈，如日常生活中的彩票。如果对 $\forall s \in S$，有 $\sum_{i=1}^{n} u_i(s) = c$，那么这种博弈被称为常和博弈。

1.3.5 确定性微分博弈和随机微分博弈

对于任何一个博弈，如果博弈的其中一位参与者在某时间点的行动依赖于在他之前的行动，那么，该博弈便是一个动态博弈，反之则为一个静态博弈。时间不间断的动态博弈，又称为微分博弈[7]。微分博弈可以分为确定性微分博弈和随机微分博弈两大类。在确定性微分博弈中，没有随机变量，博弈中的状态变量和控制变量仅是时间 t 的函数（动态演变），且都是确定的。在随机微分博弈中，状态变量和控制变量不仅是时间 t 的函数（动态演变），而且包含随机变量（元素）。

1.4 合作博弈论

在当代经济学、政治学、伦理学、人类学和其他社会科学中，甚至在信息科学、生物学和其他自然科学中，美国密歇根大学的罗伯特·阿克塞尔罗德（Robert Axelrod）教授的“重复囚徒困境博弈计算机程序奥林匹克竞赛”，已经是一件无人不知的理论佳话了。其试验结果，不仅对当代社会科学和自然科学的许多领域的传统理念都产生了广泛影响和冲击，而且从中引发出来的一系列问题，迄今仍待学术界进一步探讨和回答。在其所著的《合作的进化》[8]有一个重要的理论发现：“合作的基础不是真正的信任，而是关系的持续性。当条件具备了，参与者能通过对双方有利的可能性的试错学习、通过对其他成功者的模仿或通过选择成功的策略剔除不成功的策略的盲目过程来达到相互的合作。从长远来说，双方建立稳定的合作模式的条件是否成熟比双方是否相互信任来得重要。”

当今世界，充满了各种矛盾和冲突，潜伏着无数的危机。为了解决这些矛盾和冲突，处理潜在的危机，参与者就需要进行合作。随着经济的全球化发展，如何促进合作的问题就显得更为重要。人与人之间、组织与组织之间、甚至国家之间都需要合作。人类社会与其他动物群体的一个重要区别是，人与人之间可以通过运用个体理性而达到某种形式的合作。这里所说的合作，包括诸如劳动与社会分工、专业化，市场交易，合伙和共同经营企业，以及在经济组织、社会团体、政党、政治联盟、各种民间和公益团体中人们的相互协作、交往和协调行动等。合作能产生“合作剩余”，这应该是经济学的一个常识。人类的相互交往，用现代比较时尚的博弈论术语讲，就是在玩一种“社会博弈”。在人类社会的博弈中，常常会出现一种叫“囚徒困境”的博弈格局。如何通过参与者之间的合作，使其走出“囚徒困境”，实现双赢甚至多赢。

1.4.1 合作博弈论的研究现状

我国博弈论的原始萌芽于2000多年前就已形成。人们熟悉的《孙子兵法》《三十六计》等中有许多博弈的案例。我国古代的军事家孙武所著的《孙子兵法》就不仅是一部军事著作，也是最早的博弈论著作，其中“不战而屈人之兵”的思想成为广为人知的军事博弈策略。著名的“田忌赛马”等都属于早期博弈论的萌芽。数千年的中国博弈史积累了大量关于博弈原则的文献，如王织薪的《围棋十诀》、冯梦龙的《牌经十三篇》等。但是，这些论著中缺乏使用数理方法做出严密论证。带有博弈性质的数学模型主要出现在近代，例如古诺（Cournot）的产量竞争模型[9]，伯特兰（Bertrand）的价格竞争模型[10]，以及埃奇沃斯（Edgeworth）的契约曲线[11]。但是，这种研究都是零星的、不系统的，带有很大的偶然性。博弈论最初主要研究象棋、纸牌、赌博中的胜负问题，人们对博弈局势的把握只停留在经验上，没有向理论化发展。

博弈论正式发展成一门学科则是在20世纪初。1928年，冯·诺依曼（John Von Neumann）证明了博弈论的基本原理，从而宣告了博弈论的正式诞生。1944年，冯·诺依曼与摩根斯坦恩（Oskar Morgenstern）共著的划时代巨著《博弈论与经济行为》[12]将二人博弈推广到n人博弈结构并将博弈论系统地应用于经济领域，从而奠定了这一学科的基础和理论体系。并正式提出了合作博弈（Cooperative Game）的概念，其引入了合作博弈的基本分析工具——特征函数，研究了稳定集（Stable Sets）解，由此，合作博弈的研究工作逐步展开。

20世纪50年代初，博弈论大师约翰·纳什（John Nash）的开创性论文《n人博弈的均衡点》（1950）[13]和《非合作博弈》（1951）[14]给出了纳什均衡（Nash Equilibrium）的概念和均衡存在性定理。利用不动点定理证明了博弈均衡点的存在性，为博弈论的一般化奠定了坚实的基础，开辟了博弈论研究的新领域。1951年，纳什提出可以利用纳什均衡这个基本概念来研究参与者之间的合作。他认为，合作行动是希望得到合作的参与者之间某种讨价还价过程的结果，而在这个讨价还价过程中，这些理性的参与者都希望自己的效用最大化，就形成了非合作博弈的局面。纳什的论断客观地描述了合作博弈和非合作博弈之间的紧密关系[15]。1953年，纳什建立了纳什讨价还价模型[16]，并给出了纳什讨价还价解，为合作博弈论做出了重要贡献。

1951年，罗伊德·夏普利（Lloyd Shapley）沿着合作博弈的方向，提出了夏普利值[17]，给出了一种解决n人合作博弈问题的数学方法。1952年，夏普利引进核（Core）[18]的概念作为研究稳定集的工具。核是一种所有参与者均无法提升自身效用的稳定联盟状态。由于核这个概念不能给出联盟内成员效用分配的唯一预测，而夏普利值是在考虑了概率公平性基础上提出的分配方案，具有唯一性和确定性的优点，得到了广泛的使用。

1965年，莱因哈德·泽尔腾（Reinhard Selten）对纳什均衡在动态博弈中进行了精炼，提出了子博弈精炼纳什均衡[19,20]。约翰·海萨尼（John Harsanyi）于1967~1968年则将纳什均衡扩展到不完全信息条件，引入了贝叶斯纳什均衡[21]的概念。

在1967年，埃齐奥·马尔基（Ezio Marchi）就开始利用合作博弈的知识对最大最小定理的特殊扩展的可能性进行了相关研究[22,23]。1969年，施密德勒（Schmeidler）提出以超出值来衡量联盟的态度，最小化联盟的不满为合作博弈的解——核仁（Nucleolus）。1964~1979年，罗伯特·奥曼和迈克尔·马施勒（Michael Maschler）等提出了一系列合作博弈的解，如稳定解、强纳什均衡（Strong Nash Equilibrium）、联盟核（Coalition Structure Core）和讨价还价集（Bargaining Set）等。这些解的概念加深了我们对合作联盟、利益分配、博弈力量结构等问题的认识。

20世纪70年代后期，人们提出了基于博弈论的成本分摊方法，即多人合作的分摊方法，具有代表性的有夏普利值法、核方法和简化的MCRS（Minimum Costs-Remaining Savings）方法等，这类方法更多地从相互竞争的角度去考虑，往往在公平合理性方面比传统的方法要好得多，但计算也一般较为复杂，要求的信息较多。但上述均衡概念均是静态的，为了克服这一弱点，1977 年，吉列尔莫·欧文（Guillermo Owen）提出 Owen 值[24]，在 Shapley 值的基础上考虑了成本在同盟间分配对同盟结构的影响。迈克尔·崔（Michael Chwe）在 1994 年提出将最大一致集（Largest Consistent Set）[25]作为合作博弈的解。

作为合作型博弈的一种，匹配博弈最早在 1962 年被美国两位数学家罗伊德·夏普利与戴维·盖尔（David Gale）提出并应用于大学录取与稳定婚姻问题（College admissions and the stability of marriage，发表于美国数学月刊[26]），标志着匹配博弈理论的诞生。在此基础上，1982 年埃尔文·罗斯进一步提出了适用于多对一匹配的 NIMP 算法[27]，并将其应用于市场设计。2007 年，欧文（R. W. Irving）和斯科特（S. Scott）提出了稳定赛事安排问题（Stable Fixtures，SF）[28]，其是稳定室友问题（Stable Roommates，SR）的推广。目前，匹配博弈在信息领域的应用非常广泛[29]。

如今，博弈论得到进一步丰富和发展。博弈论本身在许多领域获得重大突破，开始对其他学科的研究产生重大影响，并逐渐成为人们认识、分析和解决许多领域的决策问题的有力工具。合作博弈的解在分配问题中的运用日益增多，国内外文献都是利用合作博弈的解解决利益（成本）分配问题。我国出版了一系列合作博弈论的专著[30~33]。

博弈论与微分博弈之间虽有一定的联系，比如，都具有一些共同的基本要素（参与者、策略、支付、局势等），但又有着本质区别。就它们所解决的问题而言，在某种意义上，博弈论是静态的，而微分博弈是动态的。微分博弈将博弈理论扩展到连续时间之上，简言之，参与者可以在无限小的时间段内改变自己的策略。微分博弈论是控制论和博弈论的重要分支，在军事对策和经济学领域具有非常广泛而重要的应用。

自 20 世纪 50 年代初以来，由于制导拦截飞行器的引入，人造卫星的发射和航天中有关机动追击问题的需要，美国著名的兰德（Rand）公司在空军资助下，以美国数学家鲁弗斯·伊萨克（Rufus Isaacs）博士为首组织开展了对抗双方都能自由决策行动的理论追逃问题研究。他们把现代控制理论中的一些概念、原理和方法引入博弈论中取得了突破性的成果，撰写了四篇研究报告，形成了微分博弈的最初研究成果[34]。

1951 年，被称为微分博弈之父的伊萨克发表了微分博弈的第一篇文献——《Games of Pursuit》。随后，1965 年，伊萨克出版了经典之作——《Differential Games》[35]，这是世界上第一部微分博弈的专著，该书的出版标志着微分博弈理论的诞生。该部著作与贝尔曼（Bellman）的《Dynamic Programming》（1957 年）[36]和庞特里亚金（Pontryagin）等学者的著作《The Mathematical Theory of Optimal Processes》（1962 年）[37]称为微分博弈理论发展的基石。此后，由于军事方面的原因，微分博弈的研究引起了世界各国的普遍关注，特别是美国和苏联，美苏出于军备竞赛的需要，对空战、核导弹与人造卫星拦截、电子战等方面提出了各种类型的微分博弈模型，使得军事微分博弈得以迅速发展。

零和微分博弈，也被称为追逃博弈，是由伊萨克最初提出[38]。在 20 世纪 60 年代的研究主要集中在伊萨克方程的严格的推导和计算[39]。非零和微分博弈被 Starr 和 Ho[40]第一次于 1969 年进行了较系统介绍。1971 年，美国科学家 Friedman 采用两个近似离散对策序列精确定义了微分博弈，建立了微分博弈值与鞍点存在性理论，从而奠定了微分博弈理论的数学基础[41]。纳什均衡中信息的不唯一性被 Basar 的一系列论文所研究[42]。在 20 世纪 70 年代，非零和确定型微分博弈也有显著的理论进展。斯塔克尔伯格（Stackelberg）微分博弈（也称为主从博弈）也第一次被提出[43,44]。

自《微分博弈》出版以来，微分博弈理论与应用有了很大发展。除了定量微分博弈和定性微分博弈不断完善外，随机微分博弈、多人合作微分博弈、非合作微分博弈和主从微分博弈等方面的研究也取得了很大进展[45]。

杨荣基（David W. K. Yeung）和彼得罗相（Leon A. Petrosyan）教授是世界知名的博弈论学者，他们近年来发表了一系列论文得到国际博弈论界的高度评价，2006 年出版的《合作随机微分博弈》标志着合作随机微分博弈领域取得了一系列进展，这些理论进展为上述问题的解决奠定了基础并指明了研究方向[46]。

诺贝尔经济学奖是瑞典国家银行为纪念阿尔弗雷德·诺贝尔（Alfred Nobel）而设立的奖项，也称瑞典银行经济学奖。1968 年起，奖项由瑞典皇家科学院每年颁发一次，颁奖遵循对人类利益做出最大贡献的原则。1969 年（瑞典国家银行成立 300 周年庆典时）第一次颁奖，2019 年恰逢诺贝尔经济学奖 50 周年。半个世纪以来，共计有 84 名经济学家得到嘉奖。基于博弈论对当今世界发展所做出的重要贡献，瑞典皇家科学院共 7 次将诺贝尔经济学奖授予 15 名博弈论的研究者，可见博弈论在现代经济学主流发展中的位置。

1994 年，授予美国加州大学伯克利分校的约翰·海萨尼（John Harsanyi）、美国普林斯顿大学约翰·纳什（John Nash）与德国波恩大学的莱因哈德·泽尔腾（Reinhard Selten），获奖理由：在非合作博弈的均衡分析理论方面做出了开创性成果，对博弈论和经济学产生了重大影响。

1996 年，授予英国剑桥大学的詹姆斯·莫里斯（James A. Mirrlees）与美国哥伦比亚大学的威廉·维克瑞（William Vickrey）。前者在信息经济学理论领域做出了重大贡献，尤其是不对称信息条件下的经济激励理论。后者在信息经济学、激励理论、拍卖理论等方面都做出了重大贡献。

2005 年，授予耶路撒冷希伯来大学的罗伯特·奥曼（Robert Aumann）与美国马里兰大学的托马斯·谢林（Thomas Schelling），获奖理由：通过对博弈论的分析加深了对冲突与合作的理解。

2007 年，授予美国明尼苏达大学的莱昂尼德·赫维奇（Leonid Hurwicz）、美国普林斯顿大学的埃里克·马斯金（Eric Maskin）与美国芝加哥大学的罗杰·迈尔森（Roger Myerson），获奖理由：在创立和发展“机制设计理论”方面做出卓越贡献。

2012 年，授予美国哈佛大学的埃尔文·罗斯（Alvin Roth）和美国加州大学洛杉矶分校的罗伊德·夏普利（Lloyd Shapley），获奖理由：创建“稳定匹配”理论，并进行“市场设计”的实践。

2014 年，授予法国图卢兹大学让·梯若尔（Jean Tirole），获奖理由：在产业组织理论以及串谋问题上，采用了博弈论的思想，让理论和问题得以解决。

2016 年授予美国哈佛大学奥利弗·哈特（Oliver Hart）、美国麻省理工学院本特·霍姆斯特罗姆（Bengt Holmstrom），获奖理由：在契约理论方面的卓越贡献，将相关理论用于公司、企业治理及金融危机期间流动性问题的研究。

同时，奥斯卡获奖影片《美丽心灵》（A Beautiful Mind）在全球热映，也让世界人民近距离地了解片中男主角原型约翰·纳什的传奇人生，掀起了一股关注博弈论的热潮。

我国对微分博弈的研究起步较晚，研究人员也不多，以张嗣瀛院士为代表的研究团队用现代控制理论的思想和方法对微分对策做了系统的研究，提出了双边控制“定量极值原理”和“定性极值原理”[47]。李登峰在《微分对策及其应用》中系统地介绍了微分博弈的数学概念、理论、方法和应用，在舰船的追逃问题上获得成功应用[48]。

1.4.2　合作博弈论的分类

合作博弈的基本形式是联盟博弈，它隐含的假设是存在一个在参与者之间可以自由转移的交换媒介（如货币），使得当任何一个参与者每得到一个单位的货币时，他的收益也增加一个单位，即每个参与者的效用在其中是线性的。这些博弈被称为“可转移效用”（Transferable Utility，TU）博弈。

具体来说，博弈论中对于“合作”的研究可以分为三个层次[49]：

（1）无限次重复博弈，即参与者之间长期重复进行博弈。例如“囚徒困境”进行无限次非合作博弈，仍可达到合作的结果。

【例 1-2】通信网络中的囚徒困境。

其实，通信网络中存在许多囚徒困境的例子。例如，3G 网络中的反向（上行）功率控制就是一个典型的囚徒困境问题。一方面，提高发射功率能提高针对某用户的发射功率，改善用户的服务质量；另一方面，由于宽带码分多址（Wideband Code Division Multiple Access，WCDMA）系统的自干扰性，这种提高会增加对其他用户的干扰，而导致通话质量的下降。所以，在 WCDMA 系统中，在保证了用户要求的服务质量（Quality of Service，QoS）的前提下，功率控制的使用能最大限度地降低发射功率，减少系统干扰，增加系统容量，改善系统性能，成为 WCDMA 的关键技术之一。

假设我们来讨论两个移动终端对 Node B 发送的同一内容都感兴趣的情况，下面就形成了通信中的囚徒困境。该囚徒困境可描述为：两个移动终端进行决策，有两种策略——合作或者背叛，若双方选择其中策略之一，就有四种不同的支付情况，在这里是 BLER（误块率）大小，见表 1-5。BLER 应该越小越好，为了支付统一描述为最大化，我们将支付取反。

表 1-5　通信中的囚徒困境实例

		移动终端 2	
		合作	背叛
移动终端 1	合作	$(-10^{-6}, -10^{-6})$	$(-1, -10^{-9})$
	背叛	$(-10^{-9}, -1)$	$(-10^{-1}, -10^{-1})$

在通信中的囚徒困境中，还有另外一个策略组合（合作，合作），该组合为参与者带来的支付是 $(-10^{-6}, -10^{-6})$。由 $(-10^{-1}, -10^{-1})$ 到 $(-10^{-6}, -10^{-6})$，每个参与者的支付都增加了，即 BLER 都减小了，得到一个帕累托改进。因此，无论从哪个参与者的角度，组合（合作，合作）都好于组合（背叛，背叛）。那为什么（合作，合作）不能构成一个均衡呢？囚徒困境反映了一个很深刻的问题：个体理性和集体理性的冲突。

（合作，合作）不能构成一个均衡是基于参与者的个体理性。在参与者选择合作的情况下，每个参与者都有动机偏离这个组合，通过投机行为谋取额外收益。如果两个参与者在博弈之前签署了一个协议：两个参与者都承诺选择合作，若其中一个参与者违反了该协议，则处罚其一年内无法接入网络。有了这样一个协议，（合作，合作）就成为一个均衡，每个参与者的收益都得到改善。也就是说，合作往往能够提高效率，实现非合作情况下无法实现的均衡结果。

上述分析表明，通过一个有约束力的协议，原来不能实现的合作方案现在可以实现。这就是合作博弈与非合作博弈的区别。如果有，就是合作博弈；反之，则是非合作博弈。因此，博弈可以划分为合作博弈与非合作博弈。

主导人们行为方式的主要还是个体理性而不是集体理性。或者说，竞争是一切社会、经济关系的根本基础，不合作是基本的，合作是有条件和暂时的，因此非合作博弈关系比合作博弈关系更普遍，是博弈论的主流。但也不能据此排除合作博弈的存在。

非合作博弈论是合作博弈论的基础，合作博弈是非合作博弈的深化。搞清了非合作的博弈关系，合作的博弈关系就比较容易理解。囚徒困境案例在证明非合作博弈无效率或低效率的同时，也自然说明了存在着合作的可能性和必要性。

集体理性是更高级和更复杂的理性，因此研究合作博弈的难度更大，更难找到分析问题的一般概念和系统的方法。

（2）如果事先无法达成有约束力的合作协议，或者达成协议的成本过高时，使用能够实现合作结果的非合作方法，如讨价还价博弈（Bargaining Games），这类博弈专注于分析合作达成的具体过程。

（3）如果事先可以达成有约束力的合作协议时，使用合作博弈方法，这种合作博弈不考虑参与者之间合作的具体细节，而专注于合作的结果，如联盟型博弈（Coalitional Games）。对于联盟型博弈，文献［50］采用面向工程的分类方法将其分为三类：经典联盟型博弈（Canonical Coalitional Games）、联盟形成博弈（Coalition Formation Games）、联盟图博弈（Coalitional Graph Games）。

合作博弈一个暗含的重要假设是，所有的参与者总是能够组成大联盟的，但是当参与者之间组成联盟的行为会对其他参与者的收益产生外部性时，大联盟不一定能够形成。而与之相对应，联盟形成理论考虑的是大联盟不一定能够实现时，什么样的联盟更可能达成及其稳定性的问题。联盟形成理论也是介于合作和非合作方法之间，主要利用非合作方法来研究合作问题，且在特殊情况下与合作博弈的对应关系相当紧密的一类博弈。

事实上，无限次重复博弈和讨价还价博弈都是达成合作博弈解的非合作方法，而联盟博弈是真正的合作博弈。本书主要围绕这三个层次的合作进行介绍。

正如前面所说，合作可能是不稳定的。合作的稳定性可以分为内部稳定性和外部稳定性。既具有内部稳定性又具有外部稳定性的分配的集合被称为稳定集。

首先，稳定的合作需要联盟中的每个参与者都认为自己得到了公平的对待，即自己得到了联盟收益中应得的那一部分，否则联盟就会破裂。持续的一致性和承诺被称为内部稳定性。所谓一致性原则是指：如果所有的参与者在决策 x 下比在决策 y 下情况变好，那么决策 y 就不能被接受。

其次，如果合作所能带来的收益相对较低时，合作也会不稳定。如果与不合作相比，合作带来的收益微乎其微的话，参与者就会不愿意被协议捆住手脚。合作所能带来的持续的高回报，被称作外部稳定性。平均主义者认为社会福利应该关心的是个体的效用水平，并且在不同的参与者之间不能有交叉补贴。平均主义带来的是内部稳定性，由于是完全平均分配，所以联盟中没有参与者会感到被不公平地对待。但是它完全忽略了外部稳定性：即使合作的收益能够被公平地分配，但是如果合作带来的收益非常之小，那怎么办？功利主义者认为个体的效用只不过是生成社会效用的手段而已，为了提高社会的整体福利，可以牺牲某个甚至某些参与者个体的效用。功利主义旨在获得外部稳定性，因为其目标就是最大化整体的总收益。当然，它走向了另一个极端，即完全忽视了内部稳定性。

1.5 信息领域中的合作

在模拟和效仿自然界方面，工程学已经相当成功。我们也在各种工程领域中发现各类实例，例如，模仿蚂蚁的行为用于互联网路由和一般的分割概念等实例。这里，受自然界中尤其是人类行为中合作行为模式的启示，我们希望在信息网络中探索和进一步应用合作的概念。合作博弈论在帮助我们理解各种冲突局势方面非常有用，合作博弈论指出：为了使长期收益最大化，冲突的各个参与者存在长期共存、长期合作的可能性，它为参与者寻求双赢或多赢提供了方法论的理论基础。

随着云计算、物联网以及大数据的飞速发展，对信息网络产生了巨大的冲击。新一代信息网络将支持高速接入、交互式多媒体通信、视频会议、实时互联网游戏、电子商务、智能家庭等多种服务。然而，实现上述服务仍存在诸多困难，其中一个主要的困难是在时变的异构网络环境中，如何设计分布式动态算法，确保网络操作的鲁棒性。因此，为了支持新一代信息服务，必须要开发高效的算法和机制以确保最优化资源、成本和性能的折中。

例如，在无线通信领域，人们对网络的服务质量要求越来越高，但是可用的频谱资源却是有限的，尽管频率复用能够提升频谱利用率，但是引起的干扰问题却不容忽视。另外，网络各节点间不断地竞争无线资源导致通信中的干扰更加严重。因此，现今诸多研究人员采用博弈论的方法解决网络中的通信节点对无线资源的竞争行为，从而使得各网络节点对无线资源的利用达到最大化以达到提高整个网络系统性能的目的。非合作博弈要求网络中的每个用户都满足一定的约束条件的原则下，使自身的系统性能达到最优（如传输速率最大化）。然而，单个用户的最优并不代表整个系统性能的最优，特别是在干扰问题较为严重且复杂的异构网络中。因此，为了缓解干扰，提高系统的整体性能，考虑采用合作博弈的有关理论是必要的。

可以从多个角度来理解无线通信网络中的合作。合作的最重要的方面可能就在于其通信的一面，这包括采用系统中多个参与者联合合作成就的多种技术。通信合作本身通常内嵌在无线通信网络中，从运行的角度来看也可使用合作，主要指各个实体间的互动和谈判过程，以便在不同网络之间建立并维持通信。我们也要区分出合作中重要的集体因素，指出建立并维持网络的动态过程，而网络是由合作节点组成。我们需要向用户提供有吸引力的激励，以便确保他们进行合作。

在通信方面的合作可分为隐式合作和显式合作。隐式合作的代表性实例是传输控制协议（TCP）和 ALOHA 协议，以下从合作的角度对这两个知名的通信协议进行简要说明。

TCP 主要用于互联网的数据传输，也是这种合作协议中非常好的实例。该协议采用流量控制提高了用户间的公平性，这种流量控制防止用户即刻就占据最大的链路容量，因为这会对互联网中的路由器形成过载，导致通过该路由器的所有业务流的巨大延迟和丢失。相反，这种流量控制规则让用户以最小容量开始，并根据在这种流量控制规范中所说明的规则逐步提高容量。一旦使用了过多容量，流量控制就检测到这种情况，并降低所允许的容量。在所有具有互联网能力的终端都采用了这种流量控制策略，以在互联网用户间确保公平性。每个用户都可以改变他的 TCP，从而通过违背用户间的公平性和降低用户的吞吐量来获取更大的吞吐量。这样，违背 TCP 的用户越多，非法用户的收益就越小，同时公平用户的全部吞吐量将会进一步降低。即使每个非法用户的整个吞吐量都下降了，这些用户仍然能在破坏公平规则中得到好处。幸运的是，大部分用户仍以公平的方式行事；这可能因为他们期望公平，也可能因为他们不知道如何改变协议。主要的原因可能是由于合作和背叛的收益几乎相等，从而导致了背叛动机的降低。

基于 ALOHA 的介质接入方案是无线终端系统中相互合作的另一个实例。ALOHA 协议是具有最小信令开销的简单随机接入协议。这种协议的设计主要用于不具有中央控制的分布式无线终端系统。允许终端系统在遵照一组特定的规则接入到无线介质。而节点无论任何时间要发送分组包，都可以立刻发送。为了成功的接收，重要的是在该时刻只能有一个无线终端在传送。然而在处理分布式系统时，不能确定该介质是否同时被多个实体所使用。如果超过一个终端同时传送，这种情况称为“冲突”，当发生冲突时，所有相关的信息都会丢失。这里假设两个终端系统传送了相互冲突的分组包，由于丢失了分组包，节点需要重新传送。在这种情况下，如果两个终端都采用立刻重新传输策略的话，则会发生另一个冲突。因此，ALOHA 预见到了这样的情况，而且每个无线终端系统都会分别延迟，并独自确定其延迟的时间周期，该时间周期被称为退避时间。该退避时间可在特定的时间窗内随机的选取。对于每个新出现的冲突，该时间窗将不断地增长，以降低新冲突的可能性。在第一次成功传送之后，该时间窗将设置为最小值。不良节点可以很容易修改这个协议以提高自己的吞吐量，但他们采用了立刻重传并期望冲突节点会选择更大的时间窗的方法。其代价是牺牲了系统的总体性能。

显式合作的实例为多跳或中继的情况，而且目前中继协作通信也是一个研究热点。在中继领域中通常使用术语“合作”，中继实际上是一种通过转发来延伸通信范围的技术。在信源不能直接将其信息传输到信宿时，信源可以请求一个中继节点来中继该信息，而中继节点要位于信宿和信源的覆盖范围内。对于这种情况，可能需要外部推动来进行合作。

在多跳或中继网络中，若信源与信宿之间的直达路径受到瞬时信道状况的极大恶化时，无线节点允许信息分组转发。多跳应用的一个领域是覆盖范围扩展。在这样的情况下，转发（或中继）节点是网络的一部分，因此它受到中央实体的控制。原则上，在该情况下转发操作不能认为是合作性的，因为转发器没有因此获得好处。严格地说，我们认为通过合作，任何互动都会给合作实体带来相互的收益。对于移动与无限转发器来说，是否合作的问题要取决于不同的应用背景。

如图 1-3 所示，节点 A(N_A，信源）需要向接入点 AP(信宿）传送分组包。由于瞬时信道状况不能建立直达链路，而通过使用节点 B(N_B）作为中继，这些分组包就能到达其目的地。这时会出现一个问题：节点 B 为什么要进行转发？节点 A 的好处很明显，但节点 B 这样做的好处是什么？确切地说，通过中继处理将消耗掉节点 B 的一些电池电量，而这可能不是用户节点 B 的意愿。

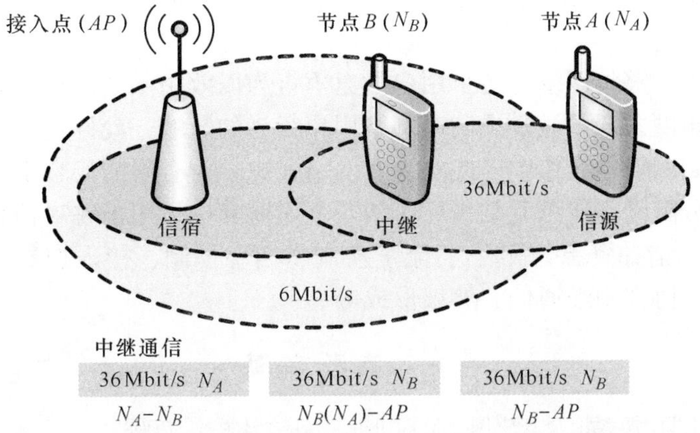

图 1-3 源节点 N_A 和中继节点 N_B，希望稍后得到回报的中继示例

对于中继而言，最明显的论据之一在于这些节点可能会改变他们的角色而在下次中获益。对于中继的情况，这意味着在原则上我们需要记住所有拒绝中继的终端。一些终端可能会简单的关闭（在利用其他的中继之后），而且不会被检测为背弃者。吸血蝙蝠检测欺骗者的工作就比较简单，黎明之前它们都要返回自己的栖息地且也不能隐藏自己的状态。由于可能参加中继的终端数量巨大，背叛者可以从中获利而很少被发现。返回到吸血蝙蝠的实例，如果蝙蝠的数量更加庞大，背叛就意味着回报。如果蝙蝠的数量与蝙蝠的生命周期相比更大，这就更加确实无误了。

另一方面，存在可以被称为合作的中继实例。除了我们假设节点 N_A 和节点 N_B 之间的距离更小外，仍然取与之前相同的设置。如图 1-4 所示，节点 A 现在有两种可能性：直接以 6Mbit/s 向 AP 点发送；或当支持转发时，通过节点 B 以 36Mbit/s 发送两次。在这个情况中，是否合作取决于节点 B。因为节点 B 只能在节点 A 完成它的传送之后访问该介质，节点 B 可能会决定转发这些包，以便释放该信道，用于它自己可能的传送。这个最后的实例强调了合作的原则。节点 B 将会投入一些电量以获得更多的无线容量。在本例中，合作的态度能够获得回报且两个节点都可获益。在这种情况下也可称为“启发的自我收益”，

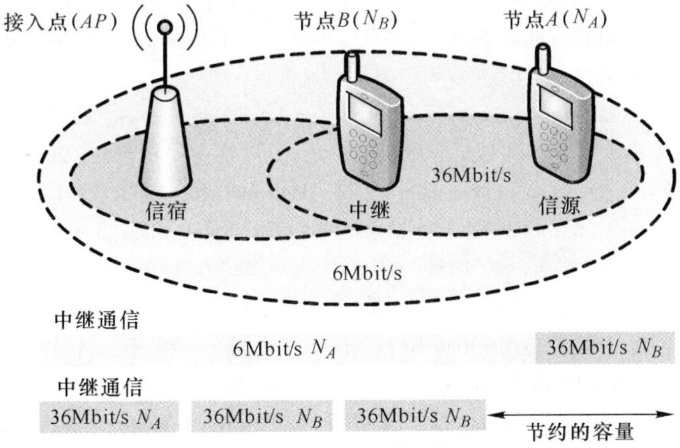

图 1-4 源节点 N_A 和中继节点 N_B 具有进行合作激励的中继

因为节点 B 不会有直接收益，但它会看到它很快就有要传送业务的可能性，并努力使得信道空闲而有效。

合作博弈论能够将网络中各个用户的竞争行为以效用函数的形式表现出来，使得可以从数学分析的角度去探索激励机制对网络用户行为的影响，允许建立适当的模型去促使用户积极地参与到网络的合作中。此外，在网络资源较为有限的场合下，合作博弈论还对如何公平合理地分配网络资源起到指导作用。合作博弈论被用于解决信息网络中的许多协议设计问题[51,52]，诸如资源分配[53]、流量控制、拥塞控制、接入控制、功率控制、路由协议、网络安全、协作中继通信、波束形成等。

参考文献

[1] 汪贤裕，肖玉明. 博弈论及其应用 [M]. 北京：科学出版社，2008.

[2] A. Ozdaglar, I. Menache. Network Games: Theory, Models, and Dynamics [J]. Synthesis Lectures on Communication, 2011, 4 (1): 159.

[3] R. B. Myerson. Game Theory, Analysis of Conflict [M]. Cambridge, MA: Harvard University Press, 1991.

[4] John C. Harsanyi. Papers in Game Theory [M]. New York: Springer, 1982.

[5] E. Altman, T. Boulogne, R. El-Azouzi, T. Jiménez, L. Wynter. A survey on networking games in telecommunications [J]. Computers & Operations Research, 2006, 33 (2): 286-311.

[6] Robert Gibbons. A Primer in Game Theory [M]. Harlow: Financial Times Prentice Hall, 1992.

[7] Terry L. Friesz. Dynamic Optimization and Differential Games [M]. New York: Springer, 2010.

[8] 罗伯特·阿克塞尔罗德. 合作的进化 [M]. 2版. 吴坚忠，译. 上海：上海人民出版社，2007.

[9] A. A. Cournot. Recherches sur les principes mathématiques de la théorie des richesses [M]. Paris: Hachette, 1838.

[10] J. Bertrand. Theorie mathematique de la richesse sociale and of recherches sur les principles mathematiques de la theorie des richesses [J]. Journal de Savants, 1983, 67 (5): 499-508.

[11] F. Y. Edgeworth. Mathematical psychics: an essay on the application of mathematics to the moral sciences [M]. London: Kegan Paul, 1881.

[12] J. Von Neumann, O. Morgenstern. Theory of games and economic behavior [M]. New Jersey: Princeton University Press, 1944.

[13] John F. Nash. Equilibrium points in n-person games [J]. Proceedings of the National Academy of Sciences, 1950, 36 (1): 48-49.

[14] John F. Nash. Non-Cooperative Games [J]. The Annals of Mathematics, 1951, 54 (2): 286-295.

[15] 浦珏，石岿然，王炎. 合作博弈理论应用研究综述 [J]. 商业经济研究，2015，(3)：43-44.

[16] John F. Nash. Two-person cooperative games [J]. Econometrica, 1953, 21 (1): 128-140.

[17] L. S. Shapley. Notes on the n-Person Game Ⅱ: The Value of an n-Person Game [R]. RAND Corporation Research Memorandum, 1951.

[18] L. S. Shapley. Notes on the n-Person Game Ⅲ: Some Variants of the Von-Neumann-Morgenstern Definition of Solution [R]. RAND Corporation Research Memorandum, 1952.

[19] R. Selten. Spieltheoretische Behandlung eines Oligopolmodells mit Nachfrageträgheit-Teil Ⅰ: Bestimmung des dynamischen Preisgleichgewichts [J]. Zeitschrift für die gesamte Staatswissenschaft, 1965, 121: 301-324.

[20] R. Selten. Spieltheoretische Behandlung eines Oligopolmodells mit Nachfrageträgheit - Teil Ⅱ:

Eigenschaften des dynamischen Preisgleichgewichts [J]. Zeitschrift für die gesamte Staatswissenschaft, 1965, 121: 667-689.
[21] J. C. Harsanyi. Games with Incomplete Information Played by Bayesian Players, Part Ⅰ, Ⅱ, Ⅲ [J]. Management Science, 1967-1968, 14: 159-182, 320-334, 486-502.
[22] Ezio Marchi. Simple stability of general n- person games [J]. Naval Research Logistics, 1967, 14 (2): 163-171.
[23] Ezio Marchi. On the minimax theorem of the theory of game [J]. Annali di Matematica Pura ed Applicata, 1967, 77 (1): 207-282.
[24] Guillermo Owen. Game Theory [M]. New York: Academic Press, 1982.
[25] Michael Suk-Young Chwe. Farsighted Coalitional Stability [J]. Journal of Economic Theory, 1994, 63, 299-325.
[26] D. Gale, L. S. Shapley. College Admissions and the Stability of Marriage [J]. American Mathematical Monthly, 1962, 120 (5): 386-391.
[27] A. Roth, M. A. O. Sotomayor. Two-sided matching: A Study in Game-Theoretic Modeling and Analysis [M]. Cambridge University Press, 1992.
[28] R. W. Irving , S. Scott. The stable fixtures problem—A many-to-many extension of stable roommates [J]. Discrete Applied Mathematics, 2007, 155 (16): 2118-2129.
[29] Zhu Han, Yunan Gu, Walid Saad. Matching Theory for Wireless Networks [M]. Springer International Publishing AG, 2017.
[30] 董保民, 王运通, 郭桂霞. 合作博弈论 [M]. 北京: 中国市场出版社, 2008.
[31] 施锡铨. 合作博弈引论 [M]. 北京: 北京大学出版社, 2012.
[32] 埃尔文.E. 罗斯. 讨价还价的博弈论模型 [M]. 北京: 中国人民大学出版社, 2017.
[33] 埃尔文.E. 罗斯, 马里尔达.A. 奥利维拉·索托马约尔. 双边匹配——博弈论建模与分析研究 [M]. 北京: 中国人民大学出版社, 2019.
[34] R. Isaacs. Differential Games Ⅰ, Ⅱ, Ⅲ, Ⅳ [R]. The RAND Corporation, Research Memoranda RM-1391, RM-1399, RM-1411, RM-1486, 1954.
[35] R. Isaacs. Differential Games [M]. New York: John Wiley and Sons, 1965.
[36] R. Bellman. Dynamic Programming [M]. New York: Princeton University Press, 1957.
[37] L. S. Pontryagin, V. G. Boltyanskii, R V Gamkrelidze, et al. The Mathematical Theory of Optimal Processes [M]. New York: Interscience Publishers, 1962.
[38] R. Isaacs. Differential Games [M]. 2nd. New York: Kruger Publishing Company, 1975.
[39] A. Friedman. Differential Games [M]. New York: John Wiley and Sons, 1971.
[40] A. W. Starr, Y. C. Ho. Nonzero-sum Differential Games [J]. Journal of Optimization Theory and Applications, 1969, 3 (3): 184-206.
[41] A. Friedman. Computation of saddle points for differential games of pursuit and evasion [J]. Archive for Rational Mechanichs and Analysis, 1971, 40 (2): 79-119.
[42] T. Basar, G. J. Olsder. Dynamic Non - cooperative Game Theory [M]. New York: Academic Press, 1982.
[43] C. I. Chen, J. B. Cruz, Jr. Stackelberg Solution for Two-Person Games with Biased Information Patterns [J]. IEEE Transactions on Automatic Control, 1972, AC-17 (6): 791-797.
[44] M. Simaan, J. B. Cruz, Jr. On the Stackelberg Strategy in Nonzero-sum Games [J]. Journal of Optimization Theory and Applications, 1973, 11 (5): 533-555.
[45] 年晓红, 黄琳. 微分对策理论及其应用研究的新进展 [J]. 控制与决策, 2004, 19 (2): 128-133.

[46] David W. K. Yeung, Leon A. Petrosyan. Cooperative Stochastic Differential Games [M]. New York: Springer, 2006.

[47] 张嗣瀛. 微分对策 [M]. 北京: 科学出版社, 1987.

[48] 李登峰. 微分对策及其应用 [M]. 北京: 国防工业出版社, 2001.

[49] 马忠贵. 博弈论及其在无线通信网络中的应用 [M]. 北京: 国防工业出版社, 2015.

[50] W. Saad, Z. Han, M. Debbah, A. Hjorungnes, T. Basar. Coalitional game theory for communication Networks: A tutorial [J]. IEEE Signal Processing Magazine, 2009, 26 (5): 77-97.

[51] Zhu Han, Dusit Niyato, Walid Saad, Tamer Basar. Game Theory for Next Generation Wireless and Communication Networks: Modeling, Analysis, and Design [M]. New York: Cambridge University Press, 2019.

[52] Tamer Basar, Georges Zaccour. Handbook of Dynamic Game Theory [M]. Switzerland: Springer International Publishing AG, 2018.

[53] Zhu Han, Dusit Niyato, Walid Saad, Tamer Basar, Are Hjørungnes. Game Theory in Wireless and Communication Networks: Theory, Models and Applications [M]. New York: Cambridge University Press, 2011.

第2章　博弈论的数学基础

【本章要点】

博弈论运用的是数学语言，其基本工具的描述都是在假设、定义和定理的框架下进行，而合作博弈论是其中的一种博弈论。因此，在开始介绍合作博弈论之前，有必要先对相关的数学知识做一个简单梳理。博弈论涉及的数学工具大致可分为三类：集合论、静态最优化理论和动态最优化理论。对于一个最优化问题而言，解的存在性与唯一性是研究的主题。

本章主要内容包括：2.1节介绍了集合、函数、凸集、凸函数等基本概念。博弈论可以被看作是决策理论的一种推广，要想理解博弈论的核心思想，就应该从研究决策理论开始。因此，2.2节介绍了决策理论和效用理论。在博弈论的研究中，我们隐含地假设效用函数能够正确描述参与者对不同结果的偏好。冯·诺依曼和摩根斯坦恩开发的效用理论为这个假设提供了科学依据。2.3节介绍了最优化理论，首先，介绍了静态最优化的模型和求解方法，主要包括拉格朗日对偶算法、卡鲁什-库恩-塔克（KKT）条件等；其次，简要介绍了动态最优化模型。2.4~2.6节重点介绍了求解动态最优化技术的三种求解方法：经典变分法、动态规划、最大值原理，重点掌握动态规划的求解方法和Hamilton-Jacobi-Bellman方程。

2.1　集合与函数

2.1.1　集合

集合（Set）是指具有某种特定性质的具体的或抽象的对象组成的一个整体，这些对象称为该集合的元素。我们通常用大写字母如A，B，S，T，…表示集合，而用小写字母如a，b，x，y，…表示集合中的元素。若x是集合S的元素，则称x属于S，记为$x \in S$。若y不是集合S的元素，则称y不属于S，记为$y \notin S$。集合中的元素有三个特征：确定性（集合中的元素必须是确定的）、互异性（集合中的元素互不相同）、无序性（集合中的元素没有先后之分）。集合论研究的是元素、集合之间的相互关系，它为定义数学中的其他概念提供了语言，为发展数学中的其他工具提供了理论基础。

集合论除了描述集合与元素之间的关系外，还可以描述集合之间的关系，包括：子集、交集、并集、全集、空集和补集等。对于两个集合A与B，如果集合A的任何一个元素都是集合B的元素，则称集合A是集合B的子集，记为$A \subseteq B$。由所有属于集合A且属于集合B的元素所组成的集合称为集合A与集合B的交集，记作$A \cap B$，即$A \cap B =$

$\{x \mid x\in A$ 且 $x\in B\}$。由所有属于集合 A 或属于集合 B 的元素所组成的集合称为集合 A 与集合 B 的并集，记作 $A\cup B$，即 $A\cup B=\{x \mid x\in A$ 或 $x\in B\}$。如果集合 S 含有所要研究的各个集合的全部元素，这个集合就可以看作一个全集，通常用 Ω 来表示。不包括任何元素的集合则称为空集，通常用 $\varnothing$ 来表示。从全集 Ω 中减去集合 A 的所有元素而得到的集合称为 A 的补集 A^c，即 $A^c=\{x \mid x\in\Omega,\ x\notin A\}$。设 S 是一个集合，A 是 S 的一个子集，由 S 中所有不属于 A 的元素组成的集合，称为 S 中子集 A 的相对补集，记作 $S \mid A$，即 $S \mid A=\{x \mid x\in S,\ x\notin A\}$。

n 个集合 A_1，A_2，…，A_n 的笛卡儿积（Cartesian Product）又称直积，可表示为 $A_1\times A_2\times\cdots\times A_n$。这个乘积本身构成一个集合，此集合中的每个元素由分别来自这 n 个集合的元素组成，即（a_1，a_2，…，a_n），其中 $a_i\in A_i$，$i=1$，2，…，n。

对于任一有限集 M，我们用 R^M 表示形如 $\boldsymbol{x}=(x_m)_{m\in M}$ 的所有向量组成的集合，其中对 M 中每一个 m，第 m 个分量 x_m 是实数域 R 的一个元素。为方便书写，也可将 R^M 等价地理解为 M 到 R 上的所有函数组成的集合，这时 R^M 中 x 的 m 分量 x_m 也可被记为 $x(m)$。

有一些概念是对集合的边界与形状的描述，它们分别是开集、闭集、有界、紧集及凸集等。令集合 S 是 R^M 中的一个子集，我们有如下定义：

定义 2-1（凸集） 集合 S 是凸的（Convex），当且仅当对任意的 $\boldsymbol{x}\in R^M$，$\boldsymbol{y}\in R^M$ 及满足 $0\leqslant\lambda\leqslant1$ 的 λ，只要 $\boldsymbol{x}\in S$ 和 $\boldsymbol{y}\in S$，则有 $\lambda\boldsymbol{x}+(1-\lambda)\boldsymbol{y}\in S$。

这里，$\boldsymbol{x}=(x_m)_{m\in M}$，$\boldsymbol{y}=(y_m)_{m\in M}$，$\lambda\boldsymbol{x}+(1-\lambda)\boldsymbol{y}=\lambda x_m+(1-\lambda)y_m$，$m\in M$，即集合中任意两点的连线也在集合中。

定义 2-2（闭集） 集合 S 是闭的（Closed），当且仅当对每个收敛的序列 $\{\boldsymbol{x}(j)\}_{j=1}^{\infty}$，如果对每个 j 都有 $\boldsymbol{x}(j)\in S$，则有 $\lim\limits_{j\to\infty}\boldsymbol{x}(j)\in S$。

定义 2-3（开集） R^M 中的子集 S 是开的（Open），当且仅当它的补集 R^M/S 是闭的。

定义 2-4（有界） 集合 S 是有界的（Bounded），当且仅当存在某个正数 K 使得对 S 中的每个元素 $\boldsymbol{x}$ 都有 $\sum\limits_{m\in M}|x_m|\leqslant K$。

定义 2-5（紧集） 一个有界的闭集则称为紧集。

2.1.2 函数

函数是将一个集合中的元素与另一个集合中的元素对应起来的一种法则。这种法则反映了两个集合中元素相互影响的规律。下面给出函数的定义。

定义 2-6（函数） 设 A、B 是非空的数集，如果按照某个确定的对应关系 f，使对于集合 A 中的任意一个数 x，在集合 B 中都有唯一确定的数 $f(x)$ 和它对应，那么就称 f: $A\to B$ 为从集合 A 到集合 B 的一个函数。记作 $y=f(x)$，$x\in A$。其中，x 叫作自变量，x 的取值范围 A 叫作函数的定义域；与 x 的值相对应的 y 值叫作函数值，函数值的集合 $\{f(x) \mid x\in A\}$ 叫作函数的值域。连续性描述了函数的一个重要特征，它要求定义域中所有收敛于 x 的序列 $x^t\to x$，其对应的函数值也收敛于 $f(x)$，即 $f(x^t)\to f(x)$，这意味着在定义域中的任意一点 x 上，函数取值并不表现出跳跃。

定义 2-7（凸函数） 对于函数 $f(x)$ 以及定义域 S（凸集）中的任意两点 x，$y\in S$，$0\leqslant\lambda\leqslant1$，如果有 $f[\lambda x+(1-\lambda)y]\leqslant\lambda f(x)+(1-\lambda)f(y)$，则称函数 $f(x)$ 为凸函数。凸函数

的几何性质表现为曲线上的任意两点连成的弦在曲线的上方。

定义 2-8（凹函数）　如果函数 $-f(x)$ 是凸函数，则 $f(x)$ 是凹函数。即对于函数 $f(x)$ 以及定义域 S（凸集）中的任意两点 x，$y\in S$，$0\leqslant\lambda\leqslant1$，如果有 $f[\lambda x+(1-\lambda)y]\geqslant\lambda f(x)+(1-\lambda)f(y)$，则称函数 $f(x)$ 为凹函数。

在实际使用过程中，我们不仅需要研究元素之间的关系，有时也要讨论元素与集合间的关系。于是，将函数关系推广，就得到对应（Correspondence）关系。对应关系是以某种方式将定义域中的一个元素与值域中的一个集合相联系的法则，这将在纳什均衡存在性的证明过程中使用。

定义 2-9（对应关系）　一个点到集合的“对应” G：$X\to Y$ 是任何一个规定了对 X 中的每个点 x，$G(x)$ 是与 x 相对应的 Y 中的一个子集。

如果 X 和 Y 都是度量空间，则 X 和 Y 上的收敛和极限概念已经定义，这时有：

定义 2-10　一个对应 G：$X\to Y$ 是上半连续的，当且仅当对每个序列 $\{x(j),y(j)\}_{j=1}^{\infty}$，如果对于每个 j 有 $x(j)\in X$ 和 $y(j)\in G(x(j))$，而且序列 $\{x(j)\}_{j=1}^{\infty}$ 收敛于某个点 $\bar{x}\in X$，又序列 $\{y(j)\}_{j=1}^{\infty}$ 收敛于某个点 $\bar{y}\in Y$，则有 $\bar{y}\in G(\bar{x})$。

定理 2-1　对应 G：$X\to Y$ 是上半连续的当且仅当集合 $\{(x,y)\mid x\in X,\ y\in G(x)\}$ 是集合 $X\times Y$ 中的一个闭子集。

上半连续性是我们熟知的连续函数概念的一种推广，而函数的连续性比上半连续性的概念要强一些，于是有：

定理 2-2　如果 y：$X\to Y$ 是一个从 X 到 Y 的连续函数，且对 X 中的每一个 x 都有 $G(x)=\{y(x)\}$，那么 G：$X\to Y$ 是一个点到集合的上半连续对应。

所有的存在性定理证明都采用了不动点定理，这是因为，纳什均衡的概念在数学上就是一个不动点的概念。

什么是“不动点”呢？考虑一个方程 $f(x)=x$，其中 x 为方程的解。我们将 $f(\cdot)$ 视为一种“变换”，即 $f(\cdot)$ 是将 x 对应为 $y=f(x)$ 的变换，其中 x 和 y 分别是属于集合 X 和 Y 的两个元素，$x\in X$，$y\in Y$。如果 $X=Y$，则方程 $f(x)=x$ 的几何意义就是：变换 $f(\cdot)$ 将 x 变为自己，即 x 在 $f(\cdot)$ 变换下是不变的，故称 $f(x)=x$ 的解为变换 $f(\cdot)$ 的不动点。

一般地，我们可以将所有的方程都写为如下形式：

$$y(x)=0 \tag{2-1}$$

在式（2-1）两端加上一个 x，则变为 $y(x)+x=x$。

令 $f(x)=y(x)+x$，则有 $f(x)=x$。

所以，一般地，方程求解的问题本质上是寻找变换的不动点问题。

定理 2-3［角谷静夫（Kakutani）不动点定理[1]］　令 S 是一个有限维向量空间中任一非空有界闭凸子集，F：$S\to S$ 是任一上半连续的点到集合的对应，且对 S 中每个 x，$F(x)$ 都是 S 的一个非空凸子集。那么，S 中一定存在某个 $\bar{x}$ 使得 $\bar{x}\in F(\bar{x})$。

2.2　决策理论

博弈论的逻辑根源在于决策理论（Decision Theory）。在决策理论中，仅存在一个决策者，且决策者面对的是一个确定的备选行动集合，以及明确的行动结果。他需要从所有可能的行动中选出一个，以最好地实现其目标。因此，对于一个决策问题，其三要素包括：行动（参与者可能的选择）、结果（每个行动的可能后果）和偏好（描述了参与者对所有可能结果的喜好，按照从最渴望到最不渴望的顺序进行排列）。事实上，博弈论可以被看作是决策理论（对两个或两个以上决策者情形）的一种推广，或者作为决策理论在本质上的逻辑完备。因此，要理解博弈论的核心思想，就应该从研究决策理论开始。

人们对某种行动的决策依据是此行动会带来的结果。效用理论在决策理论中占有核心地位。它们以实数描述了参与者对不同结果的偏好，从而使得我们可以在决策理论分析中使用实值函数。在博弈论的研究中，我们隐含地假设效用函数能够正确描述参与者对不同结果的偏好。冯·诺依曼（John von Neumann）和摩根斯坦恩（Oskar Morgenstern）开发的效用理论为这个假设提供了科学依据。某一行动会带来确定或不确定的结果，因此决策理论可以分为确定条件下的决策和不确定条件下的决策[2]。下面首先对参与者的偏好进行说明，这就需要用到效用理论。

2.2.1 效用理论的提出

囚徒困境是博弈论中最著名的实例，几乎所有博弈论的文献中都会提到它，这里我们也将它作为讨论博弈论的切入点，并说明效用理论对于博弈论的重要性。

【例 2-1】传统的囚徒困境。

“囚徒困境”是一种基本的二人博弈模型，其内容为，两个囚徒被警察抓住之后分别审讯，判决的依据是“坦白从宽、抗拒从严”。警察告诉他们，如果他们之中任意一方坦白并供出对方，另一方抵赖，那么坦白方会免于处罚（无罪释放），抵赖方会被从重处罚（被判处 10 年有期徒刑）；如果两个囚徒都抵赖，由于证据不足，他们都会从轻处罚（被判处 1 年有期徒刑）；如果都坦白，那么两个囚徒都会受到中等处罚（被判处 6 年有期徒刑）。

显然，在“囚徒困境”博弈中，囚徒选择的结果不仅与自己的选择有关，而且与另一囚徒的选择有关，那么囚徒如何选择呢？不妨这样考虑囚徒的决策过程：假设对方坦白，自己该怎么做；假设对方抵赖，自己又该怎么做。也就是，给定另一囚徒的决策，寻找自己的最优决策。

用策略型博弈可以清晰地表示这一局势，其中有 2 个参与者，即囚徒 A 和囚徒 B，每个参与者有 2 种策略，即坦白和抵赖，支付就是在各种选择下所应该承担的刑期，他们的支付函数一般采用如表 2-1 的矩阵形式进行表示，称为“支付矩阵”。

表 2-1 传统的囚徒困境 1

		囚徒 B 坦白	囚徒 B 抵赖
囚徒 A	坦白	(−6，−6)	(0，−10)
	抵赖	(−10，0)	(−1，−1)

在该支付矩阵中，括号内的第一个数字表示参与者 1（囚徒 A）在对应策略组合形成的结局中得到的支付，第二个数字表示参与者 2（囚徒 B）的相应支付。这种矩阵有时也被称为双支付矩阵，表中常常省略参与者 1（囚徒 A）和参与者 2（囚徒 B）的标记。默

认的设定是，参与者 1（囚徒 A）选择行，参与者 2（囚徒 B）选择列。

“囚徒困境”博弈的结果集为 $C=\{$(坦白，坦白)，(坦白，抵赖)，(抵赖，坦白)，(抵赖，抵赖)$\}$，每个参与者对不同结果都有偏好，这些偏好可用二元关系表示，在经济学背景下，这样的二元关系就是定义在结果集 C 上的偏好关系（Preference Relation）。参与者的效用函数将结果映射到实数，从而反映了他对这些结果的偏好。囚徒 A 的效用函数为：

u_A(坦白，坦白)$=-6$，u_A(坦白，抵赖)$=0$，u_A(抵赖，坦白)$=-10$，u_A(抵赖，抵赖)$=-1$

上面的实数-6、0、-10，-1 分别描述了囚徒 A 对四个结果的偏好。囚徒 B 的效用函数为：

u_B(坦白，坦白)$=-6$，u_B(坦白，抵赖)$=-10$，u_B(抵赖，坦白)$=0$，u_B(抵赖，抵赖)$=-1$

注意：效用函数将多维信息映射为实数，从而以实数描述偏好。这里自然产生一个问题：我们能否描述参与者的所有偏好但又不损失任何信息？效用理论以系统且科学的方法解决了这个问题。20 世纪，人们发展出了很多效用理论。冯·诺依曼和摩根斯坦恩开发的效用理论是最有影响的一种，而且它与博弈论的关系最为密切。

【例 2-2】对于例 2-1 而言，可以定义另外一种支付矩阵，如表 2-2 所示。

表 2-2　传统的囚徒困境 2

		囚徒 B 坦白	囚徒 B 抵赖
囚徒 A	坦白	(-1.5，-1.5)	(0，-2)
	抵赖	(-2，0)	(-1，-1)

对于囚徒 A 而言，均有 $0>-1>-6>-10$ 和 $0>-1>-1.5>-2$ 成立，意味着囚徒 A 最偏好结果（坦白，抵赖），而最不偏好（抵赖，坦白），可表示为：(坦白，抵赖) ≻ (抵赖，抵赖) ≻ (坦白，坦白) ≻ (抵赖，坦白)；同理，对于囚徒 B 而言，也有类似的结论。

需要注意的是，在对囚徒 A 偏好的上述两种支付赋值时，他的偏好程度不同，数值差也不同，然而，在序数效用背景下，这两种赋值方法是等价的，因为它们都能描述参与者的偏好序。显然，存在着无穷多个这样的效用函数 u_A：$C\rightarrow R$ 和 u_B：$C\rightarrow R$，它们都能描述囚徒 A 和囚徒 B 的偏好。效用理论就是确定一个这样的效用函数，通过效用函数来定量表示参与者对博弈可能结果的偏好关系。效用函数通常是博弈论、经济理论和决策理论的基本要素，因为它促进了数学工具在分析结果可能不同且常常不确定的博弈情况中的应用。

给定一种测量方法（scale），若更大的数表示更受参与者偏好的结果，从而使得只有数的顺序起作用，而数的绝对或相对大小无关紧要，那么这种测量方法称为序数测量。按照这种方法得到的效用值称为序数效用。注意，这里的效用值描述的仅是参与者的偏好序，而不是他的偏好强度。

有了效用函数的定义，我们就可以对博弈论进行分析了。在例 2-1 所给出的传统“囚徒困境”模型中，对两个囚徒来说，他们都不知道对方是否坦白。其中一个囚徒会这样思考，如果对方坦白，己方抵赖则从重处罚，坦白则中等处罚，坦白是最优策略；反之，如果对方抵赖，己方抵赖则从轻处罚，坦白则免于处罚，坦白依然是最优策略。也就是说，不管对方是否坦白，他选择“坦白”都是相对于选“抵赖”的占优策略，且是严格占优策略；而“抵赖”是相对于选“坦白”的劣策略。

这里仅介绍了确定条件下序数效用的提出和核心思想，不确定条件下期望效用理论将在 2.2.3 节进行详细介绍，效用理论是决策理论和博弈论的基础。

2.2.2 确定条件下的决策

如果行动 a 的结果是确定的，比如是 c，那么行动与结果之间就可以建立起一一对应的关系。对行动的评估于是转化为对其结果的评估。面对多种结果，决策者更偏向于哪一种呢？结果是一种状态，我们不能像实数一样对它们进行直接的数量比较。所以我们用一个二元关系（$\geq$）来表示参与者对于两个不同结果的偏好关系（序数效用）。

定义 2-11 对于两种结果 c_1 与 c_2，如果 $c_1 \geq c_2$，那么对决策者来说，c_1 至少和 c_2 一样好。

另外，源于$\geq$的二元关系$>$表示的则是决策者在两个不同结果间的严格偏好关系。$c_1 > c_2$ 意味着 c_1 比 c_2 更好，即 $c_1 > c_2 \Rightarrow c_1 \geq c_2$，但 $c_2 \not\geq c_1$。偏好关系代表着决策者对不同结果的评估。我们希望给每一种结果赋予一个实数值，这样就可以直接通过比较这些值来比较不同结果了。这种值称为决策者对给定结果的效用，即主观感受。冯·诺依曼和摩根斯坦恩为体现这种效用的相对比较，建立了联系偏好与效用的效用理论，这套体系成为现代经济分析的基础。

定义 2-12 效用函数（payoff function） 假设非空集合 C 是决策者所有可选结果的集合，一个效用函数 u：$C \to R$ 表示偏好关系，对于任何结果 c_1，$c_2 \in C$，有 $u(c_1) \geqslant u(c_2) \Leftrightarrow c_1 \geq c_2$。

假设非空集合 C 是决策者所有可选结果的集合，决策者效用函数 u：$C \to R$ 的作用就是给不同结果赋效用值，比如结果 c_1 的效用值就是 $u(c_1)$。这个值表示决策者在结果 c_1 下的主观感受。如果决策者更偏好的结果总能被 $u(\cdot)$ 赋一个更高的值，即 $c_1 \geq c_2 \Leftrightarrow u(c_1) \geqslant u(c_2)$，那么我们说函数 $u(\cdot)$ 能够反映偏好关系。$u(\cdot)$ 一般称为雅各布·伯努利（Jakob Bernoulli）效用函数，它将一个确定的结果与一个确定的效用联系起来。对于任意给出的偏好关系，只要总能找到一个效用函数来反映此偏好，我们的决策理论就可以建立在效用理论的基础之上了。然而，并不是所有的偏好关系都可被效用函数来表示。一个重要前提是给出的偏好关系必须是理性的。下面是理性偏好的定义。

定义 2-13 定义于集合 C 上的偏好关系是理性的，当且仅当它满足：

（1）完备性（Completeness）：如果对任何结果 c_1，$c_2 \in C$，要么有 $c_1 \geq c_2$，要么有 $c_2 \geq c_1$。

（2）传递性（Transitivity）：对任何结果 c_1，c_2，$c_3 \in C$，如果 $c_1 \geq c_2$ 且 $c_2 \geq c_3$，那么 $c_1 \geq c_3$。

完备性条件表示每一对结果都被偏好关系联系起来，而且决策者面对两个结果时总可以说出自己更偏好哪个。传递性条件表示的则是决策者在评估结果时应保持一致性。这两个条件在现实生活中基本成立，因此偏好关系一般是理性的。容易看到，所有能被效用函数表示的偏好关系必然是理性的。然而，理性的偏好关系却不能保证它总能找到反映其自身的效用函数。当我们的可选集合 C 中的元素个数有限时，总存在反映理性偏好关系的效用函数，因为有限个结果总可以得出一个确定的偏好排序。而当可选集合 C 的元素个数无限时，理性条件就不再能保证反映偏好关系的效用函数存在。这时其存在性还需附加更多条件。在可选集合 C 是 m 维正实数集 R_+^n 的环境下，我们要保证能反映偏好的效用函数存在，还要求偏好关系是严格单调和连续的。

定义 2-14　定义于集合 $C=R_+^m$ 上的偏好关系是严格单调的，当且仅当：对于所有 c_1，$c_2 \in C$，若 $c_1 \geqslant c_2$，则 $c_1 \succeq c_2$；若 $c_1 \gg c_2$，则 $c_1 \succ c_2$。

定义 2-15　定义于集合 $C=R_+^m$ 上的偏好关系是连续的，当且仅当：对于 C 中的任意一对无穷序列 $\{c_1^t, c_2^t\}_{t=1}^{\infty}$，$c_1^t \succeq c_2^t$ 对所有 t 成立，且 $c_1=\lim\limits_{t\to\infty} c_1^t$，$c_2=\lim\limits_{t\to\infty} c_2^t$，那么总有 $c_1 \succeq c_2$。

定理 2-4　如果定义于集合 C 上的偏好关系是理性、连续和严格单调的，那么总存在一个连续的效用函数 u：$C\to R$ 来表示它，并且每个 $u(\cdot)$ 的正仿射变换也是偏好关系的效用函数。

定义 2-16　字典式最小偏好：对于任意 c，$d \in C$，如果 $c^*=d^*$，那么称 c 和 d 是无差异。如果存在一个整数 $k(k=0, 1, \cdots, n-1)$，使得 $c_i^*=d_i^*(i=1, \cdots, k)$，而且 $c_{k+1}^* > d_{k+1}^*$，那么称 c 偏好于 d。如果 $c_1^* > d_1^*$，则称为 c 字典式最小偏好于 d。

其中 c^* 是对 c 中的元素进行升序排列后得到的向量。从直观上理解，字典式最小偏好首先比较两种不同的分配方案中“最穷的”参与者的效用，如果在两种方案中它的效用相同，再接着比较“次穷的”参与者的效用，依此类推。

同时，对于决策理论而言，要求理性选择假设，即一个决策者完全明白决策问题所有可能的行动、所有可能的结果、决策者的理性偏好（效用）是基于结果的并了解行动如何影响结果。

2.2.3　不确定条件下的决策

当行动 a 带来不确定的结果时，比如给一场球赛的胜负下注，决策就会变得复杂。行动 a 的结果不确定意味着它可能会带来 m 个不同结果，比如 c_1，c_2，$\cdots$，c_m，而每种结果都有一个出现的概率 $p_i \geqslant 0$，$i=1, 2, \cdots, m$，且 $\sum_{i=1}^{m} p_i = 1$。伯努利效用函数 $u(\cdot)$ 可以给每种结果 c_i 赋一个值，但无法给这 n 种结果均可能出现的不确定事件赋值。因此，我们需要一种理论来体现不确定结果的效用，这就是冯·诺依曼和摩根斯坦恩开发的期望效用理论。

我们将那些会导致不确定结果的事件称为博彩（Lottery），因为买了彩票后，我们对于是否中奖无法确定，只知道一个可能的概率。我们用 $\boldsymbol{L}$ 来表示一个博彩，$\boldsymbol{L}=\{p_1, p_2, \cdots, p_m\}$ 且 $\sum_{i=1}^{m} p_i = 1$。这意味着描述一个博彩就是给出它可能导致的所有 m 种结果的概率分布，这样的博彩我们称为简单博彩（Simple Lottery）。如果有些事件导致的结果本身又是博彩，那么这种事件则称为复合博彩（Compound Lottery）。比如，黑箱摸球与掷骰子分别是两个简单博彩。如果有一个游戏是抛硬币，若正面就从黑箱中摸球；如背面则掷骰子，那么该游戏就是一个复合博彩，因为它将两个简单博彩按一定概率组合成一个总的博彩。根据复合的概率结构，复合博彩是它所包含的简单博彩的线性组合，因此它总可以最终转化成一个简单博彩。博彩与博彩之间的差异就在于各自概率分布之间的差异。由于博彩并未定义为实数，我们无法对它们作数量上的比较。像上文一样，我们首先用二元关系 $\succeq$ 来表示人们对博彩的偏好关系。

定义 2-17 如果 $L_1 \succeq L_2$，那么 L_1 至少和 L_2 一样好。

同样，要找到能反映不确定博彩偏好的效用函数，博彩偏好本身也要比较规范。不确定条件下的偏好关系除了要符合定义 2-13 中的理性（即完备性和传递性）要求外，还要满足连续性与独立性这两个额外条件。下面给出它们的定义。

定义 2-18 所有可选简单博彩的集合是 $\boldsymbol{L}$，那么偏好关系满足：

（1）连续性：对任何 L_1，L_2，$L_3 \in \boldsymbol{L}$，集合 $\{\alpha \in [0, 1]: \alpha L_1+(1-\alpha)L_3 \succeq L_2\}$ 和集合 $\{\alpha \in [0, 1]: L_2 \succeq \alpha L_1+(1-\alpha)L_3\}$ 都是闭集。

（2）独立性：对于任何 L_1，L_2，$L_3 \in \boldsymbol{L}$ 和 $\alpha \in [0, 1]$，$L_1 \succeq L_2$ 当且仅当 $\alpha L_1 + (1-\alpha) L_3 \succeq \alpha L_2+(1-\alpha)L_3$。

连续性条件的目的是要保证小的概率变化并不会改变博彩间的基本偏好关系。这里如将定义 2-18 中的闭集条件转化成等价的极限条件，我们就比较容易理解了。比如集合 $A=\{\alpha \in [0, 1]: \alpha L_1+(1-\alpha)L_3 \succeq L_2\}$ 是闭集，意味着集合 A 中的任意收敛序列，其极限也将收敛于 A 中。例如，当 $1-\alpha$ 很小的情况下，连续性条件保证了一个参与者不会因为一个概率几乎为零的事件 L_3 而改变以前的偏好 $L_1 \succeq L_2$。独立性条件表示的则是第三方博彩的加入并不影响原博彩之间的偏好关系。

我们需要找到一个效用函数 $U(\cdot): \boldsymbol{L} \to R$ 来表示博彩之间的偏好关系，这意味着决策者更为偏好的博彩总会被 $U(\cdot)$ 赋一个更大的值。那么这种函数是什么形式呢？如果 $U(\cdot)$ 能对博彩 $\boldsymbol{L}$ 的 m 种结果都有一个赋值 u_i，$i=1, 2, \cdots, m$，而且整个博彩的效用 $U(\boldsymbol{L})=p_1u_1+p_2u_2+\cdots+p_mu_m$，我们称这种形式的效用函数 $U(\cdot)$ 为冯·诺依曼和摩根斯坦恩期望效用函数。此函数将一个博彩的效用表示为它每个结果效用的期望。如此，上节中以伯努利效用函数为基础的确定条件下决策模型只需加上概率框架就可以表示不确定条件下的决策了。现在的核心问题是：对于任意给定的博彩偏好关系，是否总存在着这样一个冯·诺依曼和摩根斯坦恩期望效用函数来表达它。下面的期望效用定理给出了肯定的答案。

定理 2-5 如果博彩的偏好关系满足完备性、传递性、连续性和独立性四个条件，那么偏好关系对应着一个冯·诺依曼和摩根斯坦恩期望效用函数。也就是说，对于两个博彩 $\boldsymbol{L}=\{p_1, p_2, \cdots, p_m\}$ 与 $\boldsymbol{L}'=\{p_1', p_2', \cdots, p_m'\}$，$\boldsymbol{L} \succeq \boldsymbol{L}' \Leftrightarrow \sum_{i=1}^{m} p_i u_i \geqslant \sum_{i=1}^{m} p_i' u_i$。

在定理 2-5 中，由于我们总可以通过对某些结果赋零概率的方法来将两个博彩的可能结果集合设置为一样。因此，博彩的差异并不在于可能结果集合的不同，而在于所有结果发生的概率分布不同。

至此，我们就完成了对决策理论的基本构架。一个行动 a 会导致一个博彩 $\boldsymbol{L}$，即 m 种结果出现的一个概率分布。如果这个分布中一种结果的概率是 1，其他均为 0，那么就是确定条件下的决策，否则就是不确定条件下的决策。因此，确定条件下的决策可以看作是不确定条件下决策的一种特例。博彩间的偏好可以用冯·诺依曼和摩根斯坦恩期望效用函数来表示，最佳博彩对应着最大函数值。这样，人们选择行为的标准，就是使自己的期望效用最大化。在以后的应用中，我们总是直接地计算期望效用，这意味着我们隐含假设所研究的决策者其偏好总是规则的（即理性、连续与独立）。

2.3　最优化理论

人们在处理日常生活、生产过程、经营管理、社会发展等实际问题时，都希望获得最佳的处理结果。在有多种方案及各种具体措施可供选择时，处理结果与所选取方案、具体措施密切相关。获取最佳处理结果的问题称为最优化问题。针对最优化问题，如何选取满足要求的方案和具体措施，使所得结果最佳的方法称为最优化方法。

实际问题中所提出的最优化问题大体分为两类，一类是求函数的极值，另一类是求泛函（函数的自变量是函数）的极值。求函数极值的数值方法或试验最优化方法称为数学规划，包括线性规划和非线性规划。数学规划所处理的问题一般是静态问题，因此求函数极值问题又被称为静态最优化问题。静态是指无时间变量的系统或处于平衡工作状态的动态系统，系统的数学模型是代数方程，而不是微分方程或差分方程。静态最优化问题，就是选择系统的最优参数使目标函数取极值。求泛函的极值问题需要应用变分法、最大值原理或动态规划来处理，所处理的问题一般是动态问题，这一类问题就称为动态最优化问题。动态最优化问题的目标函数的自变量中含有动态系统的状态变量，状态变量一般是时间的函数。动态最优化问题习惯上又称为最优控制问题，即选择系统最优的运动轨线，使目标函数取极值[3]。

静态最优化和动态最优化问题并无截然的界限，它们都有度量处理结果优劣的目标函数、描述问题的数学模型，处理方法中有分析算法和直接算法。两类问题的直接算法基本相同，只是动态最优化处理的问题要复杂一些。但是，在数学基础上两类问题分属两个不同范畴，静态最优化问题属于运筹学范畴，而动态最优化问题属于变分学范畴，其基础理论框架是不一样的。

目标函数就是用数学方法描述处理问题所能够达到结果的函数，该函数的自变量是表示可供选择的方案（集合）及具体措施的一些参数或函数，最佳结果表现为目标函数取极值。在处理实际问题时，通常会受到发射功率、误码率、能量效率、物理条件等许多方面的限制，这些限制的数学描述称为最优化问题的约束条件。求解方法是获得最佳结果的必要手段，该方法使目标函数取极值，所得结果称为最优解。针对各种类型的最优化问题，找出可靠、快捷的处理方法是最优化方法（理论）的研究范畴。在无线通信领域，最优化问题一直是一个关键的问题。例如，通信电子系统有很多重要的指标，可靠性就是其一，而可靠性受很多复杂的关系和约束条件限制，要找到最可靠的性能就需要用最优化的方法去寻找各种参数的最佳值。最优化方法在自适应滤波中也有着广泛应用，能够设置最恰当的滤波器参数，以满足各种不同的滤波要求，保持窗口的准确性。而在无线通信网络中的资源分配方面，特别是部署了中继节点的系统，最优化理论也是不可替代的数学工具。5G 系统作为未来通信的主流标准，对上下行峰值速率等系统指标有很高的要求，但是其可分配的资源又极其有限，再加上用户的各种自身需求及特定限制，这就是说系统需要在许多约束条件下达到一定高度的目标。自然而然，这种矛盾正是最优化理论所能解决的。

如果某元素能在自身取值附近的区域内使目标函数最大化，我们称其为极值；而在可选择元素的整体集合之内，能实现目标函数最大化的元素则称为最值。

目标函数、约束条件和求解方法是最优化问题的三个基本要素。无约束条件的最优化问题称为理想最优化问题，所得结果称为理想最优解。

2.3.1 静态最优化

1. 最优化问题

在日常研究和应用中，我们常常会遇到这样一个问题，抽象的描述为：假设给定 n 元实值函数 $g_i(i=1, 2, \cdots, m)$ 与 $h_j(j=1, 2, \cdots, l)$，求满足约束条件 $g_i(x_1, x_2, \cdots, x_n)\leqslant 0$，$i=1, 2, \cdots, m$ 和 $h_j(x_1, x_2, \cdots, x_n)=0$，$j=1, 2, \cdots, l$ 的向量 $\boldsymbol{x}=(x_1, x_2, \cdots, x_n)$，使得实值目标函数 $f(\boldsymbol{x})$ 在 $\boldsymbol{x}$ 处达到最大。一般称上述问题为数学规划问题或者最优化问题。同样地，上述问题也可以表述为：

$$
\begin{aligned}
&\min_{x\in R^n} f(\boldsymbol{x}) \\
\text{s.t.}\quad & g_i(\boldsymbol{x})\leqslant 0, \quad i=1, 2, \cdots, m \\
& h_j(\boldsymbol{x})=0, \quad j=1, 2, \cdots, l
\end{aligned}
\tag{2-2}
$$

由于最大化问题中只需将目标函数乘以-1 即可转化为最大化问题，因此，我们仅说明目标函数最小化问题。在问题（2-2）中，满足约束条件的向量 $\boldsymbol{x}$ 称为可行解，全体可行解构成的集合称为可行域。此外，函数 $g_i(i=1, 2, \cdots, m)$ 与 $h_j(j=1, 2, \cdots, l)$ 称为约束函数，而可行域中使得目标函数值为最小的向量 $\boldsymbol{x}$ 称为问题（2-2）的最优解。

2. 凸优化

凸性（Convexity）是最优化理论必须涉及的基本概念。具有凸性的非线性规划模型是一类特殊的重要模型，它在最优化的理论证明及算法研究中具有非常重要的作用。

设 $D\subseteq R^n$ 为凸集，若 $f(\boldsymbol{x})$ 为 D 上的凸函数，$g_i(i=1, 2, \cdots, m)$ 为 D 上的凸函数，$h_j(j=1, 2, \cdots, l)$ 是 R^n 上的仿射函数，则称问题（2-2）为凸优化问题。进一步，若约束函数 $g_i(i=1, 2, \cdots, m)$ 与 $h_j(j=1, 2, \cdots, l)$ 均为线性函数，则称问题（2-2）为线性规划问题，否则为非线性规划问题[4]。

3. 拉格朗日对偶算法

在约束最优化问题中，常常利用拉格朗日对偶性（Lagrange Duality）将原始问题（Primal Problem）转化为对偶问题（Dual Problem）。通过解对偶问题而得到原始问题的解。

设某个最常见的优化问题（不一定是凸优化）表示如下：

$$
\begin{aligned}
&\min_{x\in R^n} f(\boldsymbol{x}) \\
\text{s.t.}\quad & g_i(\boldsymbol{x})\leqslant 0, \quad i=1, 2, \cdots, m \\
& h_j(\boldsymbol{x})=0, \quad j=1, 2, \cdots, l
\end{aligned}
\tag{2-3}
$$

拉格朗日对偶法的基本思想是通过用约束函数的加权和来缩小目标函数，即将约束条件融入目标函数。这样上述问题的拉格朗日函数可表示为：

$$
L(\boldsymbol{x}, \boldsymbol{\lambda}, \boldsymbol{\mu})=f(\boldsymbol{x})+\sum_{i=1}^{m}\lambda_i g_i(\boldsymbol{x})+\sum_{j=1}^{l}\mu_j h_j(\boldsymbol{x}) \tag{2-4}
$$

$\boldsymbol{\lambda}=[\lambda_1, \lambda_2, \cdots, \lambda_m]$ 和 $\boldsymbol{\mu}=[\mu_1, \mu_2, \cdots, \mu_l]$ 称为拉格朗日乘子，且 $\lambda_i\geqslant 0$，μ_j 为任意实数。

考虑 $\boldsymbol{x}$ 的函数：

$$\theta_P(\boldsymbol{x}) = \max_{\boldsymbol{\lambda},\ \boldsymbol{\mu};\ \lambda_i \geqslant 0} L(\boldsymbol{x},\ \boldsymbol{\lambda},\ \boldsymbol{\mu}) \tag{2-5}$$

这里下标 P 表示原始问题。

容易得到：

$$\theta_P(\boldsymbol{x}) = \begin{cases} f(\boldsymbol{x}), & \text{当 } g_i(\boldsymbol{x}) \leqslant 0 \text{ 且 } h_j(\boldsymbol{x}) = 0 \\ +\infty, & \text{当 } g_i(\boldsymbol{x}) > 0 \text{ 或 } h_j(\boldsymbol{x}) \neq 0 \end{cases} \tag{2-6}$$

如果原来的约束条件都满足，那么$L(\boldsymbol{x},\ \boldsymbol{\lambda},\ \boldsymbol{\mu}) = f(\boldsymbol{x}) + \sum_{i=1}^{m} \lambda_i g_i(\boldsymbol{x}) + \sum_{j=1}^{l} \mu_j h_j(\boldsymbol{x})$，最后一项为零，第二项要取得最大值，由于$g_i(\boldsymbol{x}) \leqslant 0$，所以只能取$\lambda_i = 0$，使其取得最大值0，这样 $\theta_P(\boldsymbol{x}) = \max_{\boldsymbol{\lambda},\ \boldsymbol{\mu};\ \lambda_i \geqslant 0} L(\boldsymbol{x},\ \boldsymbol{\lambda},\ \boldsymbol{\mu}) = f(\boldsymbol{x})$。

如果违背了原来的约束条件，比如存在某一个约束 $g_i(\boldsymbol{x}) > 0$，那么可以取 λ_i 任意大，这样 $\theta_P(\boldsymbol{x}) = +\infty$。违反等式约束 $h_j(\boldsymbol{x}) = 0$ 的情况是类似的。

所以可以认为 $\theta_P(\boldsymbol{x})$ 是对原始优化问题中的约束条件进行了吸收，使原来的约束优化问题变为无约束优化问题（相对于原来变量 $\boldsymbol{x}$ 无约束了），则可得到与原始优化问题相等价的极小化问题如下：

$$\min_{\boldsymbol{x}} \theta_P(\boldsymbol{x}) = \min_{\boldsymbol{x}} \max_{\boldsymbol{\lambda},\ \boldsymbol{\mu};\ \lambda_i \geqslant 0} L(\boldsymbol{x},\ \boldsymbol{\lambda},\ \boldsymbol{\mu}) \tag{2-7}$$

此问题称为广义拉格朗日函数的极小极大问题。定义原始问题的最优值

$$p^* = \min_{\boldsymbol{x}} \theta_P(\boldsymbol{x}) \tag{2-8}$$

称为原始问题的最优解，对应最优解的最优变量取值为 $\boldsymbol{x}^*$，则 $p^* = f(\boldsymbol{x}^*)$。

对于固定的 $\boldsymbol{x}$，拉格朗日函数 $L(\boldsymbol{x},\ \boldsymbol{\lambda},\ \boldsymbol{\mu})$ 为关于 $\boldsymbol{\lambda}$ 和 $\boldsymbol{\mu}$ 的仿射函数，因此定义拉格朗日对偶函数（Dual Function）为：

$$\theta_D(\boldsymbol{\lambda},\ \boldsymbol{\mu}) = \min_{\boldsymbol{x}} L(\boldsymbol{x},\ \boldsymbol{\lambda},\ \boldsymbol{\mu}) \tag{2-9}$$

再考虑极大化上式，即

$$\max_{\boldsymbol{\lambda},\ \boldsymbol{\mu};\ \lambda_i \geqslant 0} \theta_D(\boldsymbol{\lambda},\ \boldsymbol{\mu}) = \max_{\boldsymbol{\lambda},\ \boldsymbol{\mu};\ \boldsymbol{\lambda}_i \geqslant 0} \min_{\boldsymbol{x}} L(\boldsymbol{x},\ \boldsymbol{\lambda},\ \boldsymbol{\mu}) \tag{2-10}$$

问题 $\max_{\boldsymbol{\lambda},\boldsymbol{\mu};\boldsymbol{\lambda}_i \geqslant 0} \min_{\boldsymbol{x}} L(\boldsymbol{x},\ \boldsymbol{\lambda},\ \boldsymbol{\mu})$ 称为广义拉格朗日函数的极大极小问题。称为原始问题的对偶问题。定义对偶问题的最优值：

$$d^* = \max_{\boldsymbol{\lambda},\ \boldsymbol{\mu};\ \boldsymbol{\lambda}_i \geqslant 0} \theta_D(\boldsymbol{\lambda},\ \boldsymbol{\mu}) \tag{2-11}$$

称为对偶问题的最优解，对应最优解的最优变量取值为 $\boldsymbol{\lambda}^*$，$\boldsymbol{\mu}^*$，则 $d^* = \theta_D(\boldsymbol{\lambda}^*,\ \boldsymbol{\mu}^*)$。

下面说明原始问题和对偶问题之间的关系。

定理 2-6　若原始问题和对偶问题都有最优值，则：

$$d^* = \max_{\boldsymbol{\lambda},\ \boldsymbol{\mu};\ \lambda_i \geqslant 0} \min_{\boldsymbol{x}} L(\boldsymbol{x},\ \boldsymbol{\lambda},\ \boldsymbol{\mu}) \leqslant \min_{\boldsymbol{x}} \max_{\boldsymbol{\lambda},\ \boldsymbol{\mu};\ \lambda_i \geqslant 0} L(\boldsymbol{x},\ \boldsymbol{\lambda},\ \boldsymbol{\mu}) = p^*$$

证明：

对于任意 $\boldsymbol{\lambda}(\lambda_i \geqslant 0)$，$\boldsymbol{\mu}$：

$$\begin{aligned} \theta_D(\boldsymbol{\lambda},\ \boldsymbol{\mu}) &= \min_{\boldsymbol{x}} L(\boldsymbol{x},\ \boldsymbol{\lambda},\ \boldsymbol{\mu}) \\ &\leqslant L(\boldsymbol{x}^*,\ \boldsymbol{\lambda},\ \boldsymbol{\mu}) \\ &= f(\boldsymbol{x}^*) + \sum_{i=1}^{m} \lambda_i g_i(\boldsymbol{x}^*) + \sum_{j=1}^{l} \mu_j h_j(\boldsymbol{x}^*) \end{aligned}$$

$$\leqslant f(\boldsymbol{x}^*)$$
$$= p^*$$

第一个不等号成立是显然的，这是由$\min\limits_{x} L(\boldsymbol{x}, \boldsymbol{\lambda}, \boldsymbol{\mu})$的定义直接得到的；第二个不等号成立是因为$\boldsymbol{x}^*$是一个可行解，所以约束条件$g_i(\boldsymbol{x}) \leqslant 0$和$h_j(\boldsymbol{x}) = 0$都满足，所以$\sum_{i=1}^{m} \lambda_i g_i(\boldsymbol{x}^*) \leqslant 0$、$\sum_{j=1}^{l} \mu_j h_j(\boldsymbol{x}^*) = 0$。

由于以上推导过程中$\boldsymbol{\lambda}$（$\lambda_i \geqslant 0$），$\boldsymbol{\mu}$的任意性，所以$d^* = \theta_D(\boldsymbol{\lambda}^*, \boldsymbol{\mu}^*) \leqslant p^*$，所以求解对偶问题是在最大化原始问题最优解的下界。

由于无论原始问题形式如何，对偶问题都是一个凸优化问题，这样当原始问题不好求解时，可以转而求解对偶问题。但求解对偶问题只能得到原始问题解的下界，不能保证$d^* = p^*$。该性质称为弱对偶性质。

若原始优化问题本身为凸优化问题，那么对偶问题的最优解与原始问题的最优解相等，这称为强对偶性质。该性质为凸优化问题的求解带来启发性。但需要强调的是，原始问题是凸优化问题仅是强对偶性质的充分非必要条件。

当原始问题满足一些条件时，可以保证$d^* = p^*$。

Slater 条件：如果存在$\boldsymbol{x}$，使得不等式约束$g_i(\boldsymbol{x}) < 0$对所有i均成立。

当原始问题为一凸优化问题，且满足 Slater 条件时，有$d^* = p^*$，这样原始问题和对偶问题的解就一致了，求解对偶问题即可。显然，Slater 条件是凸优化问题与其对偶问题等价的一个充分条件。

推论 2-1 设$\boldsymbol{x}^*$和$\boldsymbol{\lambda}^*$，$\boldsymbol{\mu}^*$分别是原始问题（2-5）和对偶问题（2-9）的可行解，并且$d^* = p^*$，则$\boldsymbol{x}^*$和$\boldsymbol{\lambda}^*$，$\boldsymbol{\mu}^*$分别是原始问题和对偶问题的最优解。

定理 2-7 考虑原始问题（2-5）和对偶问题（2-9），假设函数$f(\boldsymbol{x})$和$g_i(\boldsymbol{x})$是凸函数，$h_j(\boldsymbol{x})$是仿射函数；并且假设不等式约束$g_i(\boldsymbol{x})$是严格可行的，即存在$\boldsymbol{x}$，对所有i有$g_i(\boldsymbol{x}) < 0$，则存在$\boldsymbol{x}^*$和$\boldsymbol{\lambda}^*$，$\boldsymbol{\mu}^*$，使$\boldsymbol{x}^*$是原始问题的解，$\boldsymbol{\lambda}^*$，$\boldsymbol{\mu}^*$是对偶问题的解，并且$p^* = d^* = L(\boldsymbol{x}^*, \boldsymbol{\lambda}^*, \boldsymbol{\mu}^*)$。

注：$h_j(\boldsymbol{x})$称为仿射函数，如果它满足$h_j(\boldsymbol{x}) = \boldsymbol{a}\boldsymbol{x} + b$，$\boldsymbol{a} \in R^n$，$b \in R$，$\boldsymbol{x} \in R^n$。

4. 卡鲁什-库恩-塔克（Karush-Kuhn-Tucker，KKT）条件

定理 2-8 对于问题（2-2），设$\boldsymbol{x}^*$表示最优解，则 KKT 条件[5]可表述如下：

$$\begin{aligned}
& g_i(\boldsymbol{x}^*) \leqslant 0, \quad i = 1, 2, \cdots, m \\
& \lambda_i^* \geqslant 0, \quad i = 1, 2, \cdots, m \\
& \lambda_i^* g_i(\boldsymbol{x}^*) = 0, \quad i = 1, 2, \cdots, m \\
& h_j(\boldsymbol{x}^*) = 0, \quad j = 1, 2, \cdots, l \\
& \nabla f(\boldsymbol{x}^*) + \sum_{i=1}^{m} \lambda_i^* \nabla g_i(\boldsymbol{x}^*) + \sum_{j=1}^{l} \mu_j^* \nabla h_j(\boldsymbol{x}^*) = 0
\end{aligned} \tag{2-12}$$

KKT 条件是原始问题与对偶问题等价的必要条件。如果问题（2-2）不是凸优化问题，则 KKT 条件是原始问题（2-5）与对偶问题等价的必要条件；如果问题（2-2）是凸优化问题，那么 KKT 条件是原始问题（2-5）与对偶问题等价的充要条件。也就是只要找到$\boldsymbol{x}^*$和$\boldsymbol{\lambda}^*$，$\boldsymbol{\mu}^*$满足以上五个条件，那么原始问题和对偶问题就有相同的解，分别在$\boldsymbol{x}^*$

和 $\boldsymbol{\lambda}^*$，$\boldsymbol{\mu}^*$ 处取得。

证明：

考虑一般优化问题（不一定是凸优化），如果有 $d^*=p^*$，则：

$$
\begin{aligned}
d^* &= \theta_D(\boldsymbol{\lambda}^*, \boldsymbol{\mu}^*) \\
&= \min_{\boldsymbol{x}} L(\boldsymbol{x}, \boldsymbol{\lambda}^*, \boldsymbol{\mu}^*) \\
&\leqslant L(\boldsymbol{x}^*, \boldsymbol{\lambda}^*, \boldsymbol{\mu}^*) \\
&= f(\boldsymbol{x}^*) + \sum_{i=1}^{m} \lambda_i^* g_i(\boldsymbol{x}^*) + \sum_{j=1}^{l} \mu_j^* h_j(\boldsymbol{x}^*) \\
&\leqslant f(\boldsymbol{x}^*) \\
&= p^*
\end{aligned}
$$

由于 $d^*=p^*$，所以上面推导过程中所有的不等号“≤”应该取到等号。第一个等号得到 $\min_{\boldsymbol{x}} L(\boldsymbol{x}, \boldsymbol{\lambda}^*, \boldsymbol{\mu}^*) = L(\boldsymbol{x}^*, \boldsymbol{\lambda}^*, \boldsymbol{\mu}^*)$，这说明 $\boldsymbol{x}^*$ 是 $L(\boldsymbol{x}, \boldsymbol{\lambda}^*, \boldsymbol{\mu}^*)$ 的一个极值点，所以 $L(\boldsymbol{x}, \boldsymbol{\lambda}^*, \boldsymbol{\mu}^*)$ 在 $\boldsymbol{x}^*$ 处的梯度为零，即 $\nabla_x L(\boldsymbol{x}, \boldsymbol{\lambda}^*, \boldsymbol{\mu}^*) = 0$；第二个等号得到 $f(\boldsymbol{x}^*) + \sum_{i=1}^{m} \lambda_i^* g_i(\boldsymbol{x}^*) + \sum_{j=1}^{l} \mu_j^* h_j(\boldsymbol{x}^*) = f(\boldsymbol{x}^*)$，所以 $\sum_{i=1}^{m} \lambda_i^* g_i(\boldsymbol{x}^*)$、$\sum_{j=1}^{l} \mu_j^* h_j(\boldsymbol{x}^*)$ 均为 0。$\sum_{j=1}^{l} \mu_j^* h_j(\boldsymbol{x}^*) = 0$ 是显然的，因为根据约束条件本来就有 $h_j(\boldsymbol{x}^*) = 0$，重点是原本的 $\sum_{i=1}^{m} \lambda_i^* g_i(\boldsymbol{x}^*) \leqslant 0$ 现在取到了等号。

综合以上两点，再加上原来的约束，可以得到 KKT 条件。

2.3.2　动态最优化

动态最优化问题可以看作函数极值问题的拓展，其本质上为动态系统性能指标的泛函极值问题。动态最优化的数学模型如下：

目标函数：

$$
\max_{\boldsymbol{u}} J(\boldsymbol{u}) = \int_{t_0}^{t_f} g[t, \boldsymbol{x}(t), \boldsymbol{u}(t)]\,\mathrm{d}t + q[t_f, \boldsymbol{x}(t_f)] \tag{2-13}
$$

约束条件：

$$
\dot{\boldsymbol{x}}(t) = f[t, \boldsymbol{x}(t), \boldsymbol{u}(t)],\ \boldsymbol{x}(t_0) = x_0 \tag{2-14}
$$

其中，$\boldsymbol{x}(t) = (x_1, x_2, \cdots, x_n)^{\mathrm{T}} \in R^n$ 为 n 维状态变量，表示对事件及其运动起决定作用的量。$\boldsymbol{u}(t) = (u_1, u_2, \cdots, u_m)^{\mathrm{T}} \in R^m$ 为 m 维控制变量，表示对事件及其运动起控制作用的量。t_0 和 t_f 分别表示初始时刻和结束时刻。$g[t, \boldsymbol{x}(t), \boldsymbol{u}(t)]$ 为瞬时收益（支付），$q[t_f, \boldsymbol{x}(t_f)]$ 为终点收益（支付），且 $g[t, \boldsymbol{x}(t), \boldsymbol{u}(t)]$、$q[t_f, \boldsymbol{x}(t_f)]$、$f[t, \boldsymbol{x}(t), \boldsymbol{u}(t)]$ 均为二阶连续可微函数。

动态最优化问题就是寻找最优的控制变量 $\boldsymbol{u}(t)$，使系统的状态从给定的初值 x_0 到终点状态 $\boldsymbol{x}(t_f)$，使目标函数 $J(\boldsymbol{u})$ 取最大值。若上述动态最优化问题有解 $\boldsymbol{u}^*(t)$，则 $\boldsymbol{u}^*(t)$ 称为最优控制函数，相应的轨线 $\boldsymbol{x}^*(t)$ 称为最优轨线，而这时的目标函数达到最大值。

求解上述动态最优化问题（2-13）和（2-14），需要应用经典变分法、最大值原理或动态规划来处理。在变分法中，首要关注的是最优状态路径 $\boldsymbol{x}^*(t)$，由它确定最优值；在最优控制中，寻求一个控制变量 $\boldsymbol{u}(t)$ 的最优控制时间路径 $\boldsymbol{u}^*(t)$；而动态规划关注的是最优值函数 $V^*[t,\boldsymbol{x}(t)]$，通过它寻求一个最优策略函数，即控制对状态的反应 $\boldsymbol{u}^*(t)$。

下面几节将分别对微分博弈的理论基础进行详细介绍。

2.4 经典变分法

以前我们在微积分中遇到的都是类似下面的函数极值问题：一个足够光滑的连续函数 $y=f(\boldsymbol{x})$，其在区域 $\Omega\subset R^n$ 内任何一点 $\boldsymbol{x}=(x_1,x_2,\cdots,x_n)^{\mathrm{T}}$ 都可以作以下的 Taylor 展开：

$$f(\boldsymbol{x}+\Delta\boldsymbol{x})=f(\boldsymbol{x})+\Delta\boldsymbol{x}^{\mathrm{T}}\nabla f(\boldsymbol{x})+\frac{1}{2}\Delta\boldsymbol{x}^{\mathrm{T}}\mathbf{D}f(\boldsymbol{x})\Delta\boldsymbol{x}+o(\|\Delta\boldsymbol{x}^{\mathrm{T}}\|^2)$$

$$\nabla f(\boldsymbol{x})=\left(\frac{\partial f}{\partial x_1},\frac{\partial f}{\partial x_2},\cdots,\frac{\partial f}{\partial x_n}\right)^{\mathrm{T}} \tag{2-15}$$

$$\mathbf{D}f(\boldsymbol{x})=\begin{bmatrix}\dfrac{\partial^2 f}{\partial x_1^2} & \dfrac{\partial^2 f}{\partial x_1\partial x_2} & \cdots & \dfrac{\partial^2 f}{\partial x_1\partial x_n}\\ \vdots & \vdots & & \vdots\\ \dfrac{\partial^2 f}{\partial x_n\partial x_1} & \dfrac{\partial^2 f}{\partial x_n\partial x_2} & \cdots & \dfrac{\partial^2 f}{\partial x_n^2}\end{bmatrix} \tag{2-16}$$

函数在某一点有极值的必要条件是

$$\nabla f=\left(\frac{\partial f}{\partial x_1},\frac{\partial f}{\partial x_2},\cdots,\frac{\partial f}{\partial x_n}\right)^{\mathrm{T}}=0 \tag{2-17}$$

但是，本章将要讨论的则是另一类极值问题——泛函的极值问题。

变分法（Variational Calculus）[6,7]是研究泛函极值的数学方法，早在 17 世纪末，几何学、力学等领域相继提出了一些泛函极值问题（如最速降线问题、悬链线问题、最小旋转曲面问题），导致了变分法的形成和发展。

2.4.1 泛函与变分的定义

1. 泛函的定义

设 $S=\{x(t)\}$ 是给定的函数集合，若对于每一个函数 $x(t)\in S$ 有一个确定的值 J 与之对应，则称 J 是定义在函数集合 S 上的泛函，记作 $J[x(t)]$ 或 $J[x]$。$x(t)\in S$ 称为宗量，S 称为泛函 J 的容许函数集。

由于函数的值是由自变量的选取而确定的，而泛函的值是由函数的选取而确定的，所以将泛函理解为“函数的函数”，它经常以定积分的形式出现。简单地讲，泛函就是以函数集合为定义域的实值映射。

例如，函数的定积分 $J=\int_0^1 x(t)\,\mathrm{d}t$ 是泛函。因为变量 J 的值是由函数的选取而确定的。

我们称如下形式的泛函为最简泛函：

$$J[x(t)] = \int_{t_0}^{t_f} F[t, x(t), \dot{x}(t)] \mathrm{d}t \tag{2-18}$$

被积函数 F 是自变量 t、未知函数 $x(t)$ 及其导数 $\dot{x}(t)$ 的函数。上述曲线长度泛函即为一最简泛函。

泛函的上述概念，可以推广到含有几个函数的泛函的情况。例如：$J = \int_0^1 [x(t) + y(t)]\mathrm{d}t$。

2. 泛函的连续性

如果对于 $\forall \varepsilon > 0$，$\exists \delta > 0$，当 $\| x(t) - x_0(t) \| < \delta$ 时，$| J[x(t)] - J[x_0(t)] | < \varepsilon$ 成立，则称泛函 $J[x(t)]$ 在点 $x_0(t)$ 处是连续的。

3. 线性泛函

连续泛函如果满足下列条件，则称为线性泛函。

$$J[x_1(t) + x_2(t)] = J[x_1(t)] + J[x_2(t)]$$

$$J[\alpha x(t)] = \alpha J[x(t)]$$

其中，α 是任意常数，函数 $x_1(t)$、$x_2(t)$、$x(t)$ 是容许函数集 S 中的任意函数。

4. 宗量（自变量函数）的变分

宗量 $x(t)$ 的变分 $\delta x(t)$ 是指同属于容许函数集 S 中的两个函数 $x(t)$ 与 $x_0(t)$ 之差，即：

$$\delta x(t) = x(t) - x_0(t)$$

5. 泛函的变分

当宗量 $x(t)$ 有变分 $\delta x(t)$ 时，由它引起的泛函的增量为

$$\Delta J[x_0(t)] = J[x_0(t) + \delta x(t)] - J[x_0(t)]$$

如果 $\Delta J[x_0(t)]$ 可以表示为 $\Delta J[x_0(t)] = L[x_0(t), \delta x(t)] + r[x_0(t), \delta x(t)]$，则称 L 为泛函在 $x_0(t)$ 的变分，记作 $\delta J[x_0(t)]$。其中，L 为 δx 的线性项，而 r 是 δx 的高阶项。若用变动的 $x(t)$ 代替 $x_0(t)$，就有 $\delta J[x(t)]$，则称 $L[x(t), \delta x(t)]$ 为泛函的变分，记为 $\delta J[x(t)] = L[x(t), \delta x(t)]$。如同函数的微分是增量的线性主部一样，泛函的变分是泛函增量的线性主部。当一个泛函具有变分时，泛函的增量可以用上式来表示时，则称该泛函是可微的。

泛函变分的一个重要形式是它可以表示为对参数 $\alpha(0 \leqslant \alpha \leqslant 1)$ 的导数：

$$\delta J[x(t)] = \frac{\partial}{\partial \alpha} J[x(t) + \alpha \delta x(t)] \big|_{\alpha=0} \tag{2-19}$$

这是因为当变分存在时，增量

$$\Delta J = J[x(t) + \alpha \delta x] - J[x(t)] = L[x(t), \alpha \delta x] + r[x(t), \alpha \delta x]$$

根据 L 和 r 的性质有

$$L[x(t), \alpha \delta x] = \alpha L[x(t), \delta x]$$

$$\lim_{\alpha \to 0} \frac{r[x(t), \alpha \delta x]}{\alpha} = \lim_{\alpha \to 0} \frac{r[x(t), \alpha \delta x]}{\alpha \delta x} \delta x = 0$$

所以

$$\begin{aligned} \frac{\partial}{\partial \alpha} J[x + \alpha \delta x] \bigg|_{\alpha=0} &= \lim_{\alpha \to 0} \frac{J[x + \alpha \delta x] - J[x]}{\alpha} = \lim_{\alpha \to 0} \frac{L[x, \alpha \delta x] + r[x, \alpha \delta x]}{\alpha} \\ &= L[x, \delta x] = \delta J[x] \end{aligned}$$

2.4.2 泛函的极值

求函数的极值时，微分或导数起着重要的作用。求泛函的极值时，变分起着类似的作用。我们将求泛函的极值问题称为变分问题，其相应的方法称为变分法。

以极大值为例，一般的泛函极值问题可表述为：

称泛函 $J[x(t)]$ 在 $x_0(t)\in S$ 取得极大值，如果对于任意一个与 $x_0(t)$ 接近的 $x(t)\in S$，都有 $J[x(t)]\leqslant J[x_0(t)]$。所谓接近，可以用距离 $d[x(t),\ x_0(t)]<\varepsilon$ 来度量，而距离可以定义为

$$d[x(t),\ x_0(t)] = \max_{t_0\leqslant t\leqslant t_f}\{|x(t)-x_0(t)|,\ |\dot{x}(t)-\dot{x}_0(t)|\}$$

泛函的极小值可以类似地定义。其中 $x_0(t)$ 称为泛函的极值函数或极值曲线。

利用变分的表达式（2-19），可以得到有关泛函极值的重要结论。

定理 2-9（必要条件） 若泛函 $J[x(t)]$ 是连续可微的，并且在点 $x_0(t)$ 处达到极值（极大或极小），则泛函在点 $x_0(t)$ 处的变分等于零，即：

$$\delta J[x_0(t)] = 0 \tag{2-20}$$

为了判别是极大还是极小，要计算二阶变分 $\delta^2 J[x_0(t)]$。但在实际中根据问题的物理性质很容易判别是极大还是极小，故一般不计算 $\delta^2 J[x_0(t)]$。

证明：对任意给定的 δx，$J(x_0+\alpha\delta x)$ 是变量 α 的函数，该函数在 $\alpha=0$ 处达到极值。根据函数极值的必要条件知

$$\frac{\partial}{\partial\alpha}J(x_0+\alpha\delta x)\Big|_{\alpha=0} = 0$$

再由式（2-19），便可得到式（2-20）。

本节所讨论的定义和定理，稍加变动就可以应用于含有多个未知函数的泛函 $J[x_1(t),\ x_2(t),\ \cdots,\ x_n(t)]$。

2.4.3 泛函极值的变分原理

对于连续动态最优化问题（2-13）、(2-14)，下面采用变分法推导取得目标函数极值的最优控制策略 $\boldsymbol{u}^*(t)$ 和最优轨线 $\boldsymbol{x}^*(t)$ 的必要条件。

对于连续动态最优化问题（2-13）、(2-14)，考虑的思路是采用拉格朗日乘子法，将这种有约束条件的泛函极值问题转化为无约束条件的泛函极值问题。引入 n 维拉格朗日乘子向量函数

$$\boldsymbol{\lambda}^{\mathrm{T}}(t) = [\lambda_1^{\mathrm{T}}(t),\ \lambda_2^{\mathrm{T}}(t),\ \cdots,\ \lambda_n^{\mathrm{T}}(t)] \tag{2-21}$$

需要指出，在动态最优化问题中，拉格朗日乘子向量 $\boldsymbol{\lambda}^{\mathrm{T}}(t)$ 为时间函数。最优控制中经常将 $\boldsymbol{\lambda}(t)$ 称为伴随变量、协态或共轭状态。引入 $\boldsymbol{\lambda}(t)$ 后可得如下的增广泛函

$$J_1[\boldsymbol{x},\ \boldsymbol{u},\ \boldsymbol{\lambda}] = q[t_f,\ \boldsymbol{x}(t_f)] + \int_{t_0}^{t_f}\{g[t,\ \boldsymbol{x},\ \boldsymbol{u}] + \boldsymbol{\lambda}^{\mathrm{T}}(t)[f[t,\ \boldsymbol{x},\ \boldsymbol{u}] - \dot{\boldsymbol{x}}]\}\mathrm{d}t \tag{2-22}$$

首先定义式（2-13）和式（2-14）的哈密顿（Hamilton）函数为

$$H[t,\ \boldsymbol{x},\ \boldsymbol{u},\ \boldsymbol{\lambda}] = g[t,\ \boldsymbol{x},\ \boldsymbol{u}] + \boldsymbol{\lambda}^{\mathrm{T}}(t)f[t,\ \boldsymbol{x},\ \boldsymbol{u}] \tag{2-23}$$

将式（2-23）代入式（2-22），得到泛函

$$J_1[\boldsymbol{x},\ \boldsymbol{u},\ \boldsymbol{\lambda}] = q[t_f,\ \boldsymbol{x}(t_f)] + \int_{t_0}^{t_f}\{H[t,\ \boldsymbol{x},\ \boldsymbol{u},\ \boldsymbol{\lambda}] - \lambda^{\mathrm{T}}\dot{\boldsymbol{x}}\}\mathrm{d}t \tag{2-24}$$

下面先对其求变分。

$$\delta J_1 = \frac{\partial}{\partial\alpha}\{q[t_f + \alpha\mathrm{d}t_f,\ \boldsymbol{x}(t_f) + \alpha\delta\boldsymbol{x}(t_f)] +$$

$$\int_{t_0}^{t_f+\alpha\mathrm{d}t_f}\{H[t,\ \boldsymbol{x} + \alpha\delta\boldsymbol{x},\ \boldsymbol{u} + \alpha\delta\boldsymbol{u},\ \boldsymbol{\lambda} + \alpha\delta\boldsymbol{\lambda}] - (\boldsymbol{\lambda} + \alpha\delta\boldsymbol{\lambda})^{\mathrm{T}}(\dot{\boldsymbol{x}} + \alpha\delta\dot{\boldsymbol{x}})\}\mathrm{d}t\}\big|_{\alpha=0}$$

$$= [\delta\boldsymbol{x}(t_f)]^{\mathrm{T}}q_{\boldsymbol{x}(t_f)} + (dt_f)^{\mathrm{T}}q_{t_f} + (dt_f)^{\mathrm{T}}H[t,\ \boldsymbol{x},\ \boldsymbol{u},\ \boldsymbol{\lambda}]\big|_{t=t_f} - (\mathrm{d}t_f)^{\mathrm{T}}(\boldsymbol{\lambda}^{\mathrm{T}}\dot{\boldsymbol{x}})\big|_{t=t_f} +$$

$$\int_{t_0}^{t_f}[(\delta\boldsymbol{x})^{\mathrm{T}}H_{\boldsymbol{x}} + (\delta\boldsymbol{u})^{\mathrm{T}}H_{\boldsymbol{u}} + (\delta\boldsymbol{\lambda})^{\mathrm{T}}H_{\boldsymbol{\lambda}} - (\delta\boldsymbol{\lambda})^{\mathrm{T}}\dot{\boldsymbol{x}} - \boldsymbol{\lambda}^{\mathrm{T}}\delta\dot{\boldsymbol{x}}]\mathrm{d}t$$

$$= (\mathrm{d}t_f)^{\mathrm{T}}[q_{t_f} + g[t,\ \boldsymbol{x},\ \boldsymbol{u}]\big|_{t=t_f}] + [\delta\boldsymbol{x}(t_f)]^{\mathrm{T}}q_{\boldsymbol{x}(t_f)} +$$

$$\int_{t_0}^{t_f}[(\delta\boldsymbol{x})^{\mathrm{T}}H_{\boldsymbol{x}} + (\delta\boldsymbol{u})^{\mathrm{T}}H_{\boldsymbol{u}} + (\delta\boldsymbol{\lambda})^{\mathrm{T}}H_{\lambda} - (\delta\boldsymbol{\lambda})^{\mathrm{T}}\dot{\boldsymbol{x}}]\mathrm{d}t - \boldsymbol{\lambda}^{\mathrm{T}}(t_f)\delta\boldsymbol{x}\big|_{t=t_f} + \int_{t_0}^{t_f}(\delta\boldsymbol{x})^{\mathrm{T}}\dot{\boldsymbol{\lambda}}\mathrm{d}t$$

注意到 $\delta\boldsymbol{x}|_{t=t_f}\neq\delta\boldsymbol{x}(t_f)$，$\delta\boldsymbol{x}|_{t=t_f}=\delta\boldsymbol{x}(t_f)-\dot{\boldsymbol{x}}(t_f)\mathrm{d}t_f$，因而

$$\delta J_1 = (\mathrm{d}t_f)^{\mathrm{T}}[q_{t_f} + H(t,\ \boldsymbol{x},\ \boldsymbol{u},\ \boldsymbol{\lambda})\big|_{t=t_f}] + [\delta\boldsymbol{x}(t_f)]^{\mathrm{T}}(q_x - \boldsymbol{\lambda})\big|_{t=t_f} +$$

$$\int_{t_0}^{t_f}[(\delta\boldsymbol{x})^{\mathrm{T}}(H_{\boldsymbol{x}} + \dot{\boldsymbol{\lambda}}) + (\delta\boldsymbol{\lambda})^{\mathrm{T}}(H_{\boldsymbol{\lambda}} - \dot{\boldsymbol{x}}) + (\delta\boldsymbol{u})^{\mathrm{T}}H_{\boldsymbol{u}}]\mathrm{d}t$$

再令 $\delta J_1=0$，由 $\mathrm{d}t_f$，$\delta\boldsymbol{x}(t_f)$，$\delta\boldsymbol{x}$，$\delta\boldsymbol{u}$，$\delta\boldsymbol{\lambda}$ 的任意性，便得

（1）$\boldsymbol{x}^*$，$\boldsymbol{\lambda}^*$ 必满足哈密顿正则方程：

① 状态方程：
$$\dot{\boldsymbol{x}} = H_{\boldsymbol{\lambda}} = f(t,\ \boldsymbol{x},\ \boldsymbol{u}) \tag{2-25}$$

② 协态方程：
$$\dot{\boldsymbol{\lambda}} = -H_x \tag{2-26}$$

（2）哈密顿函数 H（t，$\boldsymbol{x}^*$，$\boldsymbol{u}$，$\boldsymbol{\lambda}^*$）作为 $\boldsymbol{u}$ 的函数，也必满足控制方程

$$H_{\boldsymbol{u}} = 0 \tag{2-27}$$

表示 H 在最优控制处取极值，并由此方程求得 $\boldsymbol{u}^*$。这个方程是在假设 $\delta\boldsymbol{u}$ 为任意，控制 $\boldsymbol{u}(t)$ 取值不受约束条件下得到的。如果 $\boldsymbol{u}(t)$ 为容许控制，受到 $\boldsymbol{u}(t)\in U$ 的约束，$\delta\boldsymbol{u}$ 变分不能任意取值，那么，关系式（2-27）不成立，应采用最大值原理求解。

（3）求 $\boldsymbol{x}^*$，$\boldsymbol{\lambda}^*$，$\boldsymbol{u}^*$ 时，必须利用边界条件

① $\boldsymbol{x}(t_0)=\boldsymbol{x}_0$（用于确定 $\boldsymbol{x}^*$）　(2-28)

② $\boldsymbol{\lambda}(t_f)=\dfrac{\partial q}{\partial\boldsymbol{x}(t_f)}$（用于确定 $\boldsymbol{\lambda}^*$）　(2-29)

③ $\dfrac{\partial q}{\partial t_f}=-H$（$t$，$\boldsymbol{x}$，$\boldsymbol{u}$，$\boldsymbol{\lambda}$）$|_{t=t_f}$（用于确定 t_f）　(2-30)

式（2-25）~式（2-30）即为 J_1 取极值的必要条件，由此可求得 $\boldsymbol{u}^*(t)$，$\boldsymbol{x}^*(t)$，$\boldsymbol{\lambda}^*(t)$。

以上的变分法常称为经典变分法。

2.5　动态规划

动态规划[8]是美国学者贝尔曼（Bellman）于 1957 年作为多段决策过程提出来的，它

与最大值原理一样被称为现代变分法，现已在许多技术领域中获得广泛应用。动态规划是一种分段最优化方法，它既可用来求解约束条件下的函数极值问题，也可用于求解约束条件下的泛函极值问题。它与最大值原理一样，是处理控制矢量被限制在一定闭集内，求解最优控制问题的有效数学方法之一。

2.5.1 有限时域动态最优化问题

定理 2-10（Hamilton-Jacobi-Bellman 方程） 对于动态最优化问题（2-13）、（2-14），如果$f[t, \boldsymbol{x}(t), \boldsymbol{u}(t)]$，$g(t, \boldsymbol{x}(t), \boldsymbol{u}(t))$ 和$q[t_f, \boldsymbol{x}(t_f)]$ 都是连续且可微函数，若存在连续可微的值函数 $V[t, \boldsymbol{x}(t)] \in R$，那么最优控制策略 $\boldsymbol{u}^*(t)=\boldsymbol{\phi}^*[t, \boldsymbol{x}(t)]$ 由下列的充分条件决定：

$$-\frac{\partial V[t, \boldsymbol{x}(t)]}{\partial t} = \max_{u}\left\{g[t, \boldsymbol{x}(t), \boldsymbol{u}(t)] + \frac{\partial V[t, \boldsymbol{x}(t)]}{\partial \boldsymbol{x}(t)} f[t, \boldsymbol{x}(t), \boldsymbol{u}(t)]\right\} \tag{2-31}$$

$$V[t_f, \boldsymbol{x}(t_f)] = q[t_f, \boldsymbol{x}(t_f)] \tag{2-32}$$

证明： 为了使问题具有一般性，设开始时间 $t \in [t_0, t_f]$，相应的开始状态为 $\boldsymbol{x}(t)$，将 $[t, t_f]$ 这一段过程的最大支付写为如下形式的值函数：

$$\begin{aligned} V[t, \boldsymbol{x}(t)] &= \max_{u}\left\{\int_t^{t_f} g[\tau, \boldsymbol{x}(\tau), \boldsymbol{u}(\tau)]\mathrm{d}\tau + q[t_f, \boldsymbol{x}(t_f)]\right\} \\ &= \int_t^{t_f} g[\tau, \boldsymbol{x}^*(\tau), \boldsymbol{\phi}^*[\tau, \boldsymbol{x}^*(\tau)]]\mathrm{d}\tau + q[t_f, \boldsymbol{x}^*(t_f)] \end{aligned}$$

满足以下的边界条件

$$V[t_f, \boldsymbol{x}^*(t_f)] = q[t_f, \boldsymbol{x}^*(t_f)]$$

$$\dot{\boldsymbol{x}}^*(\tau) = f[\tau, \boldsymbol{x}^*(\tau), \boldsymbol{\phi}^*[\tau, \boldsymbol{x}^*(\tau)]], \quad \boldsymbol{x}^*(t_0) = \boldsymbol{x}_0$$

根据定理 2-10 中的式（2-31）可知，除了 $\boldsymbol{u}^*(\tau) \equiv \boldsymbol{\phi}^*[\tau, \boldsymbol{x}(\tau)]$ 之外，对于其他任意给定的一个策略集 $\boldsymbol{u}(\tau) \in U$，都有：

$$g[t, \boldsymbol{x}(t), \boldsymbol{u}(t)] + V_x[t, \boldsymbol{x}(t)]f[t, \boldsymbol{x}(t), \boldsymbol{u}(t)] + V_t[t, \boldsymbol{x}(t)] \leqslant 0 \tag{2-33}$$

$$g[t, \boldsymbol{x}^*(t), \boldsymbol{u}^*(t)] + V_{\boldsymbol{x}^*(t)}[t, \boldsymbol{x}^*(t)]f[t, \boldsymbol{x}^*(t), \boldsymbol{u}^*(t)] + V_t[t, \boldsymbol{x}^*(t)] = 0 \tag{2-34}$$

对式（2-33）和式（2-34）在区间 $[t_0, t_f]$ 积分可得

$$\int_{t_0}^{t_f} g[\tau, \boldsymbol{x}(\tau), \boldsymbol{u}(\tau)]\mathrm{d}\tau + V[t_f, \boldsymbol{x}(t_f)] - V[t_0, x_0] \leqslant 0 \tag{2-35}$$

$$\int_{t_0}^{t_f} g[\tau, \boldsymbol{x}^*(\tau), \boldsymbol{u}^*(\tau)]\mathrm{d}t + V[t_f, \boldsymbol{x}^*(t_f)] - V[t_0, x_0] = 0 \tag{2-36}$$

由式（2-35）和式（2-36）可知

$$\int_{t_0}^{t_f} g[\tau, \boldsymbol{x}(\tau), \boldsymbol{u}(\tau)]\mathrm{d}\tau + q[t_f, \boldsymbol{x}(t_f)] \leqslant \int_{t_0}^{t_f} g[\tau, \boldsymbol{x}^*(\tau), \boldsymbol{u}^*(\tau)]\mathrm{d}\tau + q[t_f, \boldsymbol{x}^*(t_f)] \tag{2-37}$$

由此可知，$\boldsymbol{u}^*(\tau) \equiv \boldsymbol{\phi}^*[\tau, \boldsymbol{x}(\tau)]$ 是最优策略。

一旦把最优策略 $\boldsymbol{u}^*(\tau) \equiv \boldsymbol{\phi}^*[\tau, \boldsymbol{x}(\tau)]$ 代入式（2-14）就可以获得最优状态迹如下：

$$\dot{\boldsymbol{x}}(\tau)=f[\tau,\ \boldsymbol{x}(\tau),\ \phi^*[\tau,\ \boldsymbol{x}(\tau)]],\ \boldsymbol{x}(t_0)=\boldsymbol{x}_0 \tag{2-38}$$

设 $\boldsymbol{x}^*(t)$ 表示式（2-38）的解，则最优状态迹 $\boldsymbol{x}^*(t)$ 可表示为：

$$\boldsymbol{x}^*(t)=\boldsymbol{x}_0+\int_{t_0}^{t} f[\tau,\ \boldsymbol{x}^*(\tau),\ \phi^*[\tau,\ \boldsymbol{x}^*(\tau)]]\mathrm{d}\tau \tag{2-39}$$

因此，动态规划给出的最优控制策略 $\boldsymbol{u}^*(t)=\phi^*[t,\ \boldsymbol{x}(t)]$ 是当前时刻和当前状态的函数，称为反馈控制。而最大值原理给出的最优控制策略 $\boldsymbol{u}^*(t)=\phi^*[t,\ \boldsymbol{x}_0]$，仅是当前时刻和初始状态的一个函数，称为开环控制。开环控制较简单，反馈控制更加实用。

2.5.2　无穷时域动态最优化问题

对于动态最优化问题（2-13）、(2-14)，下面考虑其简化情形，即无穷时域自治最优化问题。所谓无穷时域是指 $t_0\to$任意时刻 t，$t_f\to\infty$。所谓自治是指目标函数和约束条件中的各个函数的取值独立于开始时间 t 的选择，仅依赖于开始状态 $\boldsymbol{x}(t)$。对应的无穷时域自治最优化问题可表示为：

目标函数：

$$\max_{\boldsymbol{u}} J(\boldsymbol{u})=\int_{t}^{\infty} g[\boldsymbol{x}(\tau),\ \boldsymbol{u}(\tau)]\mathrm{e}^{-r(\tau-t)}\mathrm{d}\tau \tag{2-40}$$

约束条件：

$$\dot{\boldsymbol{x}}(\tau)=f[\boldsymbol{x}(\tau),\ \boldsymbol{u}(\tau)],\ \boldsymbol{x}(t)=\boldsymbol{x} \tag{2-41}$$

对于动态最优化问题（2-40）、(2-41)，定义开始时间为 $t\in[t_0,\ t_f]$ 的值函数如下：

$$V[t,\ \boldsymbol{x}(t)]=\max_{\boldsymbol{u}}\left\{\int_{t}^{\infty} g[\boldsymbol{x}(\tau),\ \boldsymbol{u}(\tau)]\mathrm{e}^{-r(\tau-t_0)}\mathrm{d}\tau \mid \boldsymbol{x}(t)=\boldsymbol{x}^*\right\}$$

其中 $\boldsymbol{x}^*$ 表示沿着最优轨迹在时刻 t 的最优状态。由于 $\tau-t_0=(\tau-t)+(t-t_0)$，则有

$$V[t,\ \boldsymbol{x}(t)]=\mathrm{e}^{-r(t-t_0)}\max_{\boldsymbol{u}}\left\{\int_{t}^{\infty} g[\boldsymbol{x}(\tau),\ \boldsymbol{u}(\tau)]\mathrm{e}^{-r(s-t)}\mathrm{d}\tau \mid \boldsymbol{x}(t)=\boldsymbol{x}^*\right\}$$

由于最优化问题 $\max_{\boldsymbol{u}}\{\int_{t}^{\infty} g[\boldsymbol{x}(\tau),\ \boldsymbol{u}(\tau)]\mathrm{e}^{-r(s-t)}\mathrm{d}\tau \mid \boldsymbol{x}(t)=\boldsymbol{x}^*\}$ 仅依赖于当前状态 $\boldsymbol{x}$，因此，我们可以将该式简记为：

$$W(\boldsymbol{x})=\max_{\boldsymbol{u}}\left\{\int_{t}^{\infty} g[\boldsymbol{x}(\tau),\ \boldsymbol{u}(\tau)]\mathrm{e}^{-r(s-t)}\mathrm{d}\tau \mid \boldsymbol{x}(t)=\boldsymbol{x}^*\right\}$$

$W(\boldsymbol{x})$ 和 $V(t,\ \boldsymbol{x})$ 之间的关系如下：

$$\begin{aligned} V(t,\ \boldsymbol{x}) &= \mathrm{e}^{-r(t-t_0)}W(\boldsymbol{x}) \\ V_t(t,\ \boldsymbol{x}) &= -r\mathrm{e}^{-r(t-t_0)}W(\boldsymbol{x}) \\ V_{\boldsymbol{x}}(t,\ \boldsymbol{x}) &= \mathrm{e}^{-r(t-t_0)}W_{\boldsymbol{x}}(\boldsymbol{x}) \end{aligned} \tag{2-42}$$

将式（2-42）代入定理 2-10 可得：

$$rW(\boldsymbol{x})=\max_{\boldsymbol{u}}\{g[\boldsymbol{x}(t),\ \boldsymbol{u}(t)]+W_{\boldsymbol{x}}(\boldsymbol{x})f[\boldsymbol{x}(t),\ \boldsymbol{u}(t)]\} \tag{2-43}$$

由于时间并没有显式地包含在式（2-43），控制变量 $\boldsymbol{u}$ 仅是状态变量 $\boldsymbol{x}$ 的函数，因此，可得如下的定理。

定理 2-11　对于无穷时域自治动态最优化问题（2-40）、(2-41)，如果 $f[\boldsymbol{x}(t),\ \boldsymbol{u}(t)]$ 和 $g(\boldsymbol{x}(t),\ \boldsymbol{u}(t))$ 都是连续且可微函数，若存在连续可微的函数 $W[\boldsymbol{x}(t)]\in R$，那么最优控制策略 $\boldsymbol{u}^*(t)=\phi^*(\boldsymbol{x})$ 由下列的充分条件决定：

$$rW(\boldsymbol{x}) = \max_{u}\{g[\boldsymbol{x}(t), \boldsymbol{u}(t)] + W_x(\boldsymbol{x})f[\boldsymbol{x}(t), \boldsymbol{u}(t)]\}$$
$$= g[\boldsymbol{x}(t), \phi^*(\boldsymbol{x})] + W_x(\boldsymbol{x})f[\boldsymbol{x}(t), \phi^*(\boldsymbol{x})] \tag{2-44}$$

将定理 2-11 中的最优控制 $\phi^*(\boldsymbol{x})$ 代入式（2-41）即可获得最优状态路径的动态方程：

$$\dot{\boldsymbol{x}}(\tau) = f[\boldsymbol{x}(\tau), \phi^*[\boldsymbol{x}(\tau)]], \quad \boldsymbol{x}(t_0) = \boldsymbol{x}_0 \tag{2-45}$$

求解以上的动态方程即可获得最优状态迹 $\boldsymbol{x}^*(t)$。

2.6 最大值原理

最大值原理[9]是苏联学者庞特里亚金（Pontryagin）于 1956 年提出的，克服了古典变分法求解动态最优化问题的局限性。用最大值原理替换了控制方程，能够处理更广泛的动态最优化问题。它从变分法引申而来，与变分法极为相似。因为最大与最小只相差一个符号，若把性能指标的符号反过来，最大值原理就成了最小值原理。最大值原理是解决最优控制，特别是求解容许控制问题的得力工具。

应用经典变分法求解最优控制问题，都是假定控制变量 $\boldsymbol{u}(t)$ 的取值范围不受任何限制，控制变分 $\delta\boldsymbol{u}$ 是任意的，而且要求哈密顿函数对控制向量连续可微，从而得到最优控制 $\boldsymbol{u}^*(t)$ 所应满足的控制方程 $H_u=0$。但是，在大多数情况下，控制变量 $\boldsymbol{u}(t)$ 往往会受到一定限制，$\delta\boldsymbol{u}$ 不能任意取值，控制变量被限制在某一闭集内，即 $\boldsymbol{u}(t)$ 满足不等式约束条件 $g[t, \boldsymbol{x}(t), \boldsymbol{u}(t)]\geqslant 0$，在这种情况下，控制方程 $H_u=0$ 已不成立，故不能再用变分法来处理该最优化问题，就需要使用最大值原理求解。

定理 2-12（最大值原理） 对于动态最优化问题（2-13）、（2-14），如果 $f[t, \boldsymbol{x}, \boldsymbol{u}]$，$q[t_f, \boldsymbol{x}(t_f)]$ 和 $g[t, \boldsymbol{x}, \boldsymbol{u}]$ 都是连续且可微，$\boldsymbol{u}(t)\in U$，引入哈密顿函数 $H[t, \boldsymbol{x}, \boldsymbol{u}, \boldsymbol{\lambda}]=g[t, \boldsymbol{x}, \boldsymbol{u}]+\boldsymbol{\lambda}^{\mathrm{T}}(t)f[t, \boldsymbol{x}, \boldsymbol{u}]$，那么最优控制策略 $\boldsymbol{u}^*(t)=\phi^*(t, \boldsymbol{x}_0)$ 和相应的最优状态迹 $\{\boldsymbol{x}^*(t), t\in[t_0, t_f]\}$ 由下列的必要条件决定：

（1）正则方程组：

协态方程：
$$\dot{\boldsymbol{\lambda}} = -\frac{\partial H}{\partial \boldsymbol{x}} \tag{2-46}$$

状态方程：
$$\dot{\boldsymbol{x}} = \frac{\partial H}{\partial \boldsymbol{\lambda}} = f[t, \boldsymbol{x}, \boldsymbol{u}] \tag{2-47}$$

（2）最大值原理（控制方程）

在 $\boldsymbol{u}(t)=\boldsymbol{u}^*(t)$ 上，性能指标最大：

$$H[t, \boldsymbol{x}^*, \boldsymbol{u}^*, \lambda^*] = \max_{\boldsymbol{u}\in U} H[t, \boldsymbol{x}^*, \boldsymbol{u}, \lambda^*], \ t\in[t_0, t_f] \tag{2-48}$$

（3）边界条件

$$\boldsymbol{x}(t_0) = x_0, \ \boldsymbol{u}(t)\in U \tag{2-49}$$

$$\lambda(t_f) = \frac{\partial q[t_f, \boldsymbol{x}(t_f)]}{\partial \boldsymbol{x}(t_f)} \tag{2-50}$$

$$H[t_f, \boldsymbol{x}(t_f), \boldsymbol{u}(t_f), \boldsymbol{\lambda}(t_f)] + \frac{\partial q[t_f, \boldsymbol{x}(t_f)]}{\partial t_f} = 0 \tag{2-51}$$

将上述结果与用经典变分法所得结果对比可见，只是将$\frac{\partial H}{\partial \boldsymbol{u}}=0$这个条件用式（2-48）代替，其他没有变化。但最大值原理的适用范围更加广泛。

对于无穷时域自治动态最优化问题（2-40）、（2-41），也有对应的定理，请参考最优控制的相关书籍，本书从略。

动态规划和最大值原理都可以解决有约束的动态最优化问题，虽然形式和解题方法不同，却存在内在的联系。从某种意义上说，二者是等价的。由于反馈控制的实用性和表述上的方便性，本书在介绍微分博弈的过程中，大部分使用动态规划的方法进行介绍。

参考文献

[1] S. Kakutani. A Generalization of Brouwer Fixed Point Theorem [J]. Duke Mathematical Journal, 1941, 8 (8): 457 - 459.

[2] Y. 内拉哈里. 博弈论与机制设计 [M]. 北京：中国人民大学出版社, 2017.

[3] 马忠贵. 博弈论及其在无线通信网络中的应用 [M]. 北京：国防工业出版社, 2015.

[4] Stephen Boyd, Lieven Vandenberghe. Convex Optimization [M]. Cambridge: Cambridge University Press, 2004.

[5] R. K. Sundaram. A first Course in Optimization Theory [M]. Cambridge: Cambridge University Press, 1996.

[6] Daniel Liberzon. Calculus of Variations and Optimal Control Theory: A Concise Introduction [M]. New Jersey: Princeton University Press, 2012.

[7] 张恭庆. 变分法讲义 [M]. 北京：高等教育出版社, 2011.

[8] R. Bellman. Dynamic Programming [M]. New York: Princeton University Press, 1957.

[9] L. S. Pontryagin, V. G. Boltyanskii, R V Gamkrelidze, et al. The Mathematical Theory of Optimal Processes [M]. New York : Interscience Publishers, 1962.

第 3 章　无限次重复博弈

【本章要点】

重复博弈作为一类动态博弈，是指同样结构的基本博弈重复多次，其中每次博弈称为“阶段博弈”。按重复次数可分为有限次重复博弈与无限次重复博弈。重复博弈虽然形式上是基本博弈的重复进行，但博弈中参与者的行动和博弈结果却不是基本博弈的简单叠加，原因在于参与者对于博弈重复进行的意识累积，会使他们对支付的判断发生变化，从而影响各参与者在博弈过程中的策略选择。参与者在重复博弈中的策略空间远大于和复杂于阶段博弈的策略空间。这意味着，重复博弈可能带来一些“额外”的均衡结果。重复博弈提供了用非合作博弈理论来研究合作的良好框架。

本章主要内容包括：3.1 节介绍了一些非合作博弈的基本概念。核心概念是扩展型博弈与子博弈精炼纳什均衡。需要理解博弈树的构造（关键是信息集），掌握子博弈精炼纳什均衡概念中对纳什均衡的精炼理由，掌握逆向归纳法的求解过程。3.2 节介绍了重复博弈的基本概念，以及有限次重复博弈的两种主要类型：唯一纯策略纳什均衡博弈的有限次重复博弈和多个纯策略纳什均衡博弈的有限次重复博弈，并介绍二者的求解过程。3.3 节介绍了无限次重复博弈，需要明确无限次重复博弈的无名氏定理的意义，通过无限次重复博弈子博弈精炼纳什均衡的推导可以更清晰地把握动态策略的特征与求解方法。3.4 节给出一个应用案例：基于重复博弈的 P2P 网络资源共享模型。

3.1　静态博弈和动态博弈

第 1 章中已经指出，无限次重复博弈是能够实现合作结果的非合作方法。如果效用是可以转移的，那么参与者之间就可以通过分配总收益来达成合作。但是，如果效用是不可转移的，则不同的参与者的效用不可以直接比较，只能通过某种可置信的威胁来达成有约束力的合约，从而实现合作。为了引出重复博弈，本节首先给出一些非合作博弈的基本概念。

3.1.1　静态博弈

在第 1 章的 1.3 节中曾介绍过：按照参与者行动的先后顺序，博弈可分为静态博弈和动态博弈。所谓静态博弈是指参与者独立地采取行动各 1 次，每个参与者都没有其他参与者采取决策的知识。为了本书的完备性，这里简单地介绍一下静态博弈。

人们在研究现实博弈局势时发现，构成一种博弈最基本的要素有三种：首先是参与者，也就是决策主体，显然没有参与者就不成为博弈；其次，每位参与者都可以在一定的策略中进行选择，否则就没有决策可言；最后是每个参与者都可从结果中得到一定的收益。将这三者抽象出来就形成策略型博弈，是一种最常用的博弈问题描述方式。准确地说，策略型博弈由以下三个基本要素组成。

定义 3-1　策略型博弈包含以下 3 个要素：

(1) 参与者集合 $\Gamma=\{1,\ 2,\ \cdots,\ n\}$；

(2) 每位参与者非空的策略空间 S_i，即对 $\forall i\in\Gamma$，$\exists S_i\neq\phi$；

(3) 每位参与者的支付函数 $u_i(s_1,\ \cdots,\ s_i,\ \cdots,\ s_n)$，$i\in\Gamma$。

一个策略型博弈可以表示为：$G=\{S_1,\ \cdots,\ S_n;\ u_1,\ \cdots,\ u_n\}$。

【例 3-1】 现在我们考虑博弈论中最为著名的“囚徒困境”模型，其支付矩阵见表 3-1。

表 3-1　传统的囚徒困境

		囚徒 B 坦白	囚徒 B 抵赖
囚徒 A	坦白	(-6, -6)	(0, -10)
	抵赖	(-10, 0)	(-1, -1)

对该博弈详细的局势描述见第 2 章。在了解了博弈局势后，博弈论分析需要求出参与者进行策略选择的理性结局，即所谓的纳什均衡。

定义 3-2　在一个给定的 n 人策略型博弈 $G=\{S_1,\ \cdots,\ S_n;\ u_1,\ \cdots,\ u_n\}$ 中，策略组合 $\boldsymbol{s}^*=(s_1^*,\ \cdots s_i^*,\ \cdots,\ s_n^*)$ 是一个纯策略纳什均衡，当且仅当对 $\forall i\in\Gamma$，$\forall s_i\in S_i$，满足如下条件：

$$u_i(s_i^*,\ s_{-i}^*)\geqslant u_i(s_i,\ s_{-i}^*) \tag{3-1}$$

通俗地说，纳什均衡的含义就是：给定你的策略，我的策略是最好的策略；给定我的策略，你的策略也是你的最好策略。即双方在给定的策略下都没有积极性偏离各自已选定的策略。也就是说，如果对于每一个参与者 $i\in\Gamma$，s_i^* 是给定其他参与者选择 $s_{-i}^*=(s_1^*,\ \cdots,\ s_{i-1}^*,\ s_{i+1}^*,\ \cdots,\ s_n^*)$ 的情况下第 i 个参与者的最优策略。

或者用另一种表达方式：当且仅当 s_i^* 是下述最大化问题的解时，s^* 是一个纳什均衡：

$$s_i^*\in\arg\max_{s_i\in S_i}u_i(s_i,\ s_{-i}^*),\ i\in\Gamma \tag{3-2}$$

在上面的“囚徒困境”模型中，对两个囚徒而言，他们都不知道对方是否坦白。其中一个囚徒会这样思考，如果对方坦白，己方抵赖则从重处罚（-10），坦白则中等处罚（-6），坦白是最优策略；反之，如果对方抵赖，己方也抵赖则从轻处罚（-1），但坦白则无罪释放（0），坦白依然是最优策略。也就是说，不管对方是否坦白，他选择“坦白”都是相对于选“抵赖”的占优策略，且是严格占优策略；而“抵赖”是相对于选“坦白”的劣策略。因此，对于两个囚徒而言，（坦白，坦白）是占优策略均衡。两个囚徒都选择“坦白”，这样的结果似乎与我们的直觉相矛盾。因为“囚徒困境”的 4 种结果，即（坦白，坦白）、（坦白，抵赖）、（抵赖，坦白）、（抵赖，抵赖），虽说不能肯定（坦白，坦白）这个结果是最差的，但它显然不如（抵赖，抵赖）。这是因为（坦白，坦白）导致两个囚徒都得-6，而（抵赖，抵赖）却能使大家都得-1。也就是说，（抵赖，抵赖）是帕累托优于（坦白，坦白）的。既然选择“抵赖”对双方都有好处，那么两个囚徒是否都会选择“抵赖”呢？只要囚徒是前面所假设的完全理性的参与者，答案就是否定的，也就是说两个参与者陷入“囚徒困境”。

3.1.2 动态博弈

策略型博弈中各参与者同时一次性地选定策略，无法表现出他们行动的先后次序。如果我们要研究博弈的动态特征，就必须找到一种更适当的表述方式，结果就得到所谓的动态博弈。它与策略型博弈的不同之处在于，它增加了对参与者行动次序与参与者行动时所掌握信息的描述。

本节将参与者的行动次序引入博弈模型之中，并对不同行动次序对博弈均衡的影响做出评估。正如在第1章中所指出，在动态博弈模型中，参与者的行动顺序对于均衡形成来说是十分重要的。从动态博弈模型中，不仅可以看到博弈的结果，而且还能直观地看到博弈的进程。本章将进一步说明，影响动态博弈的均衡形成除了参与者的行动顺序外，还有博弈的时间长短这一重要因素，即有限次和无限次（重复）博弈可能会有完全不同的均衡。

在静态博弈模型中，除了相关均衡外，一般纳什均衡点只能保证不会获得最坏的情况，而都不是整体最优解。前面介绍的“囚徒困境”模型，它告诉我们一个参与者之间非合作的故事。显然最佳策略应该为都抵赖，这样两位囚徒都被判处1年有期徒刑。然而，非合作情况下纳什均衡却是都选择坦白，最终导致两位囚徒都被判处6年有期徒刑的困境。重复博弈可以一定程度上解决这个问题，在重复博弈中，参与者的目的将从当前收益最大化转变为在多次博弈中收益最大化，因此就可能会选择合作策略获得长远来看的更大收益。

3.1.2.1 动态博弈的构成

动态博弈中一个参与者的一次选择行为称为一个阶段（Stage），一个动态博弈至少有两个阶段，因此，动态博弈有时也称为“多阶段博弈”（Multistage Games）。

定义 3-3（动态博弈） 一般来说，一个动态博弈 G 被定义为同时满足下列条件的一个构成：

（1）参与者集合 $\Gamma=\{1, 2, \cdots, n\}$；

（2）参与者的行动顺序，即每个参与者在何时采取行动；

（3）参与者的行动空间，它表示在每次行动时，参与者可以进行哪些选择；

（4）信息集，它表示参与者进行选择时所知道的信息；

（5）支付函数，即把参与者所获得的支付表示为其采取行动的函数；

（6）外生事件的概率分布，对此引入“自然”（Nature）作为一个虚拟参与者，记为 N，它在博弈中的作用只是在相应的地方，在若干外生事件中根据一定概率分布随机选取，而没有自己的利益目标与支付函数。“自然”的选择通常表示参与者面临的不同的不确定性，是一种外生的条件。当不存在这种不确定性时，我们就得到完全信息博弈。

动态博弈又可以分为序贯博弈（Sequential Games）和重复博弈（Repeated Game）。如果不同阶段开始的子博弈结构并不完全相同，这类动态博弈称为“序贯博弈”。如果同样结构的博弈重复多次，甚至无限次，这类博弈就称为“重复博弈”，其中的每次博弈称为“阶段博弈”。重复博弈根据博弈重复的次数又分为有限次重复博弈与无限次重复博弈。

定义 3-4（序贯博弈） 参与者在前一个决策结的选择决定随后的子博弈的结构，因此，从后一个决策结开始的子博弈不同于从前一个决策结开始的子博弈。或者说，同样结构的子博弈只出现一次，这样的动态博弈称为序贯博弈。

本节仅介绍序贯博弈，下一节介绍重复博弈。策略型博弈中常常利用矩阵形式作为一种清晰的表现手段，而动态博弈则利用博弈树来表现 n 人有限策略博弈。

3.1.2.2　博弈树

博弈树（Game Tree）的形式与决策理论中的决策树很相似。

【例 3-2】第 1 章介绍的"市场进入"的动态博弈。假定销售商 A 先选择，销售商 B 在销售商 A 完成了其选择后再进行自己的策略选择，并且销售商 B 在进行策略选择前知道销售商 A 的选择结果。此时，我们用图 3-1 来表示这个博弈。

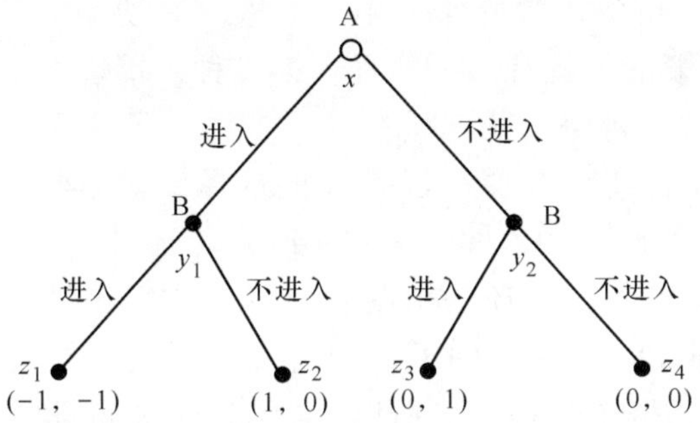

图 3-1　市场进入的动态博弈：A 先行动

所谓博弈树就是由决策结和有向枝构成的"有向树"。在图 3-1 中，空心和实心的小圆点被称为决策结，位于决策结旁边的大写字母代表在这个决策结处进行行动选择的参与者，该参与者在此决策结处进行行动选择。通常，整个博弈中进行第一个行动选择的决策结用空心圆表示，称为初始结，如图 3-1 中决策结 x 表示销售商 A 首先开始选择。图中决策结之间的连线被称为博弈树的"枝"，一个枝表示位于该枝上端决策结处的参与者在该决策结可能选择的一个"行动"。在图 3-1 中，销售商 A 的选择有"进入"和"不进入"，分别用标有"进入"和"不进入"的有向枝表示。若销售商 A 选择"进入"，博弈从点 x 到达点 y_1(用实心圆表示)；若销售商 A 选择"不进入"，博弈从点 x 到达点 y_2(用实心圆表示)。点 y_1(或 y_2）上标有销售商"B"，表示销售商 B 在博弈到达点 y_1(或 y_2)时，即销售商 A 选择"进入"（或"不进入"）后，再进行选择。销售商 B 的行动也有"进入"和"不进入"，同样分别用标有"进入"和"不进入"的有向枝表示。若销售商 B 选择行动"进入"，则博弈从点 y_1(或 y_2）到达点 z_1(或 z_3)；若销售商 B 选择"不进入"，则博弈从点 y_1(或 y_2）到达点 z_2(或 z_4)。最下方的枝的下端被称为终点结，当博弈进行到任一终点结时，博弈过程就结束。由于销售商 B 选择后博弈结束，因此点 z_1、z_2、z_3 和 z_4 都表示博弈结束。在终点结 z_1、z_2、z_3 和 z_4 旁标有支付向量，表示博弈达到该点时参与者的所得支付。其中，支付向量中的第一个数字表示销售商 A 的支付，第二个数字表示销售商 B 的支付。博弈的行动顺序在图中是自"上"而"下"。

通过图 3-1 中的博弈树，我们应该可以得到这样的信息：

（1）博弈中的参与者是销售商 A 和销售商 B（扩展型博弈的第 1 个组成部分）；

（2）博弈中销售商 A 先选择，销售商 B 后选择（扩展型博弈的第 2 个组成部分）；

（3）销售商 A 选择时有行动“进入”和“不进入”，销售商 B 选择的行动有“进入”和“不进入”（扩展型博弈的第 3 个组成部分）；

（4）博弈中各销售商的支付（扩展型博弈的第 5 个组成部分）。

也就是说，除了“销售商 B 行动时是否观测到销售商 A 的选择”这一点暂时无法从图 3-1 中知道以外，完全信息动态的“市场进入博弈”的扩展型描述所需要的要素都可以从图 3-1 中得到。如果还能够直接从博弈树中知道“销售商 B 行动时是否观测到销售商 A 的选择”，那么给出博弈树，就意味着给出了完全信息动态的“市场进入博弈”的扩展型描述。下面探讨如何在博弈树中，将“销售商 B 行动时是否观测到销售商 A 的选择”这一要素表示出来。

在完全信息动态的“市场进入博弈”中，销售商 B 决策时销售商 A 已经做出选择，此时销售商 B 面临的决策情形就有以下两种：第一种，销售商 B 知道销售商 A 的选择；第二种，销售商 B 不知道销售商 A 的选择。

对于第一种情形，销售商 B 知道销售商 A 的选择，即知道销售商 A 选择了“进入”还是“不进入”，因此销售商 B 知道博弈是从 x 到了 y_1 还是 y_2。这就意味着当轮到销售商 B 决策时，他知道自己是在点 y_1 上还是在点 y_2 上。对于第二种情形，销售商 B 不知道销售商 A 的选择，即不知道博弈是从 x 到了 y_1 还是 y_2。因此，当轮到销售商 B 决策时，他不知道自己是在点 y_1 上还是在点 y_2 上。所以，“销售商 B 行动时是否观测到销售商 A 的选择”这一问题，实际上就等价于“销售商 B 行动时是否知道自己是在博弈树中的点 y_1 上还是在点 y_2 上”。为了将这个问题说清楚，需要引入扩展型博弈的第 4 个组成部分，即“信息集”的概念。

信息集分割了博弈树的全部决策结。也就是说，每个决策结仅在一个信息集中，在属于同一个信息集的不同决策结处由同一个参与者选择自己的行动。包含决策结 x 的信息集 $h(x)$ 的意义是，在 x 处采取行动的参与者不能确定自己是处于决策结 x 还是处于 $h(x)$ 中的其他决策结 x'。另外还需要满足：如果 $x' \in h(x)$，则 $A(x')=A(x)$，即同一信息集中的不同决策结处对应的参与者所能够选择的行动完全一样。总的来说，信息集是一些决策结的子集，这些决策结处同一个参与者面临着完全相同的决策形势。信息集在博弈树中表现为，所有属于同一信息集的决策结都由一条虚线连接起来。

规范地讲，在博弈树中，每个参与者 $i \in \Gamma$ 的决策结又被分成 k 个互不相交的集合，称为“信息集”，是参与者 i 的决策结的一个子集，记为 h_i^1，h_i^2，…，h_i^k。参与者 i 的所有信息集组成信息集空间，记为 $H_i=\{h_i^j \mid j=1, \cdots, k\}$。参与者 i 全部可选行动构成的集合为 $A_i=\bigcup_{h_i \in H_i} A(h_i)$。这样，参与者 i 的纯策略可定义为映射 s_i：$H_i \to A_i$，对所有 $h_i \in H_i$ 有 $s_i(h_i) \in A_i(h_i)$。参与者 i 的纯策略空间 S_i 为这些 s_i 的集合，也就相当于各个 h_i 处的行动空间的笛卡尔乘积，即 $S_i = \times_{h_i \in H_i} A(h_i)$。这种定义的关键之处在于，每个信息集对应的参与者在信息集中每个决策结处所能选择的行动都是一样的。参与者 i 的纯策略的数目为 $\#S_i = \prod_{h_i \in H_i} \#A(h_i)$，也就是所有信息集处可选行动数目的乘积[1]。

信息集 h_i 满足以下两个条件：

（1）h_i 中的每个决策结都是参与者 i 的决策结；

（2）当博弈到达信息集 h_i 时，参与者 i 知道自己是在信息集 h_i 中的决策结上，但不知道自己究竟在 h_i 中哪个决策结上。

因此，参与者 i 的信息集 h_i 可以用来描述当轮到自己行动时所了解到的信息，即知道什么（知道自己位于哪一个信息集上）、不知道什么（不知道自己位于信息集中哪一个决策结上）。例如，在“市场进入博弈”中，对于第一种情形，销售商 B 知道销售商 A 的选择，则销售商 B 的信息集为 $\{y_1\}$ 和 $\{y_2\}$；对于第二种情形，销售商 B 不知道销售商 A 的选择，则销售商 B 的信息集为 $\{y_1, y_2\}$。

只包含一个决策结的信息集称为单结信息集，如果博弈树的所有信息集都是单结的，即每个信息集 $h_i^j(i \in \Gamma, j=1, \cdots, k)$ 中只有一个元素，则称该博弈为完美信息博弈。自然 N 总是假定是单结的，因为自然在参与者决策之后行动等价于自然在参与者之前行动但参与者不能观测到自然的行动。

不同的博弈树可以代表相同的博弈，但是有一个基本规则：一个参与者在决策之前知道的事情，必须出现在该参与者决策结之前。为了博弈树的清晰起见，一般假设初始结只有一个，如果在博弈树中原本存在多个初始结，那么就通过引入虚拟参与者“自然”的行动建立唯一的初始结。

得到扩展型博弈的表述后，就需要考察它的解。在以扩展型博弈表述的完全信息动态博弈中，纳什均衡概念同样适用，然而需要加以完善，最常用的解的概念就是子博弈精炼纳什均衡。下面首先介绍扩展型博弈的纳什均衡，然后再讨论子博弈精炼纳什均衡。

3.1.2.3　扩展型博弈的纳什均衡

为了在扩展型博弈中使用纳什均衡的概念，需要对扩展型博弈的策略做出定义，以便将扩展型博弈转化为策略型博弈，由此便可按策略型博弈中的方式定义纳什均衡了。

1. 扩展型博弈中的纯策略

首先需要定义扩展型博弈中的纯策略。由于扩展型博弈中同一个参与者可能在多种场合行动，所以参与者的全局策略应该给出在每个需要决策的地方（每个信息集处）参与者的行动选择。

参与者 i 的一个纯策略指对于参与者 i 在每一个信息集上所进行行动选择的一个规则。对参与者 $i \in \Gamma$ 来说，同一个信息集上的不同决策结应该在行动选择的范围上是不能有差别的，否则，参与者就可以识别出他在同一信息集的哪一个决策结上，而这与信息集本来的含义相矛盾。对于每个参与者 $i \in \Gamma$，我们用 $A_i(h_i)$ 表示其信息集与行动空间的映射，即 $A_i(h_i)$ 是参与者 i 在信息集 h_i 上所有决策结所能进行选择的行动的集合，称为参与者 i 在信息集 h_i 上的行动空间。

定义 3-5　定义映射 s_i：$s_i(h_i) \in A_i(h_i)$，则称 s_i 为参与者 i 的一个纯策略。显然，参与者 i 的一个纯策略必是集合 $A_i = \prod_{h_i \in H_i} A_i(h_i)$ 中的一个元素，反之亦然。

根据上述定义，参与者 i 的一个纯策略可以解释为参与者 i 在各个信息集上的行动组合。因此，在以后的讨论中，可以用参与者 i 在每个信息集 h_i 上的行动集 $A_i(h_i)$ 的笛卡尔积来表示参与者 i 的策略集 s_i。

定义 3-6　称集合 $A_i = \prod_{h_i \in H_i} A_i(h_i)$ 为参与者 i 的纯策略空间。

类似于策略式表述，我们可以有纯策略组合 $s=(s_1, \cdots, s_n)$ 及纯策略组合空间 $S=\prod_i A_i$ 等概念。同样，在完全信息动态博弈中也有类似于完全信息静态博弈中的纯策略纳什均衡定义，这里不再给出。

与静态博弈不同，在动态博弈情形，“策略”不等同于“行动”。在动态博弈中，每一个信息集上有一个行动选择的问题，而一个参与者在由他进行行动选择的所有信息集所进行的行动选择构成他的一个策略，即策略是行动选择的一个谱系。一个策略规定了参与者在由他进行选择的所有信息集上所要选择的行动，即参与者在博弈开始之前所制定出的一个“相机行动计划（或规则）”，它表明“如果……发生，我将选择……”。

【例 3-3】在例 3-2 中，若销售商 A 先行动，销售商 B 在知道销售商 A 的行动后行动，则销售商 A 有一个信息集 $\{x\}$，两个可选择的行动：进入或不进入，策略空间为{进入，不进入}；而销售商 B 有两个信息集 $\{y_1\}$ 和 $\{y_2\}$，四个可选择的行动，四种纯策略 {(进入，进入)，(进入，不进入)，(不进入，进入)，(不进入，不进入)}，其中，对于每种策略而言，小括号内的第一个元素对应 A 选择“进入”时 B 的选择，第二个元素对应 A 选择“不进入”时 B 的选择，是对 A 选择的一种回应。第一种策略（进入，进入）称为进入策略，即不论 A 进入或不进入，B 都选择进入；第二种策略（进入，不进入）称为追随策略，即 A 进入则 B 进入，A 不进入则 B 也不进入；第三种策略（不进入，进入）称为对抗策略，即 A 进入则 B 不进入，A 不进入则 B 进入；第四种策略（不进入，不进入）称为不进入策略，即不论 A 进入或不进入，B 都选择不进入。

这样我们可以得到市场进入博弈的策略型表示，如图 3-2 所示。

		B			
		（进入，进入）	（进入，不进入）	（不进入，进入）	（不进入，不进入）
A	进入	-1，-1	-1，-1	1，0	1，0
	不进入	0，1	0，0	0，1	0，0

图 3-2　市场进入博弈的策略型表示

在动态博弈中，一个策略规定了所有信息集上的行动选择，即使在博弈的均衡中某些信息集实际上达不到也如此，例如，{不进入，(进入，进入)}。这是因为，也许正是那些在均衡中达不到的信息集上的特定行动选择规定才使得对应的均衡出现。

定义 3-7　如果一个扩展型博弈有有限个信息集，每个信息集上参与者有有限个行动选择，则称该博弈为有限博弈。

2. 扩展型博弈的纳什均衡

从前面的分析可以看出，一个博弈的扩展型表示和策略型表示是等价的，只不过在动态博弈场合用扩展型表示更加直观一些。但有时通过策略型表示，我们可以在逻辑上更加严格地分析动态博弈。也可以直接将策略型表示中已获得的结果直接应用于动态博弈，从而获得一些结果。对于扩展型博弈，同样可以用纳什均衡作为博弈的解。但是，与纳什均衡作为策略型博弈的解一样，面临着纳什均衡的多重性问题，而且在多个纳什均衡中有些明显是不合理的。

例如，对于例 3-3，可有三个纳什均衡：{进入，(不进入，进入)}，{进入，(不进入，不进入)｝和｛不进入，(进入，进入)｝，均衡的结果为：A 进入，B 不进入和 A 不进入，B 进入。但均衡｛不进入，（进入，进入)｝实际上是不合理的，因为只要 A 选择了“进入”，B 的最优选择就是“不进入”而不是“进入”。因此，在对参与者的理性行为假定下（而这正是博弈论的假定前提)，应该预测 A 会选“进入”而 B 选“不进入”。所以，这个多出来的均衡应去掉。显然，当用策略型表示动态博弈时，可能会将一些不可置信的均衡包括进来，所以在动态博弈分析中常用的表示方式是扩展型而不是策略型。

由扩展型博弈转换为策略型博弈，并由此定义纳什均衡，所得到的有些纳什均衡从直觉上来讲是不可信或不合理的。扩展型博弈包含了比策略型博弈更为丰富的信息，它应该能够得出比纳什均衡更强的解概念，否则引入行动次序和信息结构就没什么实质性意义了。因此，我们需要利用扩展型博弈中更多的信息来改进针对策略型而定义的纳什均衡概念，由此得到的就是子博弈精炼纳什均衡的概念。

纳什均衡假定每一个参与者在选择自己的最优策略时假定所有其他参与者的策略是给定的，但是如果参与者的行动有先有后，后行动者的选择依赖于前行动者的选择，前行动者在选择时不可能不考虑自己的行动对后行动者的影响。下面将要介绍的子博弈精炼纳什均衡，就是将“合理纳什均衡”与“不合理纳什均衡”分开。

3.1.2.4　子博弈精炼纳什均衡

子博弈精炼纳什均衡是纳什均衡概念在完全信息动态博弈中的推广与精炼，其概念的提出是为了剔除扩展型博弈中不合理的纳什均衡。1965 年，泽尔腾引入子博弈精炼纳什均衡概念的目的是将那些不可置信威胁策略的纳什均衡从均衡中剔除，从而给出动态博弈的一个合理的预测结果，简单说，子博弈精炼纳什均衡要求均衡策略的行为规则在每一个信息集上都是最优的。

为了定义子博弈精炼纳什均衡，首先给出子博弈的定义。

定义 3-8　所谓“子博弈”，就是原博弈的一部分，它始于原博弈中一个位于单结信息集中的决策结 x，并由决策结 x 及其后续决策结共同组成。子博弈可以作为一个独立的博弈进行分析，其信息集与支付函数都直接继承自原博弈。

定义的关键是子博弈不能分割原博弈的信息集，否则就改变了博弈的信息结构，让参与者知道了原博弈中他不会知道的信息。因此，子博弈的初始结在原博弈中一定是一个单结信息集，即原博弈中没有其他与它同属一个信息集的决策结。如果信息集包含两个以上的决策结，则这两个都不可以作为子博弈的初始结。根据定义，原博弈显然是自身的一个子博弈。在子博弈定义的基础上，就可以定义子博弈精炼纳什均衡。

定义 3-9　扩展型博弈的策略组合 $\boldsymbol{s}^* = (s_1^*, \cdots, s_n^*)$ 是一个子博弈精炼纳什均衡，当且仅当满足以下条件：(1) 它是原博弈的纳什均衡；(2) 它在每一个子博弈上构成了纳什均衡。

由于子博弈精炼纳什均衡要求策略组合在所有子博弈上都构成纳什均衡，故不存在任何偏离事前策略的事后机会主义行为，实际发生的动态行为与事前策略规定是一致的，博弈模型的预测是可信的。为什么说在子博弈上是纳什均衡呢？因为合理的均衡要求策略在所有信息集上都是最优行动选择，当所有参与者的行动选择都是最优的时，就构成纳什均衡。

如果一个博弈有几个子博弈，一个特定的纳什均衡决定了原博弈树上唯一的路径，这条路径称为“均衡路径”，博弈树上的其他路径称为“非均衡路径”。均衡路径是由每个阶段参与者的行动组合串联而成，纳什均衡只要求均衡策略在均衡路径的决策结上是最优的。而构成子博弈精炼纳什均衡不仅要求在均衡路径上策略是最优的，而且在非均衡路径上的决策结上也是最优的。这是纳什均衡与子博弈精炼纳什均衡的实质区别。

3.1.2.5　用逆向归纳法求解子博弈精炼纳什均衡

一般地，在有限完美信息动态博弈中，一般运用逆向归纳法（Backward Induction）求解子博弈精炼纳什均衡。其方法是：从倒数第一个决策结为起点的子博弈开始，求出对应的参与者的最佳选择，然后在这种选择给定的情况下，倒推至该决策结的前一个决策结求出相应参与者的最佳选择，然后再向前倒推，如此重复直到初始结。这样得到的策略组合就是子博弈精炼纳什均衡。

该方法实际上是重复剔除劣策略方法在扩展型博弈中的应用，是从倒数第一个决策结开始剔除“劣策略”，然后依次倒推至初始结。但是，对于无限博弈和不完美信息博弈，逆向归纳法不适用。因无限博弈或者无倒数第一个决策结，或者某决策结上有无限个行动(难以选优)；而不完美信息博弈中存在包括多个决策结的信息集，由于参与者不能区分它们，故不能定义“最优行动”。尽管如此，有时也可用逆向归纳法的思路去找出不完美信息博弈的均衡解。

用逆向归纳法求解的子博弈精炼纳什均衡也要求“所有的参与者是理性的”是共同知识。

【例 3-4】 利用逆向归纳法求解图 3-1 所示的博弈局势。考察图 3-1 所示的扩展式博弈。在该图中，博弈存在 3 个子博弈，如图 3-3 所示。其中子博弈 2 和子博弈 3 为最底层的子博弈。

（1）求解最底层的子博弈，即子博弈 2 和子博弈 3。子博弈 2 的结果为（1，0)(即参与者 B 选择不进入)，子博弈 3 的结果为（0，1)(即参与者 2 选择进入)。

（2）求解上一层的子博弈。由于上一层的子博弈就是子博弈 1（即原博弈)，且所含子博弈都已求解，因此此时可以求解子博弈 1。可得博弈的结果为（1，0)，纳什均衡为{进入，(不进入，进入)}。

由于{进入，(不进入，进入)}在各个子博弈上都构成纳什均衡，因此{进入，(不进入，进入)}即为图 3-3 所示的扩展型博弈的子博弈精炼纳什均衡。

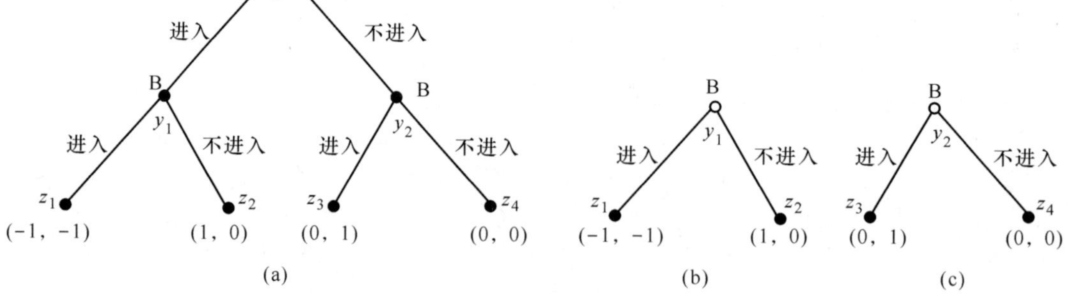

图 3-3　市场进入的动态博弈：子博弈

（a）子博弈 1（原博弈)；（b）子博弈 2；（c）子博弈 3

【例 3–5】 使用逆向归纳法求解图 3–4 中的完全信息动态博弈的一个子博弈精炼纳什均衡。

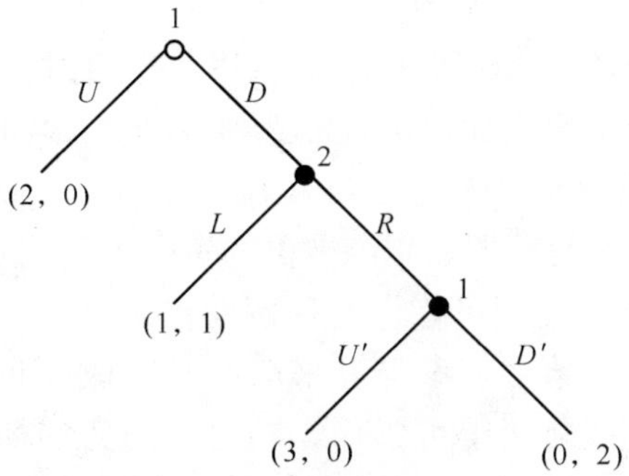

图 3–4　用逆向归纳法求解扩展型博弈

该博弈局势中只有三个阶段的行动，第一个阶段参与者 1 在 U 与 D 策略中选择，第二个阶段中参与者 2 在 L 与 R 策略中选择，第三个阶段中参与者 1 在 U' 与 D' 策略中选择。

按照逆向归纳法，首先求解第三阶段子博弈中参与者 1 的最优选择，显然他应选择 U' 策略（因为 3>0），子博弈的结果为（3，0）。

倒推至第二阶段，此时，参与者 2 在（3，0）与（1，1）两种结果中进行选择，显然他应该选择后一种，即 L 策略。子博弈的结果为（1，1），纳什均衡为 $\{U', L\}$。

倒推至第一阶段，参与者 1 就是在（2，0）与（1，1）两种结局中进行选择，显然他应该选择前一种，即 U 策略。子博弈的结果为（2，0），纳什均衡为 $\{(U, U'), L\}$。这样 $\{(U, U'), L\}$ 就是逆向归纳法中各个阶段参与者的最优选择，即为子博弈精炼纳什均衡。

从这一例子我们可以看到，子博弈精炼纳什均衡有效地排除了不可置信威胁的纳什均衡。不过，子博弈精炼纳什均衡以及它的逆向归纳求解法也存在自身的问题，这一点我们在后面予以讨论。

3.1.2.6　承诺行动与子博弈精炼纳什均衡

前面分析“市场进入”博弈提到，纳什均衡｛不进入，（进入，进入)｝由于含有不可置信的威胁（即 A 选择“进入”时，B 仍选择“进入”）而不能成为博弈的解——子博弈精炼纳什均衡。但是，如果在博弈开始之前，B 采取某种行动使自己的支付（或行动空间）发生改变，那么原来不可置信的威胁就可能变得可信。例如，在“市场进入”博弈中，假设 B 前期已经投入 0.8 个单位的资金，若不进入，这些投资将化为乌有。这时的博弈局势将如图 3–5 所示。

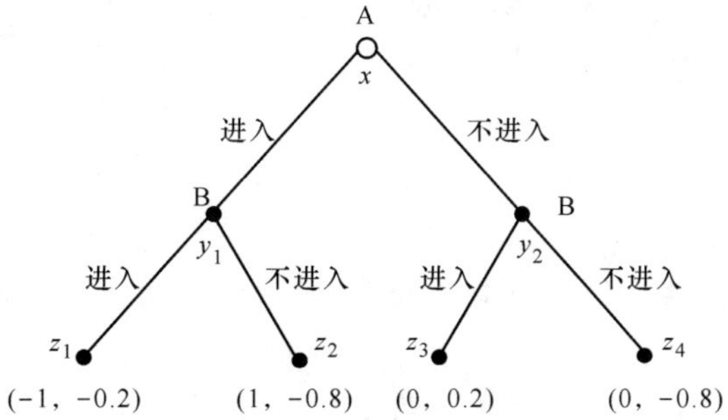

图 3–5　有承诺行动的市场进入动态博弈：A 先行动

在图 3-5 所示的博弈中，合理的博弈进程（即子博弈精炼纳什均衡所对应的均衡路径）显然是：B 选择“进入”，A 观测到 B 选择“进入”，A 只好选择“不进入”。子博弈精炼纳什均衡是 {不进入，（进入，进入）}。这里，B 通过提前投入 0.8 个单位的资金，使得自己在随后的博弈进程中无论如何都必须选择“进入”。此时，“B 无论如何都会选择进入”这种策略，对 A 来讲就是可信的。

在上述博弈中，B 通过提前投入 0.8 个单位的资金，使自己原本不可置信的威胁（即无论如何都会选择“进入”）变得可信，这种行动在博弈论中称为“承诺行动”。从本质上讲，承诺行动就是在博弈开始之前参与者采取的某种改变自己支付或行动空间的行动，该行动可使原本不可置信地威胁变得可置信。同时，博弈的精练纳什均衡也会随之改变。这些为改变博弈结果而采取的行动空间或支付改变的行为称为承诺行动。

承诺行动又分为完全承诺和不完全承诺。完全承诺：承诺可以使某项行动完全没有可能（破釜沉舟）。不完全承诺：承诺只是增加了某个行动的成本而不是使该行动完全没有可能。

3.1.2.7　逆向归纳法与子博弈精炼纳什均衡的存在问题

子博弈精炼纳什均衡是作为博弈的解而提出的，是对纳什均衡的精炼。作为动态博弈的解，子博弈精炼纳什均衡有其合理的一面，可以剔除纳什均衡中不合理的、不可置信的行动。但是，子博弈精炼纳什均衡及其求解方法——逆向归纳法仍存在一些不足，其合理性受到人们的质疑。

【例 3-6】Rosenthsal（1981）博弈模型（如图 3-6 所示）。

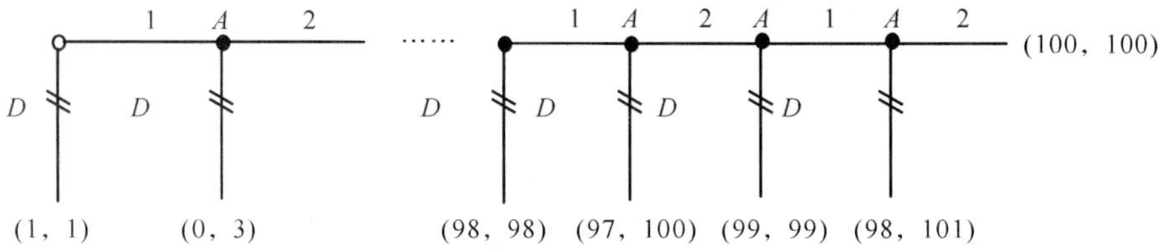

图 3-6　Rosenthsal 博弈模型

唯一的精炼纳什均衡为（D，…，D），1 在初始结上选 D 而结束博弈。每人得支付 1。但若都选 A，则各得支付 100。这里，较高的理性要求反而是不好的。当 2 知 1 是理性的，2 也知 1 知 2 是理性的，2 会确信 1 会在开始就选 D 而结束博弈。但若降低对“理性”的要求，比如在实际中 2 发现 1 实际上选了 A 而不是预测中的 D，此时 2 又该如何进行下面由他做出的选择呢？根据逆向归纳法，2 应选 D，因若 1 得到下一个机会的话，1 会选 D，这里实际上假设 2 认为 1 在开始选 A 是“偶然犯了一次错误”，而 2 选 D 正是在此假设下的正确反应。

一般地，当 2 没有预料到的情况发生时，2 的最优选择依赖于 2 如何预测 1 未来的行为，特别是 2 如何修正其对 1 理性程度的评价或者 2 认为 1 对 2 的理性程度的评价，即 1 开始就选 A 可能是因他是非理性的（1 是傻子），也可能是因 1 认为 2 是非理性的（1 认为 2 是傻子）。

若 1 不是理性的，或若 1 认为 2 是非理性的，或者若 1 认为 2 认为 1 是非理性的，2 就会选 A。反之，1 会如何考虑 1 选 A 对 2 的影响呢？1 可能会故意选 A 以诱使 2 认为 1 是

傻子因而也选 A，期待这个“将错就错”过程一直进行下去以获得100单位支付。

现在的问题是：2如何从1选了 A 这一事实就推出1是非理性的呢？逆向归纳法没有为当某些未预料到的事情出现时参与者如何形成他们的预期提供解释，这使得逆向归纳法的逻辑受到怀疑。下面是不同的专家对此做出的解释。

弗德伯格等人[2]将偏离行为解释为是由于有关“支付函数”信息的不确定性造成的，即实际的支付函数不同于原来认为的支付函数，从而参与者在观测到未曾预料到的行为时应该修正有关支付函数的信息。他们认为，任何一个有关博弈行为的理论应该是“完备的”，即理论应该对任何可能的行为赋予正的概率，从而当某件事情出现时，参与者对随后的博弈行为的条件预测总是很好定义的。

泽尔藤[3]将偏离行为解释为参与者在博弈过程中犯的错误，或者说均衡的“颤抖”，即扩展型博弈隐含了参与者犯错误的可能，如果参与者在每个信息集上犯错误的概率是独立的（因而参与者不会犯系统性的错误），那么，不论过去的行为与逆向归纳法的预测如何不同，参与者应该继续使用逆向归纳法预测从现在开始的子博弈的行为（既往不咎）。

3.2　有限次重复博弈

3.2.1　重复博弈的基本概念

重复博弈的定义如下：

定义3-10（重复博弈）　一个动态博弈是重复博弈，如果：

（1）阶段博弈局势之间没有“物质上”的联系，也就是说，阶段博弈彼此独立，前一阶段的博弈结果不会改变后一阶段博弈的结构；

（2）所有参与者都能够观测到博弈过去的历史，即参与者在以往各阶段所实际采取的行动；

（3）参与者的总支付是所有阶段博弈支付的贴现值之和或加权平均值。所谓贴现因子是指下一阶段的一单位支付在这一阶段的价值。其是控制收益随时间的削减速度，也可以理解为参与者的耐心程度。

需要注意的是，既然是重复博弈，也就是一种特殊的多阶段博弈，那么每个参与者所关心的就不是某个阶段的支付，而是所有阶段的总支付。

在重复博弈中，一种同样的博弈局势重复进行多次或者无限多次，其中每次进行的博弈称为“阶段博弈”（Stage Game）。在每个阶段博弈中，可以是静态博弈，也可以是动态博弈，可以是完全信息博弈，也可以不完全信息博弈。我们以“囚徒困境”为例，如果每次判刑不是很重（至少不是无期徒刑），那么，两个囚徒在刑满释放之后再作案，作案之后再判刑，释放之后再作案，如此等等，他们之间进行的就是重复博弈，其中每次作案是一个阶段博弈。

因为其他参与者过去的历史总是可以观测到的，因此，一个参与者可以使自己在某个阶段博弈的选择依赖于其他参与者过去的行动历史。与前面介绍的动态博弈（序贯博弈）

相比，动态博弈中的子博弈及子博弈精炼纳什均衡在重复博弈中仍然适用。但参与者在重复博弈中的策略空间远远大于和复杂于每一阶段的策略空间，重复博弈使博弈结果有了更多的可能。如果原博弈有 n 条路径，两次重复博弈则有 n^2 条路径，重复 T 次就有 n^T 条路径。这意味着，重复博弈可能带来一些“额外”的均衡结果。

重复博弈根据博弈重复的次数又分为有限次重复博弈与无限次重复博弈。二者的相同之处是都试图“合作”而惩罚“不合作”。二者的不同之处在于：有限次重复博弈存在最后一个阶段博弈，而无限次重复博弈不存在最后一个阶段博弈，导致二者的求解方法的不同。注意到正是由于存在最后一个阶段博弈使得有限次重复博弈无法实现高效率。同时，无限次重复博弈不能忽略支付的时间价值，需要引入贴现因子 δ。

在重复博弈中，对于策略的选择也更加复杂，有如下几种：

（1）不合作策略：不论过去发生什么，总是选择不合作。

（2）合作策略：不论过去发生什么，总是选择合作。

（3）合作-不合作交替进行策略。

（4）针锋相对（Tit For Tat）策略：从合作开始，之后每次选择对方前一阶段的行动，也称为“一报还一报”策略。该策略简单明晰，具有善良性、宽容性、可激怒性和策略性。

（5）触发策略（Trigger Strategies）：如果任何一个参与者的一次性不合作（偏离）将触发其他参与者永远地不合作，即从合作开始试探，一直到有一方不合作，然后就永远选择不合作来报复或惩罚对方，也称为“冷酷策略”。该策略可以约束参与者彼此的行动，从而实现合作。

在两人零和博弈中，一方所得即为另一方所失，因而即使重复多次，也不可能进行合作或报复，因此，无论是有限次重复博弈还是无限次重复博弈，所有阶段都不可能发生合作，参与者会一直重复原博弈的混合策略纳什均衡，对原博弈没有影响。因为博弈次数的增加不能改变原博弈中参与者之间在利益上的对立关系，也不会创造出潜在的合作收益。因此，本书仅研究每个阶段博弈都是非零和的基本博弈。

按照博弈论中关于参与者为理性人的假定：“囚徒困境”中参与者之间的不合作似乎是必然的结果。但是，如果一个囚徒考虑到出狱后还要与另一位囚徒打交道，则出卖同伙可能存在成本，当他足够高地估计这种成本时，他也许就会选择“抵赖”。当两位囚徒都如此选择时，合作结果就出现了，而博弈的均衡结果就会是（抵赖，抵赖），而不是原有的（坦白，坦白）。当参与者考虑到短期决策的长远利益时，其选择就可能倾向于合作。这样，当博弈可重复多次时，参与者就会考虑短期决策对其长远利益的影响，因而原有的仅考虑短期利益的均衡就可能变为注重长期利益的均衡。当“囚徒困境”中的囚徒在出狱后还会再次联合作案时，他们就不得不考虑此次出卖同伙会在今后受到同伙惩罚的可能，因而其选择“坦白”的策略就增加了一个额外的成本。这就是本章将要讨论的“重复博弈”。通过无限次重复博弈，可以实现合作，从而改善均衡结果。

重复博弈引人注目的原因是：如“囚徒困境”所显示的，在博弈局势中存在个体理性与集体理性之间的矛盾，帕累托改进得不到实现。在重复博弈中，由于一种局势多次重复，参与者需要考虑长远利益，所以在其中可能会达到比阶段博弈更为理想的结局。

3.2.2　有限次重复博弈

3.2.2.1　有限次重复博弈的定义

定义 3-11（有限次重复博弈）　给定一个基本博弈 G（可以是静态博弈，也可以是动态博弈），重复进行 T 次 G，并且在每次重复 G 之前各参与者都能观察到以前博弈的结果，这样的博弈过程称为“G 的 T 次重复博弈”，记为 $G(T, \delta)$。而 G 则称为 $G(T, \delta)$ 的“原博弈”。$G(T, \delta)$ 中的每次重复称为 $G(T)$ 的一个“阶段”。其中，T 为阶段博弈 G 所重复的次数；考虑到时间的价值，需要引进贴现因子 δ 将未来的收益折算成当前收益的价值。严格讲，贴现因子并不等于贴现率，但贴现因子与贴现率一定是同方向变动的。

对于有限次重复博弈，如果博弈次数少、重复时间较短，可以不考虑贴现因子。在这种情况下，对于有限次重复博弈中，每一次的博弈都有一组结果即支付组合。有限次重复博弈的总支付是该博弈中各参与者在每阶段支付的总和，也可以计算该博弈中各参与者在各阶段支付的平均支付。但对于无限次重复博弈，则必须考虑贴现因子。

对于有限次重复博弈而言，在博弈的每个阶段中，博弈的结果都是阶段博弈的纳什均衡。这一结论可以推广到更一般的博弈中，即如果阶段博弈只有唯一的纳什均衡，则有限次重复博弈的唯一子博弈精炼纳什均衡为参与者在每阶段中都采用阶段博弈的纳什均衡策略。

3.2.2.2　唯一纯策略纳什均衡博弈的有限次重复博弈

定理 3-1　设原博弈 G 存在唯一的纯策略纳什均衡，则对任意正整数 T，重复博弈 $G(T, \delta)$ 有唯一的子博弈精炼纳什均衡，即各个参与者在每个阶段采用原博弈 G 的纳什均衡策略。各参与者在 $G(T, \delta)$ 中的总支付为在原博弈 G 中支付的 T 倍，平均每阶段支付等于原博弈 G 中的支付。

即在有限次重复博弈 $G(T, \delta)$ 中，如果原博弈 G 存在唯一的纯策略纳什均衡，则有限次重复博弈的唯一的子博弈精炼纳什均衡就是各个参与者在每个阶段都采用原博弈 G 的纯策略纳什均衡。因为每个阶段的纳什均衡都是子博弈精炼纳什均衡，即不存在不可置信的威胁和承诺，因此，有限次重复博弈的解也是子博弈精炼纳什均衡。该定理说明了，所有具有唯一纳什均衡的静态博弈构成的重复博弈，都是原博弈的一次性博弈的简单重复和支付相加。

【例 3-7】有限次“囚徒困境”博弈：如果将例 3-1 中的“囚徒困境”博弈重复两次，即以该“囚徒困境”博弈作为原博弈 G 重复两次，这样得到的两阶段动态博弈的均衡结果会如何呢？

该两阶段动态博弈可以理解为先进行第一次博弈后，双方都看到最后结果，然后再进行第二次博弈。由于博弈次数少，不考虑贴现因子，使用逆向归纳法进行求解。

先求第二阶段子博弈的解，该子博弈即为原博弈，支付矩阵见表 3-2。本阶段的纳什均衡解仍是原博弈的解，即（坦白，坦白），支付组合为（-6，-6）。

表 3-2　传统的“囚徒困境”第二阶段

		囚徒 B	
		坦白	抵赖
囚徒 A	坦白	(-6, -6)	(0, -10)
	抵赖	(-10, 0)	(-1, -1)

再回到第一阶段。在双方已知第二阶段的支付组合为（-6，-6）的情况下，双方的最终支付就是将第二阶段的支付（-6，-6）添加到第一阶段的支付矩阵中，即可得到表3-3所列的支付矩阵。本阶段的纳什均衡仍是（坦白，坦白），支付组合为（-12，-12）。

表3-3 传统的“囚徒困境”第一阶段

		囚徒 B 坦白	囚徒 B 抵赖
囚徒 A	坦白	(-12，-12)	(-6，-16)
	抵赖	(-16，-6)	(-7，-7)

从结果上看，重复两次的“囚徒困境”博弈相当于独立地进行两次“囚徒困境”博弈，然后把两个独立博弈的支付相加。对于重复两次的“囚徒困境”博弈，（坦白、坦白）总是该博弈的纳什均衡解。即在有限次重复博弈 $G(T, \delta)$ 中，如果原博弈 G 存在唯一的纯策略纳什均衡，则重复博弈的唯一的子博弈精炼纳什均衡解为各参与者在每阶段都采取的原博弈的纳什均衡解。这意味着在原博弈具有唯一均衡的有限次重复博弈中，由于完全理性的参与者具有“共同知识”的分析推理能力，因此在从最后阶段开始的逆推过程中，仍然无法摆脱“囚徒困境”的低效均衡。

3.2.2.3 多个纯策略纳什均衡博弈的有限次重复博弈

在介绍重复博弈的无名氏定理前，先介绍一下重复博弈中各种支付的概念。原博弈 G 的纳什均衡支付表示为 $\boldsymbol{e}=(e_1, e_2, \cdots, e_n)$。用 ω_i 表示参与者 i 在一次性博弈中最差的均衡支付，则 n 个参与者的最差支付组合可表示为 $\boldsymbol{\omega}=(\omega_1, \omega_2, \cdots, \omega_n)$。参与者 i 的保留支付是指不管其他参与者如何行动，参与者 i 能够保证得到的最大支付。它意味着即使其他参与者试图给参与者 i 最大惩罚时，参与者 i 至少能保证得到的支付，通常以 μ_i 表示参与者 i 的保留支付。个体理性支付是指大于保留支付的支付。这个概念的含义是，如果要一个参与者在重复博弈中有任何兴趣“合作”的话，他从“合作”中得到的支付不应该小于他的保留支付。博弈中所有纯策略组合支付的加权平均（凸组合）数组称为“可实现支付”，表示为 $\boldsymbol{v}=(v_1, v_2, \cdots, v_n)$，其中加权系数非负且总和为1。

定理3-2（有限次重复博弈的无名氏定理） 设原博弈的一次性博弈有纳什均衡支付优于 $\boldsymbol{\omega}$，那么在该博弈的多次重复中，所有不小于个体理性支付的可实现支付，都至少有一个子博弈精炼纳什均衡的极限的平均支付来实现它们。

朱·弗登博格（Drew Fudenberg）和埃里克·马斯金（Eric Maskin）于1986年证明，无名氏定理中的（e_1，e_2，…，e_n）可以用（μ_1，μ_2，…，μ_n）代替。

3.3 无限次重复博弈

在无限次重复博弈中，由于不存在最后一个阶段，无法运用逆向归纳法进行求解，因此对于原博弈具有唯一纳什均衡（如“囚徒困境”博弈）的无限次重复博弈，考虑到时间的价值后，也可以设计出具有可信威胁的触发策略，摆脱“囚徒困境”，达到帕累托最优的博弈结局。

定义3-12（无限次重复博弈） 给定一个基本博弈 G，无限次重复进行博弈 G 的过程

称为 G 的无限次重复博弈，记为 $G(\infty,\delta)$，其中，δ 是各个参与者支付（即未来所得收益）共同的贴现因子。并且，对任意的 t，在进行第 t 阶段（第 t 次重复）博弈之前，所有参与者都能看到前 $t-1$ 阶段博弈的结果。各个参与者在 $G(\infty,\delta)$ 中的支付等于各阶段支付的现值。

如果不考虑时间的价值，在无限次重复博弈累加过程中，几乎所有子博弈路径的总支付都为无穷大，因此无法比较不同路径的优劣。考虑到时间价值，人们更为注重近期的支付，引入贴现因子 δ，将未来阶段的支付折算到当期阶段。这样在无限次重复博弈中，总支付值将是一个有限数，可以加以比较。贴现因子可表示为 $\delta=\frac{1}{1+r}$，其中 r 为以一阶段为期限的市场利率。

给定贴现因子 $0\leqslant\delta\leqslant1$，若无限次重复博弈某一路径的某参与者各阶段支付为 π_1，π_2，π_3，…，则该参与者在该无限次重复博弈中的“总支付”为各阶段博弈中支付的“现值”，即

$$\text{总支付现值}=\pi_1+\delta\pi_2+\delta^2\pi_3+\cdots=\sum_{t=1}^{\infty}\delta^{t-1}\pi_t,\ 0\leqslant\delta\leqslant1 \tag{3-3}$$

如果有一个常数 π，它是无限次重复博弈中每一轮次博弈的平均支付，则

$$\text{总支付现值}=\pi+\delta\pi+\delta^2\pi+\cdots=\frac{\pi}{1-\delta},\ 0\leqslant\delta\leqslant1 \tag{3-4}$$

让式（3-3）和式（3-4）相等，则每轮平均支付为

$$\pi=(1-\delta)\sum_{t=1}^{\infty}\delta^{t-1}\pi_t,\ 0\leqslant\delta\leqslant1 \tag{3-5}$$

当 $\delta\to0$ 时，参与者行动短视化，时间视野往往局限于本期或近期；当 $\delta\to1$，参与者有远见，他充分意识到他现期的行动决策将通过其他参与者的反应影响到他未来的支付，因而试图跨期协调其行动决策。

在博弈是有限次进行的情况下，完全信息重复博弈不可能带来合作行为，因而我们将合作行为的出现寄希望于无限次重复博弈。当然，在现实生活中，博弈应该说都是有限次的，但若参与者不知道博弈会在什么时候结束，每一次阶段博弈之后都有可能再一次博弈，此时参与者实际上认为博弈是可能进行无限次的。无限次重复博弈是对这种情况的一种分析方法。当然，如果是这样理解无限次重复博弈，似乎进入了不完全信息博弈的范围。但在博弈论中，不完全信息一般指参与者不知道其他参与者的支付函数，对于博弈进行的次数一般不假定存在不完全信息。

在无限次重复博弈中，情况与有限次重复博弈中不一样，其中最为著名的结论为“无名氏定理”（Folk Theorem），其意义是如果参与者有足够的耐心，那么任何满足个体理性的可行的支付向量都可以由一种子博弈精炼纳什均衡而实现[4]。

为了说明这一定理，首先引入一系列符号。设阶段博弈 G 为一种 n 人博弈，其中参与者同时选择自己的策略，参与者 i 的纯策略为 α_i，策略空间为 A_i，策略组合空间记为 A，混合策略为 $\sigma_i\in B_i$，支付函数记为 g_i。

在重复博弈中，以 $\boldsymbol{a}^t=(a_1^t,\ a_2^t,\ \cdots,\ a_n^t)$ 记 t 阶段所采取的行动，设博弈开始于阶段 $t=0$，对应阶段 $t\geqslant1$，$\boldsymbol{h}^t=(a^0,\ a^1,\ \cdots,\ a^{t-1})$ 表示 t 阶段以前各阶段实际采取的行动，即

行动历史。记 $H^t=(A)^t$ 为行动历史空间。重复博弈中的纯策略 s_i 为一系列从 h^t 到 α_i 的映射 s_i^t，混合策略 σ_i 为一系列从 h^t 到 a_i 的映射。

无限次重复博弈的支付函数有多种构造方法，最常用的是利用贴现因子折现的方法，其中，每个参与者都以同样的贴现因子 $\delta<1$ 折现未来效用，无限重复博弈，记为 $G(\delta)$，参与者 i 的目标函数为最大化期望效用：

$$u_i = E_\sigma(1-\delta)\sum_{t=0}^{\infty}\delta^t g_i[\sigma^t(h^t)] \tag{3-6}$$

其中，E_σ 表示策略组合 σ 形成的概率分布上的期望，$(1-\delta)$ 为归一化因子，即 $(1-\delta)\sum_{t=0}^{\infty}\delta^t=1$。采用这种支付函数表述的优点在于，可以直接比较阶段博弈与重复博弈的结果。

这里的贴现因子反映了参与者的耐心程度，越接近于1，耐心程度越高。有时候，我们对参与者具有完全耐心的情况感兴趣，也就是 $\delta=1$ 的极限情况，这个时候期望效用表现为按时间平均的阶段收益和极限值，亦即：

$$u_i = E_\sigma \lim\left\{\frac{1}{T}\sum_{t=0}^{T} g_i[\sigma^t(h^t)]\right\} \tag{3-7}$$

这被称为时间平均标准（在以上极限不存在的情况下，可用平均值序列的下确界极限替代）。

在此基础上，可以定义可行支付集合。$\boldsymbol{v}=(v_1, v_2, \cdots, v_n)$ 称为一个可行支付向量，如果它是阶段博弈 G 的纯策略支付的凸组合（即非负权重加权平均），所有可行支付向量组成的集合就是可行支付集合 V。

利用以上符号，无名氏定理可表述如下：

定理 3-3（无限次重复博弈的无名氏定理） 在以 n 人博弈 G 为阶段博弈的无限重复博弈 $G(\infty, \delta)$ 中，如果 α^* 为 G 的一种纳什均衡，其纳什均衡支付为 $\boldsymbol{e}=(e_1, e_2, \cdots, e_n)$。设 $\boldsymbol{v}=(v_1, v_2, \cdots, v_n)$ 为任意可行支付向量，V 为可行支付向量集合，那么，对于满足对任意 $i\in\Gamma$ 有 $v_i>e_i$ 的任意 $\boldsymbol{v}\in V$，存在一个贴现因子 $\delta^*<1$ 使得对于所有的 $\delta\geqslant\delta^*$，$\boldsymbol{v}$ 是一个特定的子博弈精炼纳什均衡的支付向量。

该定理中 $v_i>e_i$，$\forall i\in\Gamma$ 表明支付是具有帕累托效率的。该定理的条件为 $\delta\geqslant\delta^*$，即参与者都比较看重未来长期合作的收益，因此避免了短期行为。不同于有限次重复博弈的无名氏定理，这里并不要求原博弈具有多个纳什均衡。

我们简单介绍其证明思路。假设阶段博弈中存在一种行动组合 $\hat{a}$（并不需要为纳什均衡），阶段支付满足 $g(\hat{a})=\boldsymbol{v}$。考察参与者的以下策略：开始时选择 $\hat{a}$，此后一直保持，直到有人违背，则此后每个参与者都选择 a^*。这种策略被称为是冷酷策略（或触发策略），只要有人违背协议，就永远采用比较差的纳什均衡作为惩罚。由于这里用来威胁的是纳什均衡（阶段博弈纳什均衡的无限重复就是一种子博弈精炼纳什均衡），因此我们只要证明这种策略是纳什均衡，其子博弈精炼性就得到了验证。而只要下式成立，$\hat{a}$ 策略的纳什均衡性就得到建立：

$$(1-\delta)\max_a g_i(a) + \delta e_i < v_i$$

这里左边是改换策略后的最大支付，也就是当前阶段通过改换策略而能够得到的最高支付然后加上此后无限重复阶段纳什均衡得到支付的贴现，右边是保持 $\hat{a}$ 策略不变得到的支付。显然该不等式在 $\delta=1$ 时成立，在 δ 足够接近于 1 时也会成立。因此无限重复 $\hat{a}$ 策略是纳什均衡，根据以上说明，它是子博弈精炼纳什均衡，其支付正好是 $\boldsymbol{v}$。

无名氏定理表明：在无限次重复博弈中，任何一个帕累托有效的可行收益都可通过一个特定的子博弈精炼纳什均衡得到。

根据无名氏定理可知：影响重复博弈均衡结果的主要因素是博弈重复的次数和信息的完备性。

博弈重复次数的重要性来源于参与者在短期利益和长远利益之间的权衡。这是重复博弈分析给出的一个强有力的结果，为现实中观测到许多合作行为和社会规范提供解释。显然，当博弈重复次数较少时，长远利益不太重要，这种影响也就不太大，合作行为就不会出现。但是，令人感到惊讶的是，即使博弈可重复任意次，只要是有限次，合作行为仍然不会出现。这一次又是理性人假定在起作用。因为，最后阶段博弈的结果是可以预知的，并且必然是不合作的，因为对于最后阶段博弈来说，考虑长远利益已无意义。既然最后阶段博弈的结果是预先就明确知道了，之前的行为不会影响最后阶段博弈的结果，因而倒数第二阶段博弈也无须考虑长远利益，所以必然是不合作的。以此类推，我们知道从倒数第一、第二、第三、……直到第一阶段的博弈都是不合作的。看来，要获取合作解，还必须假设博弈是无限次的。当然，这是就完全信息博弈来说的。对于有限次重复博弈来说，当信息是不完全时会出现合作解。

信息的完备性是指当一个参与者的支付函数不为其他参与者所知时，该参与者可能有积极性建立一个“好”的声誉以换取长远利益。这一点可以解释为什么那些本质上并不好的参与者在相当长的时期内干好事。

下面，我们以“囚徒困境”为例子，说明在博弈进行无限次的情况下，合作行为就可能作为子博弈精炼纳什均衡出现。

【例 3-8】无限次“囚徒困境”博弈：走出困境

我们根据表 3-1 给出的“囚徒困境”支付函数来分析当博弈重复无限次时的情形。假定两个囚徒 A 和 B 的贴现因子为相同的常数 δ，博弈重复无限次（在可预见的将来不会结束）。在这种情形下，只要参与者有足够的耐心（即 δ 足够接近 1）时，每个阶段的行动组合为（抵赖，抵赖）将形成一条子博弈精炼纳什均衡的路径。

对应于该均衡结果的均衡是什么呢？下面将证明，当两个参与者都选择所谓“冷酷（触发）策略”时，所得到的子博弈精炼纳什均衡将生成这一结果。冷酷策略是指：（1）在博弈开始选“抵赖”；（2）若之前没有任何一方选“坦白”，就一直选“抵赖”，当之前至少有一方一旦“坦白”，之后永远选“坦白”［“冷酷”是任何一方一次不合作就触发了永远的报复（不合作），这是必要的。因为若事后可以饶恕不合作行为的话，事前就会出现机会主义行为，合作行为就不会出现］。注意，在该策略中，一方自己一旦选了“坦白”，他之后也永远选“坦白”。下面证明两个参与者都选冷酷策略时会构成一个精炼纳什均衡。先证明它们构成一个纳什均衡。

给定囚徒 B 选冷酷策略，可证 A 选冷酷策略是最优的。

若之前没有参与者选“坦白”（包括在博弈开始时），A 若选“坦白”，该阶段得 0 单位支付，但此举将触发 B 之后永远的报复，B 会在之后永远选“坦白”，故之后 A 每阶段支付最多为-6，其总支付至多为

$$0 + (-6)\delta + (-6)\delta^2 + \cdots = \frac{-6\delta}{1-\delta}$$

而当 A 此时选“抵赖”并且之后每阶段都选“抵赖”时，B 之后也会配合，每阶段都选“抵赖”，故此举使其总支付为

$$-1 + (-1)\delta + (-1)\delta^2 + \cdots = \frac{-1}{1-\delta}$$

当$\frac{-6\delta}{1-\delta} \leqslant \frac{-1}{1-\delta}$，即 $\delta \geqslant \frac{1}{6}$时，$A$ 选“抵赖”是最优的。

故当 $\delta \geqslant \frac{1}{6}$时，$A$ 在没有参与者先选“坦白”时会选“抵赖”最优，并且，A 之后每阶段都选“抵赖”是最好的选择。

当 B 在之前已选了“坦白”，则 B 之后会永远选“坦白”，显然，给定 B 在此时及之后永远“坦白”，A 在此时选“坦白”是最优的，且 A 之后每阶段都选“坦白”是最优的。

当 A 在之前选过“坦白”，因 B 此时及之后必然一直选“坦白”，故 A 在此时及之后一直选“坦白”是最优的。

所以，给定 B 选“冷酷策略”，A 选冷酷策略是最优的。由对称性知，当 A 选冷酷策略时，B 选冷酷策略也是最优的。因此，参与者 A 和 B 都选冷酷策略构成一个纳什均衡。下面证明该策略组合还是子博弈精炼纳什均衡。

因为每个阶段博弈是一个静态博弈，因而每个子博弈的开始是从一个阶段博弈开始，且从任一阶段开始的子博弈与原博弈在结构上是相同的。

在冷酷策略纳什均衡中，可将子博弈分为两类，即：

类型 1：之前没有囚徒曾经坦白；

类型 2：之前至少有一个囚徒曾坦白。

对于类型 1，实际上已经证明冷酷策略组合在子博弈上的限制是纳什均衡；

对于类型 2，冷酷策略在子博弈上的限制实际上是两个囚徒都一直选“坦白”，而显然这是一个纳什均衡。

由此证明：当 $\delta \geqslant \frac{1}{6}$，即参与者有足够耐心或足够关注长远利益时，参与者都选冷酷策略构成无限次囚徒困境重复博弈的子博弈精炼纳什均衡，其均衡结果显然就是每阶段都为（抵赖，抵赖），它是帕累托最优的。这样，囚徒们走出了一次性博弈的困境。

如果博弈重复无限次且每个参与者有足够的耐心，任何短期的机会主义行为的所得都是微不足道的，参与者有积极性为自己建立一个乐于合作的声誉，同时也有积极性惩罚对方的机会主义行为。“囚徒困境”实际上刻画了一系列社会、经济乃至各行各业中的不合作行为，因此，对于这些现象，如果将博弈变成无限次重复博弈，则在贴现因子充分大时也可能出现合作均衡。

3.4　基于重复博弈的 P2P 网络资源共享模型

P2P 网络中节点的自私行为极大地降低了系统的可用性，相应解决方案是建立有效的激励机制。在借鉴无限次重复博弈的基础上，并在 P2P 网络参与节点是理性且自私的假设条件下，给出一种基于重复博弈的激励机制，并构建了该模型的有限状态自动机。该模型通过引入对自私节点的惩罚机制，同时制定相关的行为规则，来激励理性节点为使其自身收益最大化而向整个网络贡献资源。仿真结果与分析表明该模型能有效地惩罚自私节点，威慑其放弃自私行为[5]。

3.4.1　基于重复博弈的 P2P 网络资源共享模型描述

在已有基于博弈论的协作分析模型[6,7]中，尽管节点的理性因素已得到了普遍的重视。而且，它们大多考虑根据历史收益记录来平衡节点间的相互贡献，关注于节点对等量回报的理性索取，而忽略了其对将来利益的期望[8]。下面首先分析任意两个节点资源共享收益的“囚徒困境”，然后将其改进，应用到 P2P 网络环境中，并充分考虑端节点对将来利益的期望，制定了相应的行为规范准则作为惩罚自私节点的依据，从而约束自私节点。构建了该激励机制的有限状态自动机，最后的仿真实验证明了该模型的有效性。

1. 任意两个节点资源共享的“囚徒困境”

在 P2P 网络资源共享应用场景中，设 R_i 为网络中节点 i 所能提供的共享资源，$-\alpha_i \cdot R_i$ 为网络中节点 i 提供共享资源的资源消耗，其中 α_i 为资源消耗系数。$S=\{Y, N\}$ 表示节点可供选择的策略集合｛合作，不合作｝。那么任意两节点之间资源共享时收益函数的定义见表 3-4。

表 3-4　两节点之间资源共享的收益函数

		节点 j 合作	节点 j 不合作
节点 i	合作	$(R_j-\alpha_i \cdot R_i,\ R_i-\alpha_j \cdot R_j)$	$(-\alpha_i \cdot R_i,\ R_i)$
	不合作	$(R_j,\ -\alpha_j \cdot R_j)$	(0, 0)

为了使得收益函数具有现实意义，特定如下规则：

规则 3-1　对于任意两个节点 i 和 j，不等式 $R_j-\alpha_i \cdot R_i \geqslant 0$ 成立。即：当两个节点 i 和 j 进行资源共享时，从节点 i 的角度出发其收益函数为 $R_j-\alpha_i \cdot R_i$，该值至少不应该小于零，否则，节点 i 是不会进行资源共享的。

规则 3-2　对于任意的两个节点 i 和 j，若 $R_j \geqslant R_i$，则 $\alpha_j \cdot R_j \geqslant \alpha_i \cdot R_i$。即节点所贡献的资源越多，则该节点消耗越大

在无有效约束的自组织管理下，不协作策略 N 是其最佳选择，即只想占用其他节点资源，而自身不愿作出任何贡献，以期其收益最大化。由此可见，在 P2P 网络中任一节点在策略选择时会陷入集体理性和个体理性相矛盾的“囚徒困境”。然而节点加入 P2P 网络是为了更广泛地利用整个网络的各类资源，同时资源也来源于各个参与节点，那么节点间的不协作策略选择使得 P2P 网络的整体性能极差，这与 P2P 网络的研究目的是相背离的。

上述“囚徒困境”的形成是由于仅考虑了任意两个节点之间资源共享的收益情况。

2. 激励机制

假设 P2P 网络中节点的加入、退出是随机的，该过程属于随机重复博弈模型，它等同于无限次重复博弈；节点进行行为策略选择时是理性且自私的。为了便于分析，假定节点在每个时间段中只与网络中的一个节点进行资源共享（也称为交易），即同时以客户端（使用其他节点资源）、服务器端（提供自身资源）的类型出现，在每次交易过程中，节点所遇到的交易节点在 P2P 网络中是随机的。

规则 3-3 设 $\bar{R}$ 表示整个网络中节点所有能够共享资源量的平均值，对任意节点 i，不等式 $\bar{R}-\alpha_i \cdot R_i \geqslant 0$ 成立。假设节点 i 在每次交易可能是与不同的节点进行资源共享，若是所有节点都采用策略 Y，节点 i 每次收益期望为 $\bar{R}-\alpha_i \cdot R_i$，该值至少不应该小于零，否则，节点加入 P2P 网络是没有任何意义的。

规则 3-4（准入条件） 对于欲加入 P2P 资源共享网络的节点，其所共享出来的资源量必须要超过一个阈值。

由于 P2P 网络的动态性，每个节点的加入、退出是随机的。假设每个节点参与下次博弈的概率为 q。一般来说，理性节点应考虑其总体收益，不能只考虑某次交易的收益，最大化其长期平均收益函数的最优行为策略是依据行为社会规范中行为友好的规定进行策略选择。

设理性的各个节点一直采用合作策略的收益序列为：

$$(\bar{R} - \alpha_i \cdot R_i) + (\bar{R} - \alpha_i \cdot R_i)q + (\bar{R} - \alpha_i \cdot R_i)q^2 + \cdots = \frac{\bar{R} - \alpha_i \cdot R_i}{1 - q} \tag{3-8}$$

考虑到网络中节点由于彼此依赖而产生的协作性，采用 T 个周期的不合作行为进行惩罚，即若一个节点在某一次交易过程中采取了不合作策略，那么在以后 T 个周期内该节点的请求会被网络中其他节点拒绝，而无论以后该节点采取何种策略，以达到惩罚的目的。

设某节点从一次投机可获得的收益序列为：

$$\bar{R} + q^{T+1}[(\bar{R} - \alpha_i \cdot R_i) + (\bar{R} - \alpha_i \cdot R_i)q + (\bar{R} - \alpha_i \cdot R_i)q^2 + \cdots] = \bar{R} + \frac{q^{T+1}(\bar{R} - \alpha_i \cdot R_i)}{1 - q} \tag{3-9}$$

规则 3-5 约定 $\frac{\bar{R}-\alpha_i \cdot R_i}{1-q} \geqslant \bar{R}+\frac{q^{T+1}(\bar{R}-\alpha_i \cdot R_i)}{1-q}$，这样是为了使惩罚策略确实有效。

显然 $q < 1$；那么可以看出，当 q 固定，T 越大，对节点不合作的自私行为惩罚越严厉。经过计算简化，规则 3 - 5 等价于 $\bar{R}(q - q^{T+1}) \geqslant \alpha_i \cdot R_i(1 - q^{T+1})$，在 P2P 网络中，节点必须依赖于其他节点及其合作，q 接近于 1。当 q 趋向于 1 时，规则 3 - 5 可以进一步简化为 $T \geqslant \alpha_i \cdot R_i/(\bar{R} - \alpha_i \cdot R_i)$。因此，只要 $T \geqslant \alpha_i \cdot R_i/(\bar{R} - \alpha_i \cdot R_i)$，惩罚就是充分的。通过惩罚的威胁作用可以阻止 网络中节点的自私行为。

设 $Z = \{0, 1, \cdots, T\}$ 为节点在共享资源过程中友好度状态集合，0 代表节点行为友好，非 0 状态代表节点不友好，数值越大表示节点越不友好，其中 T 是约定的最大值，也就是对节点不合作自私行为的惩罚周期。

规则 3-6（友好度变化规则） 设 $m-1$，m 表示节点 i 的连续两次交易，$z_i \in Z$ 为节点 i 的友好度状态变量，则节点 i 的友好状态值变化规则为：

$$\begin{cases} \text{if 节点采用不合作行为，则 } z_i = T \\ \text{if 节点采用不合作行为，} \begin{cases} z_i(m-1) \leqslant 1\text{，则 } z_i(m) = 0 \\ z_i(m-1) > 1\text{，则 } z_i(m) = z_i(m-1) - 1 \end{cases} \end{cases}$$

通过友好度变化规则可以看出，任意节点的一次不合作行为，需要经历一个友好度恢复期（并且在该时期内必须是合作行为），才能恢复到行为友好状态。在这个友好度恢复期，该节点必须不断提供资源，而“没资格”共享其他节点的资源，即必须经历一个时间为 T 的惩罚周期。根据规则 3-5，只要 $T \geqslant \alpha_i \cdot R_i/(\bar{R} - \alpha_i \cdot R_i)$，节点出于自身收益的考虑，是不会轻易选择不合作的行为的。

3.4.2　重复博弈的有限状态自动机

为了使该重复博弈惩罚机制在 P2P 网络中得到应用，还需要构建相应的有限状态自动机，以便于设计实际的应用系统。设网络中节点集合为 G，对 G 中无限重复博弈的参与者节点 i 来说，重复博弈有限状态自动机是一个五维向量（Q，C，F，q^0，L）。另外，为了达到对自私行为惩罚的威胁作用，设 $z_i \in Z$ 为节点 i 的友好度状态变量。根据先前策略和符号定义，重复博弈有限状态自动机可以形式化描述如下：

重复博弈有限状态自动机是一个五维向量 $M=(Q, C, F, q^0, L)$，其中 $Q=\{q_Y, q_N\}$，其中 q_Y 表示在该状态下，其他节点对节点 i 的本次共享请求将采取合作策略 Y，而 q_N 表示在该状态下，其他节点对节点 i 的本次共享请求将采取不合作策略 N；$C=\{Y, N\}$ 是节点 i 在本次共享交易中所采取的策略 Y 或 N。

F 包括以下转换函数：$f(q_Y \times Y)=q_Y$，且 $z_i=0$；$f(q_Y \times N)=q_N$，且 $z_i=T$；当 $1<z_i<T$ 时，$f(q_N \times Y)=q_N$，且 $z_i=z_i-1$；当 $z_i=1$ 时，$f(q_N \times Y)=q_Y$，且 $z_i=0$。$f(q_N \times N)=q_N$，且 $z_i=T$；$q^0=q_Y$；$L=\{q_Y, q_N\}$。

该博弈的状态转移图如图 3-7 所示。重复博弈有限状态自动机状态转移说明如下：最初，节点 i 在状态 q_Y 下，它将得到其他节点的合作，如果节点 i 一直采取合作策略 Y，它将始终在状态 q_Y。但是一旦节点 i 采取了不合作策略 N，它将经过 T 个状态 q_N，将得不到其他节点的合作，以惩罚节点 i 的自私行为。

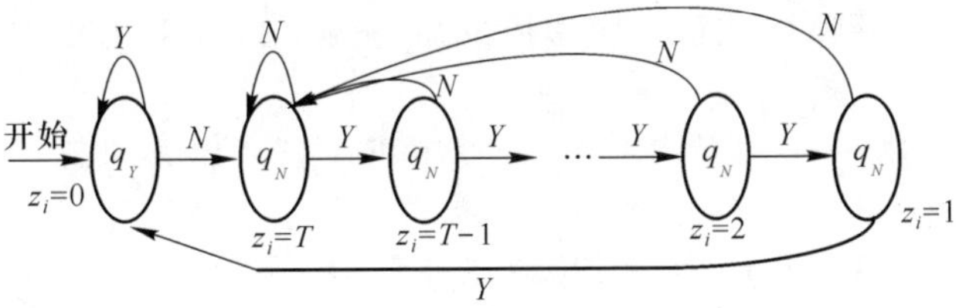

图 3-7　重复博弈有限状态机状态转换图

3.4.3　仿真分析

为对节点收益（即每类节点合作请求被接收次数对总发起合作次数的比率）进行统计，在仿真实验中设定了 3 类节点：自私型、合作型和随机类型（其所采取的策略是随机的），并且每类节点分别为 500 个，每个节点发起 1000 个合作请求。为使统计有意义，便于分析和验证重复博弈惩罚机制是否有效，在仿真初始时每类节点收益均为70%。每类节点每发起100次合作请求就对其收益做一次统计。仿真中，设定重复博弈的惩罚周期 $T=10$。仿真实验结果如图3-8所示。

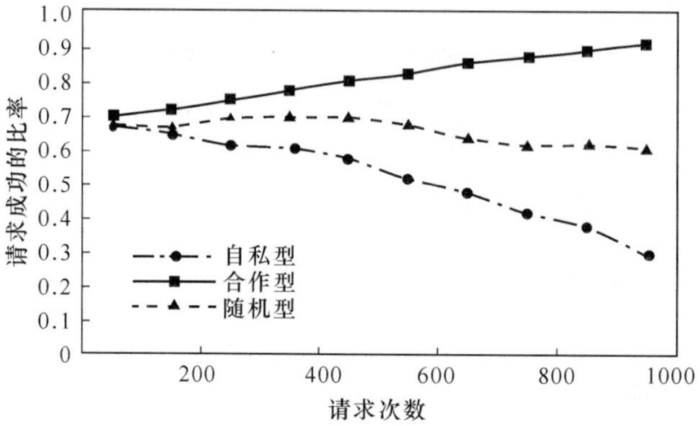

图3-8 重复博弈激励机制仿真实验结果

由图3-8的统计结果可以看出，合作型节点的连接成功率稳步上升；自私型节点的连接成功率快速下降，而随机型节点的连接成功率也是上升和下降不定，但是总的趋势是下降的。仿真结果比较表明，提出的重复博弈激励机制能有效地惩罚节点的自私行为，威慑节点采用合作策略。

参考文献

[1] 黄涛．博弈论教程：理论·应用［M］．北京：首都经济贸易大学出版社，2004.

[2] D. Fudenberg, D. M. Kreps, D. K. Levine. On the Robustness of Equilibrium Refinements［J］. Journal of Economic Theory, 1988, 44（2）：354-380.

[3] R. Selten. A reexamination of the perfectness concept for equilibrium points in extensive games［J］. International Journal of Game Theory, 1975, 4（1）：25-55.

[4] Jean-Franc，ois Mertens, Sylvain Sorin, Shmuel Zamir. Repeated Games［M］. New York：Cambridge University Press, 2015.

[5] 刘浩，卿桐，张连明．一种P2P网络的重复博弈激励机制［J］．计算机工程与应用，2010，46（35）：75-77.

[6] 常俊胜，王怀民，尹刚．一个非结构化P2P网络中基于信誉的激励机制［J］．计算机工程与科学，2009，31（2）：135-140.

[7] 刘洪涛，黄智兴，邱玉辉．P2P资源的拍卖激励机制［J］．计算机科学，2007，34（11）：71-73.

[8] 陆音，石进，谢立．基于重复博弈的无线自组网络协作增强模型［J］．软件学报，2008，19（3）：756-758.

第 4 章　纳什讨价还价博弈

【本章要点】

人们经常要在一种对最优结果缺乏完全一致看法的情形下集体选择一个结果。这就是我们将要介绍的讨价还价博弈（Bargaining Game）。讨价还价博弈是不可转移效用合作博弈的重要一类，在该博弈中，由两个或更多参与者构成的群体面临着一系列可行的结果，在所有参与者的一致同意下，这些结果中的任何一个都将成为博弈结果。在没有产生一致同意的结果的情况下，博弈结果是一个指定的非一致同意结果。如果存在所有参与者都愿意的可行结果，那么大家就有动力去实现该协议；然而，只要有至少两个参与者对于他们最倾向实现的结果无法达成一致，那么就有必要对达成协议的结果进行商讨和谈判。每个参与者有权否决任何不同结果，但无法否决他们不同意的结果，因为任何其他结果都需要一致同意。其核心问题就是通过威慑对方而形成有约束力的协议，并在该协议的约束下最大化自己的效用。

大多数讨价还价问题都具有三个特点：各个参与者都面临共同的结果集合；参与者在讨价还价过程中不会考虑那些比现状更糟糕的结果，即使谈判失败，也会维持现状而不会变得更差；至少有一个讨价还价的结果是各个参与者都有利可图的。本章主要内容包括：4.1 节给出了讨价还价问题及其特点，论述了参与者合作的可能性，以及对两人讨价还价问题进行建模。4.2 节介绍了纳什针对讨价还价给出的纳什讨价还价解，并通过纳什公理证明了纳什讨价还价解，论述了纳什讨价还价解的存在性和唯一性。4.3 节在 4.2 节的基础上，分析了在讨价还价过程中参与者双方的效用比较。4.4 节讨论了当效用可转移时的讨价还价解。4.5 节介绍了卡莱-斯莫罗迪斯基解。4.6 节介绍了纳什讨价还价博弈在认知无线电频谱共享中的应用，证明用纳什讨价还价解得到的均衡分配是最有效的频率分配方案。4.7 节介绍了纳什讨价还价解和卡莱-斯莫罗迪斯基解在功率控制中的应用。

4.1　讨价还价问题

假设参与者 A 拥有一辆二手宝马车，她对这辆车的最低估价为 20 万元（这是参与者 A 愿意卖的最低价格）。参与者 B 对这辆车的估价为 30 万（这是参与者 B 愿意买的最高价格）。如果参与者 A 以 20 万~30 万元的价格把车卖给参与者 B，则参与者 A 和参与者 B 都将获益。这意味着在此场景下，这两个参与者对交易有共同的利益。但同时，他们在车辆的交易价格方面存在利益冲突：卖者（参与者 A）希望以高价格成交，而买者（参与者 B）希望以低价格成交。在任何类似刚才所描述的交易场景中，两个人（或组织）参与了对双方都有利的交易，但在交易条款方面却存在利益冲突的交易情况，就是一种讨价还价场景。

4.1.1 讨价还价的概念和特点

我们不妨先把目光局限于两个参与者之间的讨价还价问题。两个参与者之间有共同的利益要合作，将得到高于每个参与者非合作时的收益，这样就激励参与者进行合作，但在到底如何合作方面却存在着利益冲突。对于每个参与者，除非他本人同意，否则不能对他施加任何协议。

讨价还价中参与者面临的主要问题是，需要明确具体如何合作达成协议。一方面，每一个参与者都希望达成协议而不是谈判失败。但另一方面，每一个参与者都希望尽可能达成对自己有利的协议。这样一来，参与者只有在付出了昂贵的延迟成本后才能达成协议，或者确实无法达成任何协议的情况下，便是谈判失败。

讨价还价是参与者自己试图达成一项协议的过程。这一过程典型的要耗费时间，包含了参与者的相互竞价。如果参与者通过第三方的帮助达成协议，则意味着协议不是通过讨价还价方式达成的（如拍卖）。本书仅讨论讨价还价场景，其中讨价还价的结果完全由讨价还价过程达成。

同时，我们可以假设，对于由两个为共同目的而一起行动的参与者所组成的一个联盟来说，个人不得不置其各自的效用函数于不顾，而创造某个全新的、用于决定他们集体行为的集体效用函数。然而，这样的一个概念方法难以把握，因为我们在博弈论中真正必须把握的是，我们关于每个参与者都是一个智能而又理性的决策者这一假定，而决策者的行为最终是从最大化其个人期望效用支付的目标导出的。因此，我们需要那种不放弃博弈论的个人决策论基础的合作行为模型。

约翰·纳什（John F. Nash Jr.）早在 1950 年即提出讨价还价问题的“纳什谈判解”[1]。这篇文章建立了一般问题模型，并给出公理化求解方法，为后面的公理化讨价还价理论的大量研究铺平了道路。

1951 年，纳什提出研究参与者之间的合作，可利用纳什均衡这一基本概念，而纳什均衡构成了非合作博弈理论所有领域的基础[2]。他认为合作行动是“合作的”参与者之间某种讨价还价过程的结果，并且在这个讨价还价过程中，可以预期每个参与者都应该按照某个讨价还价策略来行动，以满足个体效用最大化的准则，就像在任何其他的博弈局势中一样。也就是说，在任何真实的博弈局势中，如果我们仔细地考察人们为达成一个合作策略的协议而能做些什么的话，那么在原则上，就有可能把它模型化为一个扩展型博弈，然后通过分析这个博弈的均衡集来预测结果。

大多数讨价还价问题都具有三个特点[3]：

（1）各个参与者都面临共同的结果集合（即包含各种可能的谈判方案）；

（2）参与者在讨价还价过程中不会考虑那些比现状更糟糕的结果（即使谈判失败，也会维持现状而不会变得更差）；

（3）至少有一个讨价还价的结果是各方都有利可图的。谈判双方达成协议的总效用比谈判破裂而单独获得的效用之和要大。也就是说，谈判并非零和博弈，会出现整体大于部分之和。尽管各个参与者都尽量让自己得到的多一点，给对方留下的少一点，但是由于存在达不成协议而鱼死网破的风险，因此，各个参与者也都会努力避免对双方都造成损失的做法。

任何讨价还价理论的主要关注点，都是讨价还价结果的效率性质和分配性质。效率性质关乎讨价还价结果为非帕累托效率的可能性，分配性质是将合作的成果如何在参与者之间分配的问题。

4.1.2　两人讨价还价模型

在两人讨价还价的情况下，两个参与者都有机会以多于一种的方式为共同利益而合作。两人讨价还价问题是对收益的分配（或者是共建成本的分摊），我们试图通过下面的分割蛋糕的例子对两人讨价还价问题进行建模。

【例 4-1】两个参与者，即参与者 1 和参与者 2，对分割一块大小为 c 的蛋糕进行讨价还价，其中 $c>0$。可能的协议集合为 $X=\{(x_1, x_2): 0\leqslant x_1\leqslant c$ 且 $x_2=c-x_1\}$，其中 x_i 是参与者 $i\in\{1, 2\}$ 分配的蛋糕份额。如果 $x_1+x_2=c$，则说明双方达成合作协议，按照他们的意愿分蛋糕，否则双方只能带走 0 份额的蛋糕，也就是什么都带不走。对于分割蛋糕的例子而言，“各得一半”是一种大众所最认可的准则，这个准则是双方在相同条件下的简单平均主义。讨价还价博弈的一个特定结果可以用一个二维实数表示，其中，第 i 个数字是第 i 个参考者在本次问题中的效用。对任一 $x_i\in[0, c]$，假设 $u_i(x_i)$ 是参与者从份额 x_i 中得到的效用。其中，参与者 i 的效用函数 u_i：$[0, c]\to\boldsymbol{R}$ 是严格递增且是凹的。如果参与者谈判失败，没有达成合作协议，则参与者 $i\in\{1, 2\}$ 得到的效用为 d_i，且 $d_i\geqslant u_i(0)$。效用对 $d=(d_1, d_2)$ 被称为非协议点（Disagreement Point），是两个参与者在讨价还价过程中谈判的“底线”，少于这个“底线”会导致参与者不愿意合作而使谈判失败。因此，对任意可行的分配，要求存在一个协议 $(x_1, x_2)\in X$，满足 $u_1(x_1)>d_1$ 和 $u_2(x_2)>d_2$，这可以确保至少存在一个互利的合作协议。为了表示方便起见，令 $s_1=u_1(x_1)$，$s_2=u_2(x_2)$ 分别表示两个参与者在当前合作协议下的可行效用，上面的条件可以简化为 $s_1>d_1$ 和 $s_2>d_2$。这样的可行效用对 (s_1, s_2) 形成了一个结果，所有可能的效用对 (s_1, s_2) 构成了可行分配集 S。显然，S 是二维空间 $\boldsymbol{R}^2$ 的一个子集，包含了可能出现的两个极端点 $(c, 0)$ 和 $(0, c)$，其实际含义可以理解为效用这个“大蛋糕”被其中一个参与者全部占有，另一个参与者什么都没有得到。

假设 (s_1, s_2) 和 (t_1, t_2) 是 S 中的两个可行分配方案，两个参与者在这两个方案中随机地选择，(s_1, s_2) 被接受的概率是 $\theta(0\leqslant\theta\leqslant 1)$，接受 (t_1, t_2) 的概率为 $1-\theta$。通过这种随机选择得到的分配方案可表示为 $\theta(x_1, x_2)+(1-\theta)(t_1, t_2)$，这一方案同样可以看作 S 中的一个可行解。当 θ 从 0 到 1 发生变化时，期望分配将从 (t_1, t_2) 向 (s_1, s_2) 变化，也就是要求连接这两点的所有点都在可行分配集 S 中。这就要求可行分配集 S 在数学上是凸集，这一要求在应用中具有其实际意义。比如当两个参与者无法决定使用哪一种分配方案时，通过转轮盘来决定选择哪一种分配方案。当轮盘的两部分面积不同时，期望效用 $\theta(x_1, x_2)+(1-\theta)(y_1, y_2)$ 就是可行分配方案。

对于可行分配集 S 来说，要求它不仅仅是个凸集，还必须是个闭集，即 S 的边界是属于 S 的。这表示 S 中的任何收敛序列将收敛到 S 中的点。假设有一系列分配方案 $(s_1^k, s_2^k)\in S$，$(k=1, 2, \cdots)$，如果当 $k\to\infty$ 时，系列将趋向于一个极限点 (s_1^*, s_2^*)，这一点也应该属于可行分配集 S，否则可能导致该讨价还价问题无解。

讨价还价问题所具有的第 3 个特点中提到，最终每个参与者所得到的份额一定不少于每个参与者非合作时所得到的份额，否则无法达成合作。这个基本的要求就是个体理性要求。如果两个参与者达成合作将分割 c，其分配方案是（s_1，s_2）；而无法达成合作每个参与者能得到的效用表示为（d_1，d_2），即无法达成合作时的分配方案。d_1，d_2 相当于两个参与者在谈判中的"底线"或者谈判的筹码，少于这个底线将使得合作无法进行。对于任意 $s=(s_1, s_2)$，个体理性的要求总成立：$s_1 \geq d_1$，$s_2 \geq d_2$。

接下来，我们对两人讨价还价问题进行严格的数学定义。

定义 4-1 两人讨价还价问题由（S，d）组成，其中可行分配集 S 是 $\boldsymbol{R}^2$ 中的一个紧凸子集（有界闭集称为紧集），$d=(d_1, d_2)$ 是 $\boldsymbol{R}^2$ 中与 S 相对应的非协议点，并且 $Z=S\cap\{(s_1, s_2) \mid s_1 \geq d_1, s_2 \geq d_2\}$ 是非空有界集合，如图 4-1 所示。其中，可行分配集 S 是整个椭圆区域，Z 则是阴影部分，阴影部分的边界称为帕累托边界。

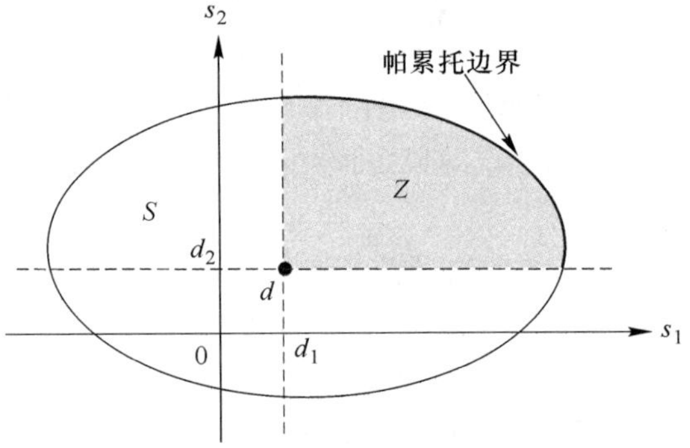

图 4-1 一个讨价还价问题（S，d）

这里必须要说明一点，Z 非空的要求是必须的。当 Z 非空时，说明 S 中至少存在一个分配方案可以使得每个参与者通过合作能获得的效用不会比他们的非协议点差，否则双方没有任何谈判的必要。另外，"有界"意味着上述可行分配方案给参与者带来的效用不可能无限好，否则就失去了讨价还价的意义。

4.2 纳什讨价还价解

在上一节中，我们研究了讨价还价问题，以及对两人讨价还价问题建模。1950 年，约翰·纳什致力于研究两人讨价还价博弈，他给出了一个框架，在该框架下，参与者可以选择唯一可行的结果作为给定博弈问题的"解决方案"。这与之前冯·诺依曼-摩根斯坦恩（von Neumann-Morgenstern）使用的帕累托最优结果截然不同。在这一小节中，我们将主要介绍约翰·纳什提出的框架，采用一种合作博弈的方法对讨价还价的解进行假设，然后探求这样一些假设的逻辑结果，即它们会导致什么样的讨价还价解。结果表明这种方法是十分引人入胜的。

对于讨价还价问题（S，d），我们的目的无非是想从 $S\cap\{(s_1, s_2): s_1 \geq d_1, s_2 \geq d_2\}$ 中找到一个合理的分配方案，或者说从 $\boldsymbol{R}^2$ 中找到一个或者多个分配方案，作为讨价还价问题（S，d）的结果。对讨价还价问题进行谈判，最终得到一个合理的双方都可以接受的分配方案，这一过程就可以看作是讨价还价问题的求解过程。

一般来说，每种讨价还价问题的谈判内容都是不同的。例如，在两个国家之间的贸易谈判中，所关注的可能是一种有争议的商品的关税税率；而一对快要离婚的夫妻谈判的往往是财产的分配问题。为了获得一般性理解，我们不得不把这样的具体问题变成抽象的讨价还价问题来研究。对于什么样的结果是合理的问题，“合理”本身就是一个具有立场性的词语。从不同的角度会有不同的“合理”理由，也就对应着不同的分配方案。如果从参与者各自的立场出发常常会得到不同的方案。我们要探究，是否存在一个放之四海而皆准的讨价还价解，以致它可以应用于非常不同内容的讨价还价问题，而这样的解又到底具有什么性质，等等。一般而言，从人们共同认可的准则出发得到的解，也许最容易被人们接受。正是出于这样的考虑，纳什从公理的角度提出了讨价还价解的概念。

4.2.1　博弈论框架下的两人讨价还价问题

定义 4-2　两个参与者 $i=1,2$ 间的一个讨价还价问题是一个组合（S,d）。其中可行分配集 $S\subset \boldsymbol{R}^2$ 是可行效用组合的集合，$d=(d_1,d_2)$ 是两个参与者在不能达成协议的情形下得到的一个效用组合，称之为非协议点。我们假定 S 是 $\boldsymbol{R}^2$ 中的一个紧凸子集，$d\in S$，并且至少存在一个结果 $s=(s_1,s_2)\in S$ 满足 $s_i>d_i$，$\forall i\in\{1,2\}$。

定义 4-3　用 B 表示所有讨价还价博弈的集合。一个讨价还价解是一个函数 f：$B\to\boldsymbol{R}^2$，它赋予每一个讨价还价问题（S,d）$\in B$ 唯一的一个 S 中的元素。

从以上定义可以看出，一个两人讨价还价问题由三个要素构成：

（1）参与者：参与者 1 和参与者 2；

（2）可行的备选方案：即可行分配集 S。其中包括两个参与者谈判破裂，在不能达成协议情况下的 $d\in S$，以及谈判成功情况下的结果 $s\in S$。$f(S,d)$ 是 S 的一个元素，S 对任何 B 中的（S,d）均成立。也就是说，解决方案是一种规则，在这种规则下，会给每个博弈指定一个该博弈可得的可行效用（或结果）。

（3）每个参与者 $i=1,2$ 在结果集合 S 上定义的效用（支付）。谈判破裂 d 带来的双方效用都是最低的，即对于任意的谈判结果 $s\in S$ 满足 $s_i\geqslant d_i$，$i=1,2$，但至少存在一个谈判结果 $s\in S$ 满足 $s_i>d_i$，$i\in\{1,2\}$。

定义 4-4　如果有 $S'=\{(\alpha_1 s_1+\beta_1,\alpha_2 s_2+\beta_2)\in\boldsymbol{R}^2\mid(s_1,s_2)\in S\}$，我们称（$S',d'$）是由讨价还价问题（$S,d$）通过变换 $s_i'\mid\to\alpha_i s_i+\beta_i$，$d'_i\mid\to\alpha_i d_i+\beta_i$，$i\in\{1,2\}$ 而得到的。不难验证，如果 $\alpha_i>0$，$i=1,2$，则（S',d'）本身就是一个符合定义 4-2 的讨价还价问题。

定理 4-1　如果（S',d'）是通过某种非零系数线性变换从（S,d）得到的，则（S,d）是通过某种线性变换从（S',d'）得到的。

证明：假设（S',d'）是通过变换 $s_i'\mid\to\alpha_i s_i+\beta_i$，$i=1,2$ 从讨价还价问题（S,d）得到的。则（S,d）是通过变换从 $s_i\mid\to\alpha_i' s_i'+\beta_i'$，$i=1,2$ 得到的，其中 $\alpha_i'=1/\alpha_i$ 和 $\beta_i'=-\beta_i/\alpha_i$。

定义 4-5　如果 $d_1=d_2$，且（s_1,s_2）$\in S$ 当且仅当（s_2,s_1）$\in S$，则称讨价还价问题（S,d）是对称的。

4.2.2　纳什公理

之前在这一节的开始我们讨论过合理的问题，为了得到大家共同认可的解，纳什提出了纳什公理。我们将产生纳什讨价还价解的公理称为“纳什公理”，以区别于其他讨价还价解所提出的公理系统。

下面给出如下四个公理：

公理 4-1（等价效用表示的不变性） 假设讨价还价问题（S'，d'）是通过变换 $s_i' \mid \rightarrow \alpha_i s_i+\beta_i$，$d'_i \mid \rightarrow \alpha_i d_i+\beta_i$，$i=1$，2 从讨价还价问题（$S$，$d$）得到的，其中 $\alpha_i>0$，那么 $f_i(S', d')=\alpha_i f_i(S, d)+\beta_i$ 对 $i=1$，2 均成立。

根据等价效用表示的不变性可知，模型分配给参与者的讨价还价的结果不取决于代表每一个参与者偏好的效用函数，只要该函数是符合偏好的。由于 s_i 和 s_i' 归纳出的信息相同，在一些参与者的效用从 s_i 变为 s_i' 时，$f_i(\cdot, \cdot)$ 应给出同样的基本结果。一个两人讨价还价问题（S，d）通过仿射变化映像变成了另一个讨价还价问题（S'，d'）。那么（S，d）的解通过仿射变换映像应该也是（S'，d'）的解，这个从数学上很容易理解。问题在于人们为什么要进行仿射变换。其实我们可以设想，讨价还价问题的仿射变换很可能是收益单位发生变化，这样的变化不足以导致问题的解发生改变。也就是说，对于两个博弈的决策是等价的。举个简单的例子，两家公司之间存在贸易合作并签订了协议，最早是通过美元结算，但是最近转变为以人民币结算，而签订协议时的讨价还价解不会因为货币的改变而改变。

公理 4-2（对称性） 如果讨价还价问题（S，d）是对称的，则 $f_1(S, d)=f_2(S, d)$。

根据定义 4-5 可知，对称性假定说明：如果两个参与者在所有方面都是对称的，讨价还价的结果也一定是对称的。也就是说，博弈的结果给予他们相同的待遇，这一点体现出了分配的公正性。与公理 4-1 一样，公理 4-2 要求讨价还价的结果仅依赖于模型所包含的信息。特别地，如果（S，d）是对称的博弈，那么它所提供的信息无法把参与者区分开来。

公理 4-3（帕累托效率） 假设（S，d）是一个讨价还价问题，如果有 $s\in S$ 和 $t\in S$，且 $t>s$，则 $f(S, d)\neq s$。

这里，$s=(s_1, s_2)$，$t=(t_1, t_2)$，$t>s$ 意味着 $t_1>s_1$ 且 $t_2>s_2$，即满足个体理性。根据帕累托效率假定，博弈的解一定来自可行分配集，且在可行分配集中没有任何一个比博弈的解更优的解。公理 4-3 也可以表述为“讨价还价问题的解落在帕累托边界上”，即如图 4-1 中 S 边界上用粗线描述的部分。公理 4-3 表明：虽然讨价还价的结果可能与双方的谈判技巧相关，但两个参与者讨价还价的结果必须落在该边界上，双方谈判的内容只是决定究竟选择该边界上哪一点而已。

公理 4-4（不相关选择的独立性） 考虑两个讨价还价问题（S，d）和（T，d）。如果 $S\subset T$，且 $f(T, d)\in S$，那么，$f(S, d)=f(T, d)$。

公理 4-4 说明：考虑任意的讨价还价问题（T，d），记它的解为 s，通过去掉 T 中某些不同于 s 和 d 的效用函数对而生成 S（即 S 是 T 的子集），这个新的讨价还价问题（S，d）的解将一定与原问题相同。正如 $f_i(\cdot, \cdot)$ 所定义的那样，讨价还价的结果仅取决于结果和非协议点的关系，而不取决于可行分配集的其他选择。公理 4-4 构建了一个博弈过程，该过程可通过对原始可行选择集 T 的第一次缩小开始，将该集合缩小至更小的 S 集合而不改变结果。即去掉那些参与者不会在讨价还价过程中被选择为解的可行效用对（但不能去掉非协议点），一定不会改变纳什讨价还价解。被去掉的可行效用对称为不相关选择。如图 4-2 所示，点 N 表示纳什讨价还价解，可行分配集是 S_1，那么它必然也是从图 4-1 中的可行分配集 S 中去掉阴影线表示的区域 X 和 Y 后剩下的可行分配集 S_1 的解。公理 4-4 使我们能够考察许多本质上是相同的讨价还价问题。

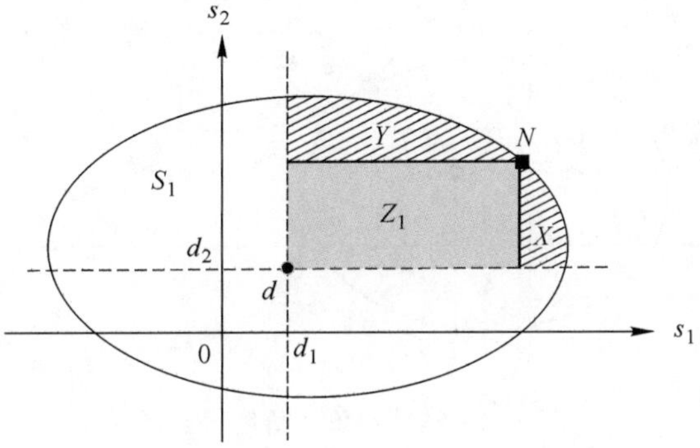

图 4-2　不相关选择的独立性示意图

纳什说明上述 4 个公理给讨价还价问题定义了一个唯一的结果。下面首先给出这 4 个公理如何确定一个唯一的讨价还价结果的基本思路。公理 4-3 保证了讨价还价结果是有效率的，即位于 S 的帕累托前沿上。公理 4-2 和公理 4-3 一起决定一个对称讨价还价问题的讨价还价结果。根据公理 4-1，对称讨价还价问题就可以转换为一种非对称讨价还价问题，其中效用组合是原问题的效用组合的仿射变换。最后，公理 4-4 使我们将任何的非对称的讨价还价问题与某个对称的讨价还价问题联系起来，这个对称问题是通过在原有问题中增加“劣”的选择而得到不相关的效用组合构造出来的。由于该对称的讨价还价问题已经有解，故非对称的讨价还价问题也有解了。结果表明这 4 个公理正好足以保证在所有的讨价还价问题中有唯一的一个结果。

4.2.3　纳什讨价还价解

对于例 4-1 给出的讨价还价问题（S，d），固定参与者 1 的一个任意效用 s_1，其中 $s_1 \in (u_1(0),\ u_1(c))$。从 $u_1(x_1)$ 的严格单调性中，得出存在着唯一份额 $x_1 \in [0,\ c]$，满足 $u_1(x_1)=s_1$。即 $x_1=u_1^{-1}$（s_1），其中 $u_1^{-1}(\cdot)$ 表示 $u_1(\cdot)$ 的反函数。因此，$g(s_1) \equiv u_2[c-u_1^{-1}(s_1)]$ 是当参与者 1 获得的效用为 s_1 时参与者 2 获得的效用。直接得出 $S=\{(s_1,\ s_2) \mid u_1(0) \leqslant s_1 \leqslant u_1(c)$ 且 $s_2=g(s_1)\}$，即 S 是函数 g：$[u_1(0),\ u_1(c)] \to \boldsymbol{R}$ 的曲线。

以上描述的讨价还价场景下的纳什讨价还价解（Nash Bargaining Solution，NBS），是以下最大化问题的唯一的一对效用解，用（s_1^{N}，s_2^{N}）表示：$\underset{(s_1,s_2)\in\Theta}{\operatorname{argmax}}\ (s_1-d_1)(s_2-d_2)$，其中：

$$\begin{aligned}\Theta &= \{(s_1,\ s_2) \in S \mid s_1 \geqslant d_1 \text{ 且 } s_2 \geqslant d_2\} \\ &= \{(s_1,\ s_2) \mid u_1(0) \leqslant s_1 \leqslant u_1(c),\ s_2 = g(s_1),\ s_1 \geqslant d_1 \text{ 且 } s_2 \geqslant d_2\}\end{aligned} \tag{4-1}$$

上述最大化问题有唯一解，因为被称作纳什积的最大化目标 $(s_1-d_1)(s_2-d_2)$ 是连续且严格拟凹的，$g(\cdot)$ 是严格递减且凹的（由下面的定理给出），且集合 Θ 是非空集。图 4-3显示了纳什讨价还价解。

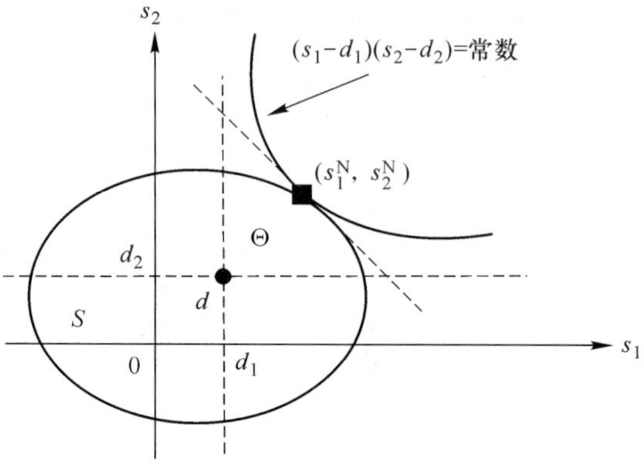

图 4-3　纳什讨价还价解示意图

定理 4-2　$g(\cdot)$ 是严格递减且凹的。

证明： 首先证明 $g(\cdot)$ 是严格递减的。固定参与者 1 的任意效用 s_1 和 t_1，满足 $s_1>t_1$，其中 s_1 和 t_1 的取值范围均满足 $[u_1(0),\ u_1(c)]$。因为 $u_1(\cdot)$ 是单调且严格递增的，所以 $u_1^{-1}(\cdot)$ 也是严格递增的，有 $u_1^{-1}(s_1)>u_1^{-1}(t_1)$。这意味着 $c-u_1^{-1}(s_1)<c-u_1^{-1}(t_1)$。由于 $u_2(\cdot)$是严格递增的，因此，$g(s_1)<g(t_1)$，证明 $g(\cdot)$ 是严格递减的。

下面证明 $g(\cdot)$ 是凹的。固定参与者 1 的任意效用 s_1 和 t_1，满足 $s_1>t_1$，其中 s_1 和 t_1 的取值范围均满足 $[u_1(0),\ u_1(c)]$，对于任意的 $\alpha\in[0,\ 1]$，由于 $u_2(\cdot)$ 是凹的，则有：

$$u_2(x_2^3)\geqslant \alpha u_2(x_2^1)+(1-\alpha)u_2(x_2^2) \tag{4-2}$$

其中，$x_2^1=c-u_1^{-1}(s_1)$，$x_2^2=c-u_1^{-1}(t_1)$，$x_2^3=\alpha[c-u_1^{-1}(s_1)]+(1-\alpha)[c-u_1^{-1}(t_1)]$。而且，因为 $u_1^{-1}(\cdot)$ 是凸集，所以，当 $v_1=\alpha s_1+(1-\alpha)\ t_1$ 时，$u_1^{-1}(v_1)\leqslant\alpha u_1^{-1}(s_1)+(1-\alpha)u_1^{-1}(t_1)$。因此可以得出：

$$c-u_1^{-1}(v_1)\geqslant x_2^3 \tag{4-3}$$

因为 $u_2(\cdot)$ 是严格递增的，所以从式（4-2）和式（4-3）可以看出，$g(v_1)\geqslant\alpha g(s_1)+(1-\alpha)g(t_1)$，这就证明了 $g(\cdot)$ 是凹的。

定理 4-3（纳什讨价还价解的存在性和唯一性）　对于满足 $f(S,\ d)=\underset{(s_1,s_2)\in\Theta}{\operatorname{argmax}}\ (s_1-d_1)(s_2-d_2)$ 且 $\Theta=\{(s_1,\ s_2)\in S\mid s_1\geqslant d_1$ 且 $s_2\geqslant d_2\}$ 的讨价还价问题 $(S,\ d)$，其讨价还价解 f：$B\to\boldsymbol{R}^2$ 存在且唯一的充要条件是满足公理 4-1～公理 4-4。

也就是说，令 B 为讨价还价问题的集合。一个讨价还价解是一个把每一讨价还价问题 $(S,\ d)\in B$ 和一个特殊的结果 $(s_1^N,\ s_2^N)=f(S,\ d)=\underset{(s_1,s_2)\in\Theta}{\operatorname{argmax}}\ (s_1-d_1)(s_2-d_2)$ 联系起来的函数 f：$B\to\boldsymbol{R}^2$。

证明： 我们分三步来完成证明。

(1) 首先，我们验证 f 是定义完整的。集合 $\{s\in S\text{：}s\geqslant d\}$ 是紧集（有界闭集），并

且由 $H(s_1, s_2)=(s_1-d_1)(s_2-d_2)$ 定义的纳什积函数 H 是连续的，所以对于定义 f 的最大化问题有解。进而 H 在 $\{s\in S: s\geqslant d\}$ 上是严格拟凹的，根据高等代数课程学过的结论：严格拟凹函数有唯一最优解（最大值）。因此，f 的最大化问题的解是唯一的。纳什讨价还价解是一个选择唯一使得收益的几何平均最大的函数，参与者通过达成一致而非满足不合作的结果来实现该收益。严格来讲，几何平均是 $\sqrt{s_1-d_1}\sqrt{s_2-d_2}$，因此我们实际考虑的是 2 阶几何平均。但是差别并不重要，因为几何平均和它的 2 阶几何平均的最大化点是相同的。

（2）接下来我们要检验 f 满足 4 个公理。

公理 4-1：如果（S'，d'）和（S，d）如公理所述，则 $s'\in S'$ 当且仅当 $s\in S$ 存在满足 $s_i'=\alpha_i s_i+\beta_i$，$i=1$，2。对于这样的效用组合 s 和 s'，我们有

$$(s_1'-d_1')(s_2'-d_2')=\alpha_1\alpha_2(s_1-d_1)(s_2-d_2)$$

所以，（s_1^*，s_2^*）在 S 上最大化 $(s_1-d_1)(s_2-d_2)$，当且仅当（$\alpha_1 s_1^*+\beta_1$，$\alpha_2 s_2^*+\beta_2$）在 S' 上最大化 $(s_1'-d_1')(s_2'-d_2')$。

公理 4-2：如果（S，d）是对称的且（s_1^*，s_2^*）在 S 上最大化 H。则由于 H 是一个对称函数，（s_2^*，s_1^*）也在 S 上最大化 H。因为最大化点是唯一的，就有 $s_1^*=s_2^*$。

公理 4-3：因为 H 对于其每个变量都是严格递增的，如果对于 $i=1$，2 存在 $t\in S$ 满足 $t_i>s_i$，s 就不会在 S 上最大化 H。

公理 4-4：如果 $T\supset S$ 和 $s^*\in S$ 在 T 上最大化 H，则 s^* 也在 S 上最大化 H。

（3）最后，我们证明 f 是满足这四个公理的唯一的讨价还价解。假设 g 是满足这 4 个公理的某个讨价还价解，我们将证明 $f=g$，即设（S，d）是任意的一个讨价还价问题，我们需要证明 $f(S, d)=g(S, d)$。

第一步：设 $f(S, d)\equiv z$。由于 $s\in S$ 存在使得 $s_i>d_i$，$i=1$，2，则有 $z_i>d_i$，$i=1$，2。设（S'，d'）是从（S，d）通过变换 $s_i\mid\to\alpha_i s_i+\beta_i$ 得到的讨价还价问题，使得 $d'=0$ 和 $f(S',d')=(1/2, 1/2)$，即 $\alpha_i=\dfrac{1}{2(z_i-d_i)}$ 和 $\beta_i=-\dfrac{d_i}{2(z_i-d_i)}$，$d_i'=\alpha_i d_i+\beta_i=0$，$\alpha_i f_i(S, d)+\beta_i=\alpha_i z_i+\beta_i=1/2$，$i=1$，2。因为 g 和 f 都满足公理 4-1，我们有 $g_i(S', 0)=\alpha_i g_i(S, d)+\beta_i$ 及 $f_i(S', 0)=\alpha_i f_i(S, d)+\beta_i$，$i=1$，2。因此 $f(S, d)=g(S, d)$，当且仅当 $f(S', 0)=g(S',0)$。由于 $f(S', 0)=(1/2, 1/2)$，只要证明 $g(S', 0)=(1/2, 1/2)$，便可得证。

第二步：我们指出 S' 不含有满足 $s_1'+s_2'>1$ 的点（s_1'，s_2'）。否则，设 $(t_1, t_2)=((1-\varepsilon)/2+\varepsilon s_1', (1-\varepsilon)/2+\varepsilon s_2')$，其中 $0<\varepsilon<1$。由于 S' 是凸的，点（t_1，t_2）在 S' 中；但是对于充分小的 ε，我们有 $t_1t_2>1/4$（并且因此有 $t_i>0$，$i=1$，2），这与事实 $g(S', 0)=(1/2, 1/2)$ 相矛盾。

第三步：因为 S' 是有界的，第二步的结果保证了我们能够找到一个矩形 T，它对于 45°线是对称的，并且包含了 S'，在它的边界上就是 $(1/2, 1/2)$（如图 4-4 所示）。

第四步：由公理 4-2 和公理 4-3 我们有 $g(T, 0)=(1/2, 1/2)$。

第五步：由公理 4-4 我们有 $g(S', 0)=g(T, 0)$，使得 $g(S', 0)=(1/2, 1/2)$。

我们称 $f(S, d)$ 为讨价还价问题（S，d）的讨价还价解，且在图 4-5 中给出了它的图像。

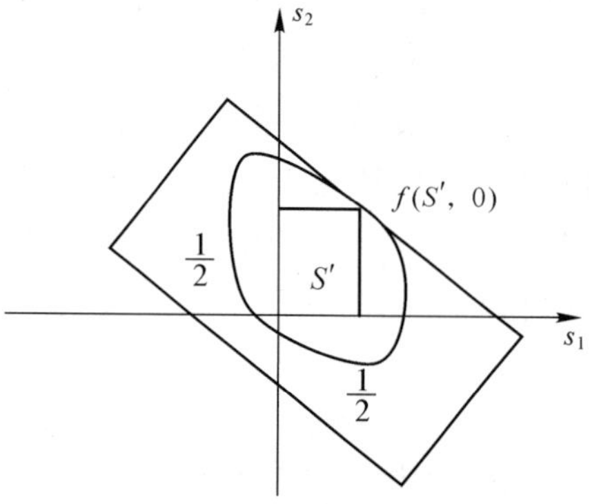

图 4-4 证明中的集合 S'和 T

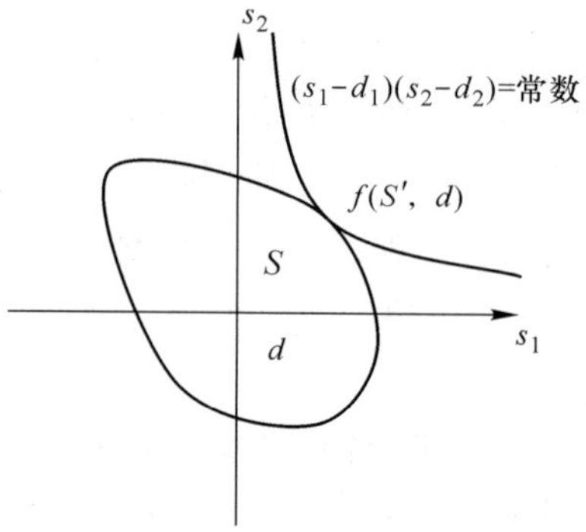

图 4-5 讨价还价问题（S，d）的纳什均衡解

如果把公理 4-1 去掉而重新限定公理集，那么就可以证明一个更为一般的结论[4]。

定理 4-4（罗什讨价还价解） 如果讨价还价解满足公理 4-2～公理 4-4，那么便存在如下的唯一结果：$(s_1^*,\ s_2^*)=f(S,\ d)=\underset{(s_1,s_2)\in\Theta}{\operatorname{argmax}}\ (s_1-d_1)^{\alpha}(s_2-d_2)^{\beta}$，其中，$\alpha>0$，$\beta>0$ 且$\alpha+\beta=1$，$\Theta\equiv\{(s_1,\ s_2)\in S:\ s_1\geqslant d_1$ 且 $s_2\geqslant d_2\}$。如果讨价还价解也满足公理 4-1，那么 $\alpha=\beta=1/2$。

现在的乘积是一般化了的纳什积。该定理描述了非对称的纳什讨价还价解。参数 α 和 β 可被看作参与者讨价还价的力量。参与者讨价还价的力量越大，我们运用非对称的纳什讨价还价解时他所得的份额也就越大。纳什仅考虑了两位参与者有同等的讨价还价力的情况。

这一定理表明，纳什讨价还价问题的解可通过求解一个最优化问题来找出。

定理 4-5 在以上描述的讨价还价博弈中，如果 $g(\cdot)$ 是可微的，则纳什讨价还价解就是以下一组方程的唯一解[5]：$g'(s_1)=-\dfrac{s_2-d_2}{s_1-d_1}$和 $s_2=g(s_1)$。其中，$g'(\cdot)$ 代表$g(\cdot)$ 的导数。

证明：因为纳什讨价还价解满足 $s_1^N>d_1$ 和 $s_2^N>d_2$，可以通过找到使 $(s_1-d_1)(s_2-d_2)$ 最大化的 s_1 值来刻画此解的特征。该定理可以从一阶条件中直接得出。

定理 4-6 在以上描述的讨价还价博弈中，如果 $g(\cdot)$ 是可微的，则参与者 1 在纳什讨价还价解中获得的蛋糕份额 x_1^{N} 是下列方程的唯一解：$\dfrac{u_1(x_1)-d_1}{u'_1(x_1)}=\dfrac{u_2(c-x_1)-d_2}{u'_2(c-x_1)}$，且参与者 2 在纳什讨价还价解中的份额为 $x_2^{\mathrm{N}}=c-x_1^{\mathrm{N}}$。

证明：对 $g(\cdot)$ 关于 s_1 求导，以及利用 $s_i=u_i(x_i)$ 以及 $x_i=u_i^{-1}(s_i)$ 后，可以直接从定理 4-5 中得到以上结果。

4.3 讨价还价双方的效用比较

回顾一下，两人讨价还价问题具有这样一个特点：至少有一个讨价还价的结果是各方都有利可图的。谈判双方达成协议的总收益比谈判破裂而单独获得的收益之和要大。尽管各参与者都尽量让自己得到的多一点，给对方留下的少一点，但是由于存在达不成协议而鱼死网破的风险，因此，各方也都会努力避免对双方都造成损失的做法。对于分蛋糕的例子而言，常见的方法是平均主义，用数学公式表示就是 $s_1-d_1=s_2-d_2$，其中 s_1 和 s_2 分别是双方达成合作后所能分得的蛋糕份额，即双方的效用；d_1 和 d_2 分别是双方无法达成协议时分得的蛋糕份额，这个例子中 $d_1=d_2=0$。纳什讨价还价解 $s=(s_1, s_2)$ 需要满足 $s_1+s_2=c$ 且纳什积 s_1s_2 最大，则 $s_1=s_2=\frac{c}{2}$，这一解体现了平均主义思想，也是绝大多数参与者能够接受的准则。当然这种绝对平均主义不一定是最合理最切合实际的，比如对于蛋糕有的人喜欢吃有的人不太喜欢，对于这种情况喜欢的人分七成，不喜欢的人分三成，也许反而达到了皆大欢喜的效果。这种分配方式就是一种加权平均分配，将上面的公式改写：存在一对常数 $\lambda_1>0$，$\lambda_2>0$ 使得 $\lambda_1(s_1-d_1)=\lambda_2(s_2-d_2)$。当 $\lambda_1\neq\lambda_2$ 时，这种分配方式就是一种不同于绝对平均主义的加权平均。

对于平均主义而言，更多地从参与者的角度出发，从保证自身效用的前提下进行合作，而忽视了整体的效用。与此相反的另一种效用比较是强调集体的效用，称为功利主义。这种效用主要强调集体效用的重要性，一定程度上降低对个体效用的重视程度，为了集体效用甚至可以牺牲个体效用。这里的牺牲不一定是要损害个体效用，更可能的是参与者的个体效用的增长速度不如集体效用的增长速度。例如非合作博弈中的两个例子，古诺双寡头垄断竞争是强调个体效用，与之对应的卡特尔模型则更多地强调集体效用。

对于两人讨价还价问题（S，d），功利主义解就是在 S 中寻求一个分配 s，使得 $s_1+s_2=\max\limits_{y\in S}(y_1+y_2)$，通过仿射变化 $L(y)=(\lambda_1y_1+\gamma_1, \lambda_2y_2+\gamma_2)$，其中 $\lambda_1>0$，$\lambda_2>0$ 且 $\lambda_1\neq\lambda_2$，得到的两人讨价还价问题（$L(S)$，$L(d)$），其中功利主义解 $L(z)(z=(z_1, z_2)\in S)$ 应当满足 $\lambda_1z_1+\gamma_1+\lambda_2z_2+\gamma_2=\max\limits_{y\in S}(\lambda_1y_1+\gamma_1+\lambda_2y_2+\gamma_2)$，因为 γ_1，γ_2 是常数，所以相当于在 S 中寻找一个分配（z_1，z_2）使得 $\lambda_1z_1+\lambda_2z_2=\max\limits_{y\in S}(\lambda_1y_1+\lambda_2y_2)$，$L(z)$ 是讨价还价问题($L(S)$，$L(d)$）的功利主义解。

只要是两人讨价还价问题，就不可避免地存在两个参与者之间关于效用的比较，尽管我们假设参与者都是理性且尽可能使得自己的效用最大化，但是参与者的效用比较本身就会形成一种激励。考虑参与者之间效用比较，是通过平均主义还是功利主义，是有一定的区别。但是，当两人讨价还价问题（S，d）是实质性的，一定存在一个 λ，使得（S，d）的平均主义解也是功利主义解。我们称这样的 λ 为（S，d）的自然刻度因子。只要（S，d）是实质性的（即合作有着美好前景，并且对双方都有利），那么存在这样一个解，它既考虑到局中人的利益均等，又考虑到某种程度上的共同利益最大化。实际上，这个自然刻度因子下的解，就是纳什讨价还价解。纳什讨价还价解不仅仅是依靠纳什公理体系，同时也将理性参与者的利益均等与集体利益达到帕累托最优这两件事情融合在一起，结果通过下面定理阐释。

定理 4-7　设（S，d）是一个实质性的两人讨价还价问题，S 中的分配 s（$s\geqslant d$）是（S，d）的纳什讨价还价解，当且仅当，存在正数 $\lambda_1>0$ 和 $\lambda_2>0$，使得 $\lambda_1(s_1-d_1)=\lambda_2(s_2-d_2)$ 和 $\lambda_1s_1+\lambda_2s_2=\max\limits_{y\in S}(\lambda_1y_1+\lambda_2y_2)$ 同时成立[6]。

需要指出的是：纳什讨价还价解针对的是两个参与者的效用分配，而不是他们的货币分配。

4.4 可转移效用的讨价还价解

合作博弈强调效用分配，效用根据类型分为“可转移”和“不可转移”两种，因此合作博弈实际就是对这两类不同的效用分别进行研究。对于两人讨价还价问题这种最简单的合作博弈，也存在着两类效用的处理。

本节主要考虑可转移效用的讨价还价问题。可转移效用，通常假定存在一种商品，在现实中表现为货币，其可以在参与者之间自由地相互转移，任何一个参与者多得到一个单位的货币，就是使得他的效用多增加一个单位。因而在可转移效用的合作博弈中，假定每个参与者的效用函数是关于“商品”（货币）的线性函数。当参与者的效用函数不是线性时，该博弈就是不可转移效用的。

设（S，d）是一个可转移效用的两人讨价还价问题，以 d_{12} 表示由两个参与者可能共同实现的最大可转让“货币”量，则可行分配集 S 通常具有这样的形式：$S=\{(y_1,y_2)\in \boldsymbol{R}^2: y_1+y_2\leqslant d_{12}\}$。其中 d_{12} 就是可能做大的“蛋糕”，讨价还价就是对参与者分得多少“蛋糕”进行谈判。如果谈判未达成协议，双方无法合作，d_{12} 也就没有什么作用，大家就只能接受未达成协议时的分配方案（d_1，d_2）。关于（S，d）的描述有了三个“实质性”的数：d_{12}，（d_1，d_2）。显然，博弈的最优解应该位于由 $y_1\geqslant d_1$，$y_2\geqslant d_2$ 与 $y_1+y_2\leqslant d_{12}$ 所围成的区域中，而纳什讨价还价解应该位于帕累托边界 $y_1+y_2=d_{12}$ 上，如图 4-6 所示。

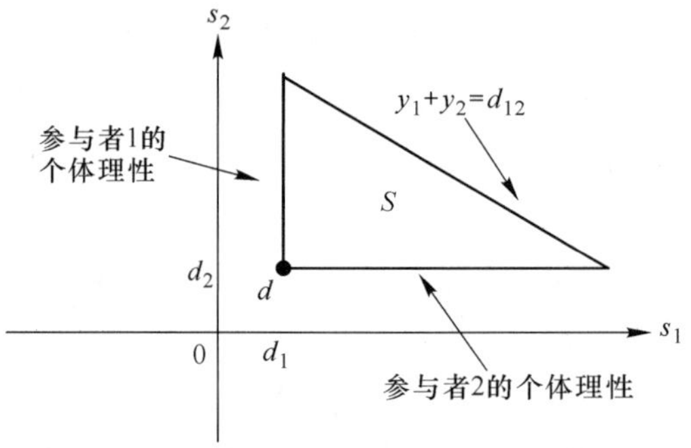

图 4-6　两人纳什讨价还价解的可能区域

在图 4-6 中，纳什讨价还价解应该位于直线 $y_1+y_2=d_{12}$ 与双曲线 $(y_1-d_1)(y_2-d_2)=c$ 相切的切点，显然该切点的坐标形式为（y_1，$d_{12}-y_1$），由一阶条件可得：

$$\frac{\mathrm{d}}{\mathrm{d}y_1}(y_1-d_1)(d_{12}-y_1-d_2)=d_{12}-y_1-d_2-(y_1-d_1)=0 \tag{4-4}$$

得到：

$$y_1=\frac{1}{2}(d_{12}+d_1-d_2),\ y_2=\frac{1}{2}(d_{12}+d_2-d_1) \tag{4-5}$$

这个纳什讨价还价解仅可对可转移效用的两人讨价还价问题成立，当效用不可转移时，S 的右上边界不是 $y_1+y_2=d_{12}$，其解自然不具有式（4-5）的形式。

通过这个解我们可以推断出一些生活中的熟知的事实，参与者为提高效用一般会做两件事情：一是提高自己的“底线”；二是尽可能减少对方讨价还价的“底线”。显然，非协议点（d_1，d_2）将直接影响讨价还价的最后结果。

非协议点（d_1，d_2）如何确定呢？有时候，他是自然生成的。例如，两人分蛋糕的博弈，按照游戏规则，如果两个人无法达成合作协议，则有$(d_1, d_2)=(0, 0)$。

在许多场景中，如果双方无法达成合作协议，则可能进入一场非合作博弈。如果这个非合作博弈存在唯一的纳什均衡，那么相应的非合作博弈的纳什均衡解作为非协议点应该是合理的选择。非协议点的确定通过谈判前的某种对抗与冲突得以解决，体现了一个从非合作到合作的博弈过程。

4.5　卡莱-斯莫罗迪斯基解

纳什讨价还价解是根据纳什提出的公理体系而得出的唯一解，公理能获得许多人的认可，但是未必能使所有人完全信服，对公理本身可能会存在争议。例如，纳什公理体系中的“不相关选择的独立性”就受到了卡莱（Ehud Kalai）和斯莫罗迪斯基（Meir Smorodinsky）[7]的批评。他们提出，将纳什讨价还价博弈中的“不相关选择的独立性”公理替换为“单调性”公理，将会产生一个新的两人讨价还价解。下面首先给出“单调性”公理。

公理 4-5（单调性）　令 $m_i(S, d)=\max\limits_{y\in S, y\geqslant d}\{y_i\}$ 表示在讨价还价博弈（S，d）中参与者 $i(i\in\{1, 2\})$ 在满足个体理性的可行分配集中可能得到的最大收益，也称为参与者 i 的个体理想值。两个参与者的个体理想值所构成的点称为“理想点”。假设（S，d）和（T，d）是两个两人讨价还价问题，并且 $S\subseteq T$，$(m_1(S, d), m_2(S, d))=(m_1(T, d), m_2(T, d))$，那么 $f(S, d)\leqslant f(T, d)$。

该公理指出，对于两个两人讨价还价问题（S，d）和（T，d），其中 $S\subseteq T$，如果一个参与者（假设参与者 1）在（S，d）和（T，d）中满足个体理性的分配范围完全相同，并且对参与者 1 的任何一个满足个体理性的可行分配，另一个参与者（即参与者 2）在（T，d）可能得到的最高分配效用值不会小于他在（S，d）中所能得到的最高效用值，那么参与者 2 在（T，d）中讨价还价的结果就不应该比他在（S，d）中的讨价还价结果差。单调性的合理性毋庸置疑。但是，由于纳什公理体系中没有“单调性”要求，所以纳什讨价还价解有可能会违背“单调性”。这是卡莱和斯莫罗迪斯基提出单调性的主要原因。

卡莱和斯莫罗迪斯基证明了存在一个点，并且也只有一个点满足等价效用表示的不变性、对称性、帕累托效率和单调性公理。

定理 4-8（卡莱-斯莫罗迪斯基解）　对于满足公理 4-1、4-2、4-3 和 4-5 的讨价还价问题（S，d），其讨价还价解存在且唯一，可表示为（μ_1，μ_2），简称 K-S 解。该解位于理想点（$m_1(S, d)$，$m_2(S, d)$）与非协议点 d 的连线与帕累托边界的交点，是满足下面等式的点（μ_1，μ_2）：

$$\frac{\mu_2-d_2}{\mu_1-d_1}=\frac{m_2(S, d)-d_2}{m_1(S, d)-d_1} \tag{4-6}$$

式（4-6）表明：每个参与者在非协议点之上的效用所得是他在理想点最大效用水平

上的一个百分比。其中百分比的因子对两个参与者都一样，并且它的值是最大的，其约束条件是 K-S 解属于讨价还价集。若两个参与者对于非协议点平均分配所得，即 $\mu_1^* - d_1 = \mu_2^* - d_2$，则 K-S 解退化为平均主义解。

4.6 纳什讨价还价博弈在认知无线电频谱共享中的应用

近年来，随着移动通信的飞速发展，通信频谱资源变得尤为紧张。事实上，在许多频段上，频谱接入是比频谱物理稀缺更重要的问题。由于现有的频谱授权机制采用固定的频谱分配，使得频谱利用率低，造成大量频谱资源浪费。而认知无线电被认为是解决无线频谱低利用率问题的最佳方案。认知无线电具有在不影响其他授权用户即主用户的前提下智能地利用大量空闲频谱并且随时随地、高可靠性通信的潜能[8]。因此研究认知无线电环境下的动态频谱共享尤为重要。

4.6.1 频谱共享的系统模型

认知无线电系统中的参与者包括主用户和认知用户。其中，主用户是指使用授权频段的用户，多个主用户组成的系统称为主系统；而认知用户是指需要使用主用户授权频段的未授权用户，多个认知用户组成的系统称为认知系统。在认知无线电系统中，其中一个主要的概念是频谱空洞。所谓频谱空洞，是指被授权给了特定的主系统的频带，但是在特定的时间和地点，主系统没有使用该频带。认知系统的行为是对频谱空洞采取的策略，如购买频谱价格、购买数量等，然后随机地接入这些频谱空洞。假设某 2G 无线通信系统中有 1 个主系统、1 个认知系统，且处于一个地域，因此可进行频谱共享，如图 4-7 所示。主系统和认知系统工作在不同的频段上，如 900MHz、1800MHz 的 2G 无线通信系统。主系统能跟认知系统通信，通信信道为专用频段。主系统准备将其可用的空闲频谱以每单位带宽 p 的价格租借给认知系统。若认知系统接受此价格，则频谱交易成功。假设 b 是主系统租给认知系统的频谱带宽，主系统每单位带宽的成本函数为 $c(b)$。k 是认知系统用户使用租来频谱的频谱效率，r 是对单位传输速率的收费标准。本节中假设 $r=1$。

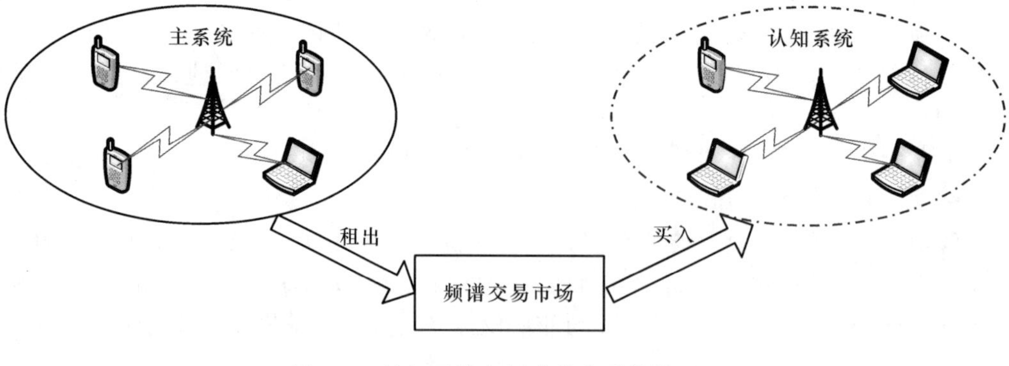

图 4-7　认知无线电频谱共享系统模型

认知系统买到频谱后使用自适应调制技术在重新分配的频谱上进行通信，从而实现了频谱共享。

4.6.2　频谱共享的讨价还价博弈模型

设此系统采用自适应调制技术，采用 16QAM 调制，SISO 高斯信道的误比特率可近似表示为[9]：

$$BER \approx 0.2\exp\left(\frac{-1.5\gamma}{2^k - 1}\right) \tag{4-7}$$

γ 是接收机信噪比，k 是所用调制方式的频带利用率且为非负值。为保证传输质量，BER 概率必须保持在一个目标水平。假设认知系统中各认知用户的频带利用率相同，设为 k，则：

$$k = \log_2^{1+K\gamma} \tag{4-8}$$

其中，$K=\dfrac{1.5}{\ln(0.2/BER^{tar})}$。

对于只有一个主系统和一个认知系统的频谱共享模型，主系统的空闲频谱只能出租给唯一认知系统。主系统和认知系统通过通用控制信道进行议价谈判，若他们能够达成一致，则认知系统即可用购买的频带为用户提供通信服务。而认知系统因此得到的收入为 rbk。

认知系统的效用函数可表示为：

$$u(b, p) = rbk - \frac{1}{2}b^2 - pb \tag{4-9}$$

主系统的成本函数可表示为：

$$c(b) = \alpha m\left(B^{req} - k^P\frac{W - b}{m}\right)^2 \tag{4-10}$$

其中，α 代表成本函数的权重，B^{req} 是一个主系统内部连接需要的带宽，W 是主系统总带宽，m 是主系统内部连接数，k^P 是主系统内部连接无线传输的频谱效率，本节中 $k^P = B^{req}/(\omega/M)$。

主系统的效用函数，可以用其租借频谱获得的收益来表示：

$$\Phi(p, b) = pb - c(b) \tag{4-11}$$

本节中，主系统和认知系统通过共享频谱带来的收益对应于上述的资源配置，因此用纳什讨价还价解得到的均衡点是最有效率的配置，如图 4-8 所示。

最开始，主系统和认知系统的效用均为 0，这是因为他们之间就频谱出租问题未能达成一致，即 $b=0$。

然后随着认知系统效用的增加，主系统效用也在增加。在这个过程中，主系统提出的频谱租金在不断下降，认知系统愿意租借的频谱带宽则在不断增加，即认知系统的效用是一直在增加的。虽然在此过程中租金在下降，出租频谱带来的收入增速却超过了出租频谱的成本增速，因此主系统的效用还是一直在增加的[10]。

当收入的增加低于成本的增长时，主系统的效用就会下降，甚至其效用会低于 0，当然主系统不会允许这种情况发生。在主系统效用的下降过程中，会到达完美信息静态博弈中的纳什均衡点。注意到该点并不是使主系统效用最大，而是在主系统和认知系统之间的效用分配更均匀些。

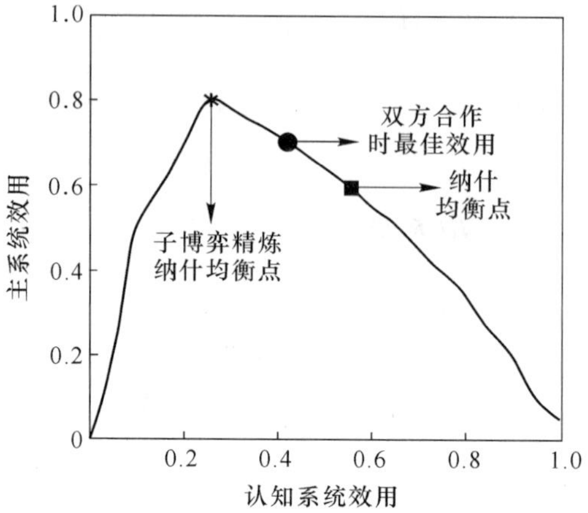

图 4-8 讨价还价博弈中主系统和认知系统的效用关系（$\gamma = 10\text{dB}$）

4.7 纳什讨价还价博弈在功率控制中的应用

纳什讨价还价博弈为无线通信的资源分配提供了一种全新的分析方法，特别是适合在分布式通信系统中应用。下面以分布式功率控制为例说明纳什讨价还价博弈的应用。

4.7.1 功率控制的纳什讨价还价模型

在只有两个用户的高斯衰落干扰信道中，基站接收端的接收信号可表示为：

$$Y = h_1 X_1 + h_2 X_2 + Z \tag{4-12}$$

其中，h_i 表示用户 $i(i \in \{1, 2\})$ 到基站的信道增益；X_i 为用户 i 的发送信号，其功率上限为 $P_i^{\max}$，Z 是均值为 0，方差为 1 的高斯白噪声。在干扰信道中，两个用户同时发送信号时，会相互产生干扰，用户将收到的干扰视为高斯白噪声。选择用户容量作为讨价还价博弈的效用函数，根据香农公式，该系统的容量界为：

$$R_i \leqslant 0.5\log_2(1 + h_i^2 P_i^{\max}), \quad i \in \{1, 2\} \tag{4-13}$$

$$R_1 + R_2 \leqslant R = 0.5\log_2(1 + h_1^2 P_1^{\max} + h_2^2 P_2^{\max}) \tag{4-14}$$

只有一个用户占用信道发送信号而另一个用户不发送信号时，可以得到单用户的容量上限值；当两用户相互合作，便可以到达容量界中的任何位置。在纳什讨价还价博弈开始之前，参与者要选定非协议点。当两个用户之间完全没有合作时，将另外一个用户的信号视为干扰信号，此时用户的最优选择为纳什均衡解，因此参与者将选取纳什均衡点作为其效用值保障的非协议点 R_0。

$$R^0 = (R_1^0, R_2^0) = \left(\frac{1}{2}\log_2\left(1 + \frac{h_1^2 P_1^{\max}}{h_2^2 P_2^{\max} + \sigma^2}\right), \frac{1}{2}\log_2\left(1 + \frac{h_2^2 P_2^{\max}}{h_1^2 P_1^{\max} + \sigma^2}\right)\right) \tag{4-15}$$

在选取完非协议点后，功率控制的纳什讨价还价模型可表示为（S, R^0）。用户为了通过合作获得更高的效用值开始进行议价，纳什讨价还价博弈解需满足：

$$(R_1^N, R_2^N) = \underset{R_1 \geqslant R_1^0,\ R_2 > R_2^0}{\operatorname{argmax}} (R_1 - R_1^0)(R_2 - R_2^0) \tag{4-16}$$

当两个用户的速率值相等时，其乘积达到最大，因此该目标函数表明每个用户的纳什讨价还价解相对于非协议点的增量是相等或者十分近似的。

接下来求解纳什讨价还价解，由于最大化纳什积也就等价于最大化其对数，而其对数则是（R_1，R_2）的一个严格的凹函数，故这个最大化点（R_1^N，R_2^N）是唯一的。将式（4-16）中的目标函数进行求解最大值的等价变换得：

$$f(R_1, R_2) = \ln(R_1 - R_1^0) + \ln(R_2 - R_2^0) \tag{4-17}$$

下面构建拉格朗日函数，并利用 KKT 条件求解纳什讨价还价解。

$$L(R_1, R_2, \lambda, \mu) = f(R_1, R_2) + \sum_{i=1}^{2} \lambda_i (R_i - R_i^0) + \mu(\Gamma - R_1 - R_2) \tag{4-18}$$

其中 $\lambda_1 \geqslant 0$，$\lambda_2 \geqslant 0$，$\mu \geqslant 0$ 是约束条件的拉格朗日乘子，根据 KKT 条件，可得：

$$\frac{1}{R_1^N - R_1^0} + \lambda_1 - \mu = 0 \tag{4-19}$$

$$\frac{1}{R_2^N - R_2^0} + \lambda_2 - \mu = 0 \tag{4-20}$$

$$\lambda_1 (R_1^N - R_1^0) = 0 \tag{4-21}$$

$$\lambda_2 (R_2^N - R_2^0) = 0 \tag{4-22}$$

$$\mu(\Gamma - R_1^N - R_2^N) = 0 \tag{4-23}$$

满足上面所有条件的用户容量值即为纳什讨价还价解。因为纳什讨价还价解必定大于非协议点所对应的容量值，即 $R_i^N > R_i^0$，所以式（4-21）、式（4-22）中的拉格朗日乘子 $\lambda_1 = 0$，$\lambda_2 = 0$，同样用户的容量和必须在容量界内，为了使得用户的容量和最大，可以取等号，因此有：

$$\Gamma - R_1^N - R_2^N = 0 \tag{4-24}$$

由此可知，满足式（4-24）的解将位于系统容量和边界上，当容量和具有凸特性时，该纳什讨价还价解必定具有帕累托效率。于是可以求得：

$$\mu = \frac{2}{\Gamma - R_1^0 - R_2^0} \tag{4-25}$$

$$R_i^N = R_i^0 + \frac{1}{\mu}, \quad i \in \{1, 2\} \tag{4-26}$$

4.7.2　功率控制的卡莱-斯莫罗迪斯基模型

在卡莱-斯莫罗迪斯基（K-S）讨价还价博弈中，采用分布式无线通信系统中功率控制的纳什讨价还价博弈系统模型和参数假设对该问题进行分析研究。

与纳什讨价还价博弈相似，K-S 讨价还价博弈也是使得参与者通过合作来提高各自的效用值，不同的是两者为达到优化目的而选取的目标函数不同。首先求出参与者的理想点（R_1'，R_2'），即每个参与者在理想情况下的最大容量值，由下面的公式给出。

$$R_i' = \max\{R_i \mid R_i \in S, R_i \geqslant R_i^0\}, \quad i \in \{1, 2\} \tag{4-27}$$

则 K-S 讨价还价解是对以下目标函数的优化值：

$$(R_1^*,\ R_2^*) = \underset{R\in S,\ R\geqslant R^0}{\operatorname{argmax}} \min\left(\frac{R_1 - R_1^0}{R_1' - R_1^0},\ \frac{R_2 - R_2^0}{R_2' - R_2^0}\right) \tag{4-28}$$

该目标函数体现了 K-S 讨价还价解与用户公平性之间的联系，它重视对弱势参与者性能的改进，选取用户可能最小效用值中的最大值作为 K-S 解，能够提高用户的最小效用值。因此，K-S 解可等价地通过以下方程组进行求解：

$$\begin{gathered} R_1 + R_2 = \Gamma \\ \frac{R_1 - R_1^0}{R_1' - R_1^0} = \frac{R_2 - R_2^0}{R_2' - R_2^0} \end{gathered} \tag{4-29}$$

由式（4-29）可以得知 K-S 解位于容量边界具有帕累托效率。通过求解可得：

$$\begin{aligned} R_1^* &= \frac{\Gamma(R_1' - R_1^0) + R_1^0 R_2' + R_2^0 R_1'}{R_1' - R_1^0 + R_2' - R_2^0} \\ R_2^* &= \frac{\Gamma(R_2' - R_2^0) - R_1^0 R_2' - R_2^0 R_1'}{R_1' - R_1^0 + R_2' - R_2^0} \end{aligned} \tag{4-30}$$

4.7.3 仿真分析

下面对用户性能进行仿真分析。为了方便，假设每个用户的信道增益都为 1，当用户的信噪比分别为 $\gamma_1 = 15\text{dB}$ 和 $\gamma_1 = 20\text{dB}$ 时，最优功率控制的纳什讨价还价解和 K-S 解如图 4-9所示。

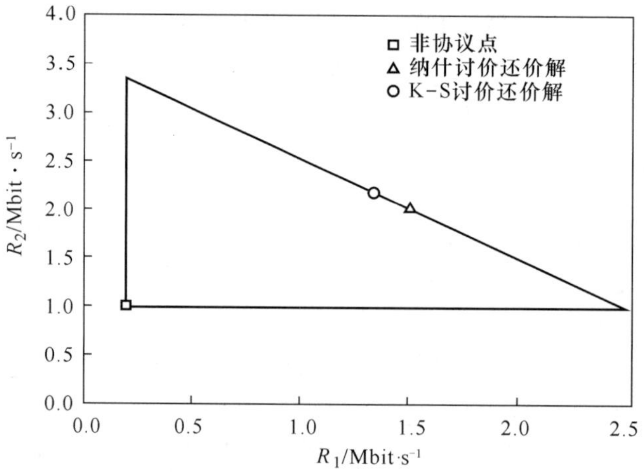

图 4-9　最优功率控制的纳什讨价还价解和 K-S 解

其中纳什均衡解为（0.196，1.02），而纳什讨价还价解为（1.353，2.177），K-S 解为（1.51，2.02）。由图 4-9 可知，两种不同的讨价还价解都落在系统的容量边界上，根据帕累托改进的定义可知这两种解都无法再进行帕累托改进，因此它们都具有帕累托效率。在条件允许的情况下博弈参与者采取合作的行为是能够双赢，且对于自身效用值有很大提高。对于纳什讨价还价博弈和 K-S 讨价还价博弈两种情况，虽然它们的解之和相等，但从图 4-9 可以看出，K-S 解中的用户最小效用值为 1.51，要大于纳什讨价还价解中的用户最小效用值 1.353，弱势用户的效用值得到了提高，两个用户的均衡容量分别占总量的 42.8%和 57.2%，而在纳什讨价还价博弈中各用户所占比重为 38.3%和 61.7%。前者用户之间的效用值更加接近，体现了 K-S 讨价还价博弈用户间的公平性。

参考文献

[1] John F. Nash. The Bargaining Problem [J]. Econometrica, 1950, 18 (2): 155-162.

[2] John F. Nash. 纳什博弈论论文 [M]. 张良桥, 王晓刚, 译. 北京: 首都经济贸易大学出版社, 2000.

[3] 阿伯西内·穆素. 讨价还价理论及其应用 [M]. 管毅平, 郑丹秋, 译. 上海: 上海财经大学出版社, 2005.

[4] Alvin E. Roth. Axiomatic Models of Bargaining [M]. Springer-Verlag, 1979.

[5] Abhinay Muthoo. Bargaining Theory with Applications [M]. Cambridge University Press, 1999.

[6] 施锡铨. 合作博弈引论 [M]. 北京: 北京大学出版社, 2012.

[7] E. Kalai, M. Smorodinsky. Other solutions to Nash's bargaining problem [J]. Econometrica, 1975, 43 (3): 513-518.

[8] S. HAYKIN. Cognitive radio: brain-empowered wireless communications [J]. IEEE Journal on Selected Area in Communication, 2005, 23 (2): 201-220.

[9] Z. HAN, Z. JI, K. R. LIU. Low-complexity OFDMA channel allocation with Nash bargaining solution fairness [A]. IEEE GLOBECOM 2004 [C]. Dallas, 2004: 3726-3731.

[10] W. YU, J. M. CIOFFI. FDMA capacity of Gaussian multiaccess channels with ISI [J]. IEEE Transaction on Communication, 2002, 50 (1): 102-111.

第 5 章 两人轮流出价的讨价还价博弈

【本章要点】

第 4 章介绍的两人讨价还价问题显然是完全信息和静态的。完全信息体现在“非协议点”是共同知识，静态体现在纳什讨价还价解可通过求解一个最优化问题来找出。但通常人们熟悉的讨价还价是一个动态的过程，为此，本章研究马克·鲁宾斯坦（Mark Rubinstein）讨价还价模型。该模型的一个关键特征是，它详细说明了一个相当有吸引力的讨价还价过程：参与者轮流向对方出价，直到协议达成。该模型提供了一个基本框架，但读者可根据应用的目的修改、扩展和修正。

本章主要内容包括：5.1 节中主要介绍了鲁宾斯坦讨价还价模型即轮流出价的讨价还价博弈模型，分别讨论了有限次博弈的情形和无限次博弈以及鲁宾斯坦定理。鲁宾斯坦定理的推论是：精炼纳什均衡结果由参与者的贴现因子或耐心程度决定。5.2 节主要分析了存在谈判破裂风险的两人轮流出价的讨价还价过程，并分别给出了不带有贴现因子和带有贴现因子情况下，存在谈判破裂风险的讨价还价问题的子博弈精炼均衡解。5.3 节中主要分析了无限次重复博弈问题，并给出了弱防重新谈判均衡解。5.4 节介绍了两人轮流出价的讨价还价博弈在频谱交易定价中的应用。

5.1 鲁宾斯坦讨价还价模型

马克·鲁宾斯坦（Mark Rubinstein）于 1982 年提出了轮流出价（Alternating Offers）的讨价还价博弈模型[1]，该模型属合作博弈模型。在此模型里，假设有两个参与者 A 和 B 共同分配大小为 1 个单位的蛋糕。参与者 A 先行动，提出分配方案，这称为 A 先“出价”（offer）；参与者 B 接着在观察到参与者 A 提出的方案后可以选择接受或拒绝。如果参与者 B 接受，博弈结束，蛋糕按参与者 A 的方案分配；如果参与者 B 拒绝，则他再提出自己的分配方案，称为参与者 B 的“还价”，然后参与者 A 可以接受或拒绝；如果参与者 A 接受，博弈结束，蛋糕按参与者 B 的方案分配；如果参与者 A 拒绝，参与者 A 再出价；如此一直下去，直到一个参与者的出价被另一个参与者接受为止。因此，这是一个无限期完美信息动态博弈，图 5-1 给出了该博弈的博弈树。

令 x 表示参与者 A 的份额，即 A 可以获得一块蛋糕的百分比，则（$1-x$）就是 B 的份额。记 x_1 和（$1-x_1$）分别表示参与者 A 出价时 A 和 B 的份额，x_2 和（$1-x_2$）分别表示参与者 B 出价时 A 和 B 的份额。若博弈进行多轮，则需要考虑时间因素。假设拖延达成一项协议就会对参与者强加一定的“时间延迟成本”或花费。这种成本也可以同该参与者的将来所得相对于现时价值的折扣联系在一起。当交易者的时间具有较大机会成本时，即使少数几天的延迟谈判，价值也是昂贵的。为了考虑博弈轮数对博弈结果的影响，可以用贴现因子来表示。我们称某参与者再等一轮的花费是他下一轮所得的百分比 λ，这等价于这一轮的所得为下一轮所得的 $1-\lambda=\delta$ 倍。显然，λx(x 为他下一轮所得）相当于下一轮 x 在这一轮的“现时值”，δ 就是我们前面提到的贴现因子。假设两个参与者的贴现因子分别为 δ_1 和 δ_2，且 $0<\delta_1<1$，$0<\delta_2<1$。于是，若博弈在时刻 t 结束，且在 t 时刻是参与者 i 的出价阶段，则参与者 A 和 B 的各阶段支付贴现值总和作为博弈支付函数就分别为 $\pi_1=\delta_1^{t-1}x_i$ 和 $\pi_2=\delta_2^{t-1}(1-x_i)$，$i\in\{1, 2\}$。当博弈是无限次地进行下去时，博弈就成为无限次完美信息博弈，A 在时刻 1、3、5、…出价，B 在时刻 2、4、6、…出价。鲁宾斯坦证明，此时博弈有无穷多个纳什均衡，但却只有一个“子博弈精炼纳什均衡”，该均衡由下面的鲁宾斯坦定理给出。

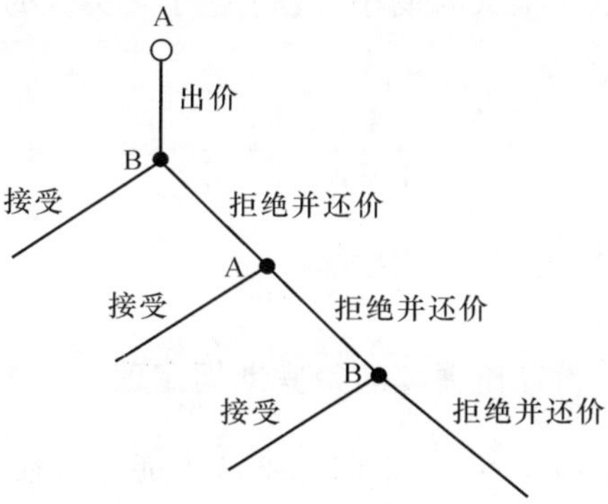

图 5-1　二人轮流出价的讨价还价博弈

5.1.1　有限次轮流出价的讨价还价博弈

当讨价还价博弈是有限次博弈时，我们可运用逆向归纳法求解其精炼纳什均衡[2]。

设博弈在 t 时刻结束。

若 $t=2$ 时，则 B 最后行动，B 必选择 $x_2=0$，A 会接受（A 没有出价机会了，假定参与者在“接受”与“拒绝”之间无差异时，他选择接受）。此时 B 的支付贴现值为 $\delta_2\cdot 1=\delta_2$，故 A 在 $t=1$ 时出价 $(1-x_1)\geqslant\delta_2$，B 会接受。精炼纳什均衡的结果为：$x=x_1=1-\delta_2$，$1-x=\delta_2$。

若 $t=3$ 时由 A 出价，A 必选择 $x_1=1$。在 $t=2$ 时，A 的支付贴现值为 $\delta_1\cdot 1=\delta_1$，故 B 出价 $x_2=\delta_1$ 时 A 会接受，B 在 $t=2$ 得 $1-\delta_1$；B 的支付在 $t=1$ 时的贴现值为 $\delta_2(1-\delta_1)$，故 A 在 $t=1$ 出价 $1-x_1=\delta_2(1-\delta_1)$，B 会接受，结果 A 得到 $[1-\delta_2(1-\delta_1)]$。精炼纳什均衡结果为：$x=1-\delta_2(1-\delta_1)$，$1-x=\delta_2(1-\delta_1)$。

类似可得，$t=4$ 时的精炼纳什均衡结果为 $\{[1-\delta_2(1-\delta_1(1-\delta_2))], [\delta_2(1-\delta_1(1-\delta_2))]\}$。

若 $\delta_1=\delta_2=0$（他们可能要忙于去干其他更重要的事），则精炼纳什均衡结果总是 (1, 0)，即两人都绝对无耐心时，则先出价者获全部蛋糕。

若 $\delta_2=0$，则无论 δ_1 如何，精炼纳什均衡结果总为 $x=1$；但若 $\delta_1=0$，$\delta_2>0$，则精炼纳什均衡结果为 $x=1-\delta_2$，即若 B 在 $t=1$ 拒绝了 1 的出价，则 B 在 $t=2$ 得到整个蛋糕，其支

付贴现值为 δ_2，于是 B 在 $t=1$ 会接受任何 $1-x_1 \geqslant \delta_2$ 的出价，即 $x_1 \leqslant 1-\delta_2$，故 A 出价 $x_1 = 1-\delta_2$。

上述几种情形，均衡结果皆与 t 无关（设 $t \geqslant 2$）。现考虑另外情形：假定 $\delta_1 = \delta_2 = 1$（双方都有无限耐心），则

若 $t=1, 3, 5, \cdots$，均衡结果为（1，0）。

若 $t=2, 4, 6, \cdots$，均衡结果为（0，1）。

即有“后动优势”，最后出价的参与者拒绝所有自己不能得到整个蛋糕的出价，一直等到博弈的最后阶段由自己出价获得整个蛋糕。

可以证明：若 $0<\delta_i<1$，$i \in \{1, 2\}$，则均衡结果与$\frac{\delta_1}{\delta_2}$，$t$ 和谁在最后阶段出价有关。

但结果对 t 的依赖关系在 t 很大时变小。当 t 趋于无穷大时，若 $\delta_1 = \delta_2 = \delta$，则得到唯一的均衡结果。

$$\left(\frac{1}{1+\delta}, \frac{\delta}{1+\delta}\right)$$

因 $0<\delta<1$，故$\frac{1}{1+\delta}>\frac{1}{2}$，即有“先动优势”。

5.1.2 无限次轮流出价的讨价还价博弈与鲁宾斯坦定理

当讨价还价博弈是无限次进行时，逆向归纳法不能直接使用，但我们可以运用逆向归纳法的思想以及博弈树在自身结构上的自相似性（即每一个子博弈在结构上相似于原博弈）解出其唯一的子博弈精炼纳什均衡，这就是著名的鲁宾斯坦定理。

定理 5-1（鲁宾斯坦定理） 在无限次轮流出价的讨价还价博弈中，有唯一的子博弈精炼纳什均衡，其均衡结果为：

$$\boldsymbol{x}^* = \frac{1-\delta_2}{1-\delta_1\delta_2} \tag{5-1}$$

当 $\delta_1 = \delta_2 = \delta$ 时，

$$x^* = \frac{1}{1+\delta} \tag{5-2}$$

证明： 从图 5-1 可以看出，从 A 出价的任何阶段开始的子博弈应等价于从 $t=1$ 开始的原博弈，这一点曾由 Shaked 和 Sutton 严格加以了证明[3]。于是，我们可应用逆向归纳法的逻辑去求解精炼均衡。

假定在 $t \geqslant 3$ 由 A 出价且 A 能得到的最大份额为 M（显然存在）。

A 在 t 得到的 M 对 A 来说等价于他在 $t-1$ 得到 $\delta_1 M$。故 B 在 $t-1$ 出价 $x_2 \geqslant \delta_1 M$ 时，A 必接受，而 B 不会出比 $\delta_1 M$ 更多的给 A，故 B 在 $t-1$ 出价 $x_2 = \delta_1 M$ 对 B 是最优的，B 获得 $1-\delta_1 M$。

在 $t-2$ 时，B 的最大支付贴现值为 $\delta_2(1-\delta_1 M)$，A 在 $t-2$ 出价 $1-x_1 \geqslant \delta_2(1-\delta_1 M)$ 时，B 会接受，而 A 不会出比此更多的给 B，故 A 出价 $1-x_1 = \delta_2(1-\delta_1 M)$，A 的最大份额为 $1-\delta_2(1-\delta_1 M)$。

因为从 $t-2$ 开始的博弈与从 t 开始的博弈完全相同，故 A 在 $t-2$ 能得到的最大份额一

定与其在 t 能得到的最大份额相同，所以，由 $M=1-\delta_2(1-\delta_1 M)$ 得：$M=\dfrac{1-\delta_2}{1-\delta_1\delta_2}$。

再设 A 在 t 能得到的最小份额为 m（显然存在），类似推理可得：$m=\dfrac{1-\delta_2}{1-\delta_1\delta_2}=M$。

因为总有 $m\leqslant x\leqslant M$，而 $m=M$，故必有 $x=m=M=\dfrac{1-\delta_2}{1-\delta_1\delta_2}$。

证毕。

鲁宾斯坦定理的推论是：精炼纳什均衡结果由参与者的贴现因子或耐心程度决定。

给定 δ_2，当 $\delta_1\to 1$ 时，$x^*\to 1$；给定 δ_1，当 $\delta_2\to 1$ 时，$x^*\to 0$。即有“耐心优势”，有绝对耐心的人总可以通过拖延策略来使自己独吞蛋糕。譬如，在农贸市场买菜时，退休老太太有充分多的时间去捕捉价格信息并与小贩讨价还价，她们有足够的耐心与小贩周旋，因而菜贩们一般不会在她们那里赚很多钱。

当 $\delta_2=0$，A 得到整个蛋糕；但当 $\delta_1=0$，B 不能得到整个蛋糕，除非 $\delta_2=1$，即没有任何耐心的 A 也可得到一点份额，原因是除耐心优势外，博弈还有“先动优势”。

当 $\delta_1=\delta_2=\delta<1$，$x^*=\dfrac{1}{1+\delta}>\dfrac{1}{2}$，这是先动优势。

当 $\delta_1=\delta_2=1$，$x^*=\dfrac{0}{0}$，是 $[0,1]$ 中的任何数，博弈有无限多个精炼纳什均衡（$x^*=1/2$ 是聚点均衡）。

贴现率或贴现因子可理解为讨价还价中的一种成本，类似蛋糕随时间推延而不断缩小，每轮讨价还价的成本与剩余的蛋糕成正比。讨价还价的另一种成本是固定成本。如工会与企业的谈判拖延了工期，企业要承受推迟出售产品的利息损失（与产值成正比）和不能按期交货的违约罚款（一般是固定成本）两种损失。

5.2　存在“谈判破裂风险”的讨价还价过程

两人轮流出价的讨价还价过程不会总以一方接受另一方的要求而结束，在实际的谈判场合中经常会由于种种外生因素以随机的方式破裂，即谈判存在破裂的风险[4]。例如，有两个小朋友在讨论分享一个冰激凌蛋糕的问题，看着冰激凌不断地融化可能会改变其中一个小朋友的心里预期，本来可以希望获得一半冰激凌蛋糕的心理预期随着害怕冰激凌融化后一点也得不到而降低了心理预期。这个例子中的外生因素就在于冰激凌蛋糕会融化，冰激凌蛋糕如果全部融化，那么谈判自然破裂了。同时这种使得谈判破裂的因素可能作用在谈判的双方上。例如，大学毕业找工作就是一个很好的例子，企业在和你谈判时可能因为有期望薪金更低更优秀的人的出现而终止谈判，你也可能因为有薪金更高福利更好的企业的出现而终止谈判。当然也存在其他因素会导致谈判破裂，这里不一一列举了。

我们试图对上述情况进行建模，假定讨价还价的延迟成本不再是贴现因子，而是由外生概率所引起，在每一轮出价后，如果仍然没有接受报价，这个讨价还价过程将以这个正概率终止在某个状态，这个状态显然不是经过讨价还价后双方达成的结局，它是一个双方意见不一致从而无法达成协议的“点”。

设 (S, d) 为一个两人讨价还价问题，并假设外生概率 $p_1, p_2 \in (0, 1)$。参与者1在奇数时刻报价，在每个奇数时刻，参与者1的报价可以被参与者2接受时博弈结束。如果参与者2拒绝参与者1的报价，那么讨价还价将：

（1）以概率 p_1 结束于一个双方无法达成一致协议的状态：参与者2得到收益 d_2，参与者1得到收益 w_1 满足条件 $w_1 \leqslant m_1(S, d)$（即参与者1得到的收益不超过自己在博弈中的理想值）；

（2）以概率 $1-p_1$ 进入下一轮（偶数时刻），由参与者2报价，对于参与者2的报价，参与者1有接受和拒绝两种选择。当参与者1接受报价时，博弈结束。当参与者1拒绝报价时，讨价还价将以概率 p_2 结束于一个双方无法达成协议的状态：参与者1得到收益 d_1，参与者2得到收益 w_2 满足条件 $w_2 \leqslant m_2(S, d)$（即参与者2得到的收益不超过自己在博弈中的理想值）。还存在 $1-p_2$ 的概率进入到下一轮（奇数时刻），由参与者1继续报价。

由于我们无法确定讨价还价到何时才会停止，因而可以认为这是一个“无限”的过程，我们的目的是寻求这个无限次重复博弈的子博弈精炼均衡。由5.1节的分析可知，从奇数时刻开始的所有子博弈（由参与者1先报价的博弈）与原来的博弈有着相同的子博弈精炼均衡集合，因为它们具有完全相同的结构。同样地，从任何一个偶数时刻开始的子博弈（由参与者2先报价的博弈），它们也都有着相同的子博弈精炼均衡集合。下面我们将分析在子博弈精炼均衡中，双方的报价需满足什么样的条件。

我们用 G_1(类型）表示参与者1首先报价的一类子博弈，用 Q_1 表示参与者1在 G_1(类型）的所有子博弈精炼均衡中可能得到的期望收益集合的上确界，q_1 表示参与者1在 G_1（类型）中所有子博弈精炼均衡中可能得到的期望收益集合的下确界；G_2（类型）表示参与者2首先报价的一类子博弈，Q_2 和 q_2 分别表示参与者2在 G_2（类型）的所有子博弈精炼均衡中可能得到的期望收益集合的上确界和下确界。

现在考虑在 G_1(类型）的任何一个子博弈精炼均衡中，在奇数时刻，对于参与者1的报价，只要给予参与者2的收益不小于 $(1-p_1)Q_2+p_1d_2$，参与者2总是能够接受。这是因为如果参与者2不接受参与者1的报价，那么他在该时刻得到 d_2 的概率为 p_1，还有 $1-p_1$ 的概率使得他可以在下一时刻报价。根据上确界的假设，参与者2得到的收益不会超过 Q_2。这样，参与者2在拒绝参与者1的报价之后最多可能得到的期望收益是 $(1-p_1)Q_2+p_1d_2$。假如我们用 $h_1(x_2, S)$ 表示参与者2得到 x_2 时，参与者1在 S 中能得到的最大收益，那么参与者1在 G_1(类型）的任何一个子博弈精炼均衡中的所得不应该比 $h_1((1-p_1)Q_2+p_1d_2, S)$ 少。这说明，参与者1在 G_1(类型)的所有子博弈精炼均衡中所可能得到的期望收益至少有个下界，即

$$q_1 \geqslant h_1((1-p_1)Q_2+p_1d_2, S) \tag{5-3}$$

下面将证明不等式（5-3）其实只可能取等号时成立。由于 Q_2 是上确界，因此对于任意一个 $\varepsilon>0$，在 G_2(类型)的子博弈中，存在一个子博弈精炼均衡使得参与者2的预期所得收益至少在 $Q_2-\varepsilon$ 之上，于是参与者2在该时刻前的 G_1(类型)的子博弈精炼均衡中可以确保自己至少获得收益 $(1-p_1)(Q_2-\varepsilon)+p_1d_2$。相应地，参与者1的预期所得收益不会超过 $h_1((1-p_1)(Q_2-\varepsilon)+p_1d_2, S)$。这是因为，$S$ 是凸的闭集，$w_i \leqslant m_i(S, d)\ (i \in \{1, 2\})$，因此可行分配集合必定位于凸闭集 S 的边界的下方，而参与者1关于参与者2的预期所得的最优预期点 $((1-p_1)(Q_2-\varepsilon)+p_1d_2,\ h_1((1-p_1)(Q_2-\varepsilon)+p_1d_2, S))$ 位于 S 的边界上。

显然，当参与者 2 的预期所得收益大于 $(1-p_1)(Q_2-\varepsilon)+p_1d_2$ 时，参与者 1 的预期所得收益应当小于 $h_1((1-p_1)(Q_2-\varepsilon)+p_1d_2,\ S)$。由于正数 ε 的任意性，再结合不等式（5-3）后我们可以得到，当参与者 1 首先报价时，他在 G_1(类型)的所有子博弈精炼均衡中所可能得到的期望收益集合的下确界 q_1 为：

$$q_1 = h_1((1-p_1)Q_2 + p_1d_2,\ S) \tag{5-4}$$

当轮到参与者 2 先报价（偶数时刻）的 G_2（类型）子博弈，对于参与者 2 的报价，只要分配给参与者 1 的收益不小于 $(1-p_2)Q_1+p_2d_1$，参与者 1 总是可以接受，其理由与在参与者 1 先报价时讨论的类似。于是我们类比得到：

$$q_2 = h_2((1-p_2)Q_1 + p_2d_1,\ S) \tag{5-5}$$

其中，h_2 的含义和 h_1 的含义类似。

到目前为止，我们已经给出了 q_1 和 q_2 的表达式，但 Q_1 和 Q_2 的表达式仍未知。继续从参与者 1 首先报价的情况开始，如果分给参与者 2 的收益小于 $(1-p_1)q_2+p_1d_2$，那么参与者 2 绝对不会接受这个报价。这是因为只要参与者 2 拒绝，他立即得到 d_2 的概率为 p_1，还有 $1-p_1$ 的概率可以容许他在下一时刻自己报价，至少他可以为自己争取到收益 q_2，也就是说，$(1-p_1)q_2+p_1d_2$ 是参与者 2 通过拒绝参与者 1 的报价在子博弈精炼均衡中预期得到的最小的期望收益。当给予参与者 2 的收益恰好等于 $(1-p_1)q_2+p_1d_2$ 时，参与者 1 最多可以得到 $h_1((1-p_1)q_2+p_1d_2,\ S)$，如果分给参与者 2 的收益更多，显然参与者 1 自己得到的收益就会更少，任何理性的参与者都不会这么做。在 G_1(类型)子博弈的精炼均衡中，参与者 1 当然想让参与者 2 接受自己的报价，因而在子博弈精炼均衡中，参与者 1 的收益不可能比 $h_1((1-p_1)q_2+p_1d_2,\ S)$ 更多，也就是说 Q_1 不会比 $h_1((1-p_1)q_2+p_1d_2,\ S)$ 大，即

$$Q_1 \leqslant h_1((1-p_1)q_2 + p_1d_2,\ S) \tag{5-6}$$

与讨论下确界 q_1 类似，我们将证明不等式（5-6）也只能取等号时成立。对于任意正数 ε，由于 q_2 是下确界，所以，在 G_2（类型）的子博弈中，存在一个子博弈精炼均衡，使得参与者 2 的预期收益小于 $q_2+\varepsilon$，因此参与者 2 在前面一个奇数时刻会接受给予他 $(1-p_1)(q_2+\varepsilon)+p_1d_2$ 的任何报价，而在这个均衡中参与者 1 得到的收益为 $h_1((1-p_1)(q_2+\varepsilon)+p_1d_2,\ S)$。同样由于 ε 的任意性（令 $\varepsilon\to0$）以及不等式（5-6），我们得到：

$$Q_1 = h_1((1-p_1)q_2 + p_1d_2,\ S) \tag{5-7}$$

又在 G_2（类型）的子博弈中，由参与者 2 首先报价，参与者 1 绝不会接受分给他的收益小于 $(1-p_2)q_1+p_2d_1$ 的报价，类比于参与者 1 首先报价的情况我们可以得到：

$$Q_2 = h_2((1-p_2)q_1 + p_2d_1,\ S) \tag{5-8}$$

自此，我们得到了 q_1，q_2，Q_1，Q_2 的表达式，在两人讨价还价问题 $(S,\ d)$ 中，这些上、下确界在有界闭集 S 上可以达到，通过等式（5-4）可以知道，与 q_1 相对应的参与者 2 得到的收益（记为 x_2）可表示为

$$x_2 = (1-p_1)Q_2 + p_1d_2 \tag{5-9}$$

显然，分配方案 $(q_1,\ x_2)$ 位于 S 的有效前沿，即 S 的边界。类似地，与 q_2 相对应的参与者 1 得到的收益（记为 y_1）可表示为

$$y_1 = (1-p_2)Q_1 + p_2d_1 \tag{5-10}$$

与 Q_1 相对应的参与者 2 得到的收益（记为 x_2^*）为

$$x_2^* = (1 - p_1)q_2 + p_1 d_2 \tag{5-11}$$

与 Q_2 相对应的参与者 1 得到的收益（记为 y_2^*）为

$$y_2^* = (1 - p_2)q_1 + p_2 d_1 \tag{5-12}$$

同样地，(y_1, q_2)，(Q_1, x_2^*)，(y_2^*, Q_2) 都位于 S 的有效前沿。考虑 G_1(类型）子博弈，它的子博弈精炼均衡至少应该位于 S 的有效前沿的 (q_1, x_2) 和 (Q_1, x_2^*) 这两点间的连线上，因此当参与者 1 的报价中分给参与者 2 的收益应该在 x_2 和 x_2^* 之间才有可能使得参与者 2 接受。如果设参与者 1 的均衡报价为 $(\bar{x}_1, \bar{x}_2)$，在 G_2(类型)中参与者 2 的均衡报价为 $(\bar{y}_1, \bar{y}_2)$，则有

$$(1 - p_1)q_2 + p_1 d_2 \leqslant \bar{x}_2 \leqslant (1 - p_1)Q_2 + p_1 d_2 \tag{5-13}$$

倘若参与者 2 拒绝并出现进入到下一报价时刻的可能，参与者 2 的均衡报价为自己留下的份额为 $\bar{y}_2$，发生的概率为 $(1-p_1)$，事实上参与者 2 因拒绝参与者 1 的报价而得到的期望收益应为 $(1-p_1)\bar{y}_2+p_1 d_2$。所以，参与者 1 为了确保自己的收益最大化并且让参与者 2 愿意接受报价，参与者 1 分给参与者 2 的收益应该等于

$$\bar{x}_2 = (1 - p_1)\bar{y}_2 + p_1 d_2 = (1 - p_1)(\bar{y}_2 - d_2) + d_2 \tag{5-14}$$

同理，考虑由参与者 2 首先报价的子博弈，可得

$$\bar{y}_1 = (1 - p_2)\bar{x}_1 + p_2 d_1 = (1 - p_2)(\bar{x}_1 - d_1) + d_1 \tag{5-15}$$

由于 $\bar{x}=(\bar{x}_1, \bar{x}_2)$ 和 $\bar{y}=(\bar{y}_1, \bar{y}_2)$ 是假设的，需要解决两个问题：

（1）是否存在符合式（5-14）和式（5-15）的 $\bar{x}$ 和 $\bar{y}$?

（2）这样的 $\bar{x}$ 和 $\bar{y}$ 是否满足个体理性和有效性，并且是否唯一？

首先，$\bar{x}$ 和 $\bar{y}$ 的存在性应该是不证自明。例如，在由参与者 1 先报价的子博弈中，$\bar{x}=(Q_1, x_2^*)$，而 $\bar{y}=(y_1, q_2)$，它们都位于 S 的有效前沿上，因此是个体理性的和有效的。此时，由式（5-10）和式（5-11）我们可得：

$$\bar{x}_2 = x_2^* = (1 - p_1)q_2 + p_1 d_2 = (1 - p_1)\bar{y}_2 + p_1 d_2 = (1 - p_1)(\bar{y}_2 - d_2) + d_2$$

$$\bar{y}_1 = y_1 = (1 - p_2)Q_1 + p_2 d_1 = (1 - p_2)\bar{x}_1 + p_2 d_1 = (1 - p_2)(\bar{x}_1 - d_1) + d_1$$

显然，$\bar{x}=(Q_1, x_2^*)$ 和 $\bar{y}=(y_1, q_2)$ 符合式（5-14）和式（5-15）。

其次，在由参与者 2 首先报价的子博弈中，$\bar{y}=(y_2^*, Q_2)$ 和 $\bar{x}=(q_1, x_2)$，与参与者 1 类似，我们同样利用之前的式（5-9）和式（5-12），不难验证它们也符合式（5-14）和式（5-15）。

由此可见，符合式（5-14）和式（5-15）的、个体理性的和有效的配置 $\bar{x}$ 和 $\bar{y}$ 是存在的。并且我们得到了这样的向量。现在，我们要证明符合式（5-14）和式（5-15）的 $\bar{x}$ 和 $\bar{y}$ 是唯一存在的。为了解决这个问题，将式（5-14）和式（5-15）转换成另一种形式：

$$\bar{x}_1 - \bar{y}_1 = p_2(\bar{x}_1 - d_1) \tag{5-16}$$

$$\bar{y}_2 - \bar{x}_2 = \frac{p_1(\bar{x}_2 - d_2)}{1 - p_1} \tag{5-17}$$

由这两个公式我们可以明显看出，两个公式的右边都是非负的，且反映了一个基本事实：要求每个参与者首先报价时，他分配给自己的份额一定不会少于下一时刻对方分给他的份额！即所谓的“先动优势”。不妨考虑 G_1(类型)的子博弈，当参与者 1 首先报价时，

他总是希望分配给自己尽可能多的份额，他试图将 $\bar{x}_1$ 从 d_1 向着自己预期收益的理想值 $m_1(S, d)$ 方向增加，此时毫无疑问 $\bar{x}_2$ 从 $m_2(S, d)$ 向 d_2 方向减少，于是 $\bar{x}_2-d$ 单调向 0 递减，则 $\bar{y}_2-\bar{x}_2$ 单调向 0 递减。然而，当 $\bar{x}_1$ 从 d_1 向着理想值 $m_1(S, d)$ 方向增加时，$\bar{x}_1-\bar{y}_1$ 单调增加。注意到在这种增加过程中，点 $\bar{x}$ 和 $\bar{y}$ 是沿着 S 的有效前沿移动的。如果这样的移动合理时，则说明 $\bar{x}$ 和 $\bar{y}$ 可能不是唯一的。因而我们需要论证这种移动在逻辑上是无法成立的。其实只要注意到当 $\bar{x}_1$ 增加且 $\bar{x}_1-\bar{y}_1$ 跟着单调增加时，由于点 $\bar{x}$ 和 $\bar{y}$ 是沿着凸集 S 的有效前沿移动的，因此 $\bar{y}_2-\bar{x}_2$ 事实上也应该单调增，这与前面的假设矛盾。所以，$\bar{x}_1$ 是不允许自行增加的。这足以说明 $\bar{x}$ 是唯一的，同时也说明 $\bar{y}$ 是唯一的。既然 $\bar{x}$ 和 $\bar{y}$ 都是唯一的，那前面得到的两对 $\bar{x}$ 和 $\bar{y}$ 应该是一样的，且仅当 $Q_1=q_1$ 和 $Q_2=q_2$ 时才能成立。于是令 $Q_1=q_1=\bar{x}_1$ 和 $Q_2=q_2=\bar{y}_2$ 可得：

$$\bar{x} = (\bar{x}_1, \bar{x}_2) = (\bar{x}_1, (1-p_1)(\bar{y}_2-d_2)+d_2)$$

$$\bar{y} = (\bar{y}_1, \bar{y}_2) = ((1-p_2)(\bar{x}_1-d_1)+d_1, \bar{y}_2) \tag{5-18}$$

上面的介绍是从子博弈精炼均衡的要求出发，指出了子博弈精炼均衡所需要满足的条件，从而构造了个体理性的和有效的 $\bar{x}$ 和 $\bar{y}$（同时是唯一的）；现在我们需要验证式（5-18）作为两个参与者的报价的有关策略构成了博弈的子博弈精炼均衡，为此，我们使用定理的形式来叙述这个策略和相应的结论。

定理 5-2　存在谈判破裂风险的两人轮流报价的讨价还价问题中［假设 $w_1=d_1$、$w_2=d_2$，此时称 (d_1, d_2) 为破裂点］，具有唯一的子博弈精炼均衡，其中参与者 1 总是以配置 $\bar{x}$ 报价，参与者 2 总是以 $\bar{y}$ 报价，而参与者 2 将接受任何至少分给自己 $\bar{x}_2$ 的报价。因此，在这个博弈的第一时刻就以达成协议 $\bar{x}$（假定参与者 1 先报价）而结束。$\bar{x}$ 和 $\bar{y}$ 是 S 中的（强）有效分配，满足如下条件：

$$\bar{y}_1 = (1-p_2)(\bar{x}_1-d_1)+d_1 \quad 和 \quad \bar{x}_2 = (1-p_1)(\bar{y}_2-d_2)+d_2 \tag{5-19}$$

我们仅需要证明这样的策略是子博弈精炼均衡（在这个子博弈精炼均衡中，如果参与者 1 首先报价，那么他一定能得到期望收益 $\bar{x}_1$；而当由参与者 2 首先报价时他一定能得到期望收益 $\bar{y}_2$）。在从第二个时刻开始的子博弈均衡中，参与者 2 预期得到 $\bar{y}_2$。如果参与者 1 在前面时刻偏离上述策略，可能的偏离情况有两种：一种偏离是他的报价分配给参与者 2 的份额高于 $\bar{x}_2$，那么参与者 2 肯定会接受而参与者 1 的份额会达不到 $\bar{x}_1$ 而受损；另一种偏离是他的报价分配给参与者 2 的份额低于 $\bar{x}_2$，那么参与者 2 会拒绝。于是参与者 1 的期望收益应为 $(1-p_1)\bar{y}_1+p_1w_1$，而我们假定了 $w_1=d_1$，因此这个期望收益不会比 $\bar{x}_1$ 高，由此得到的结论是参与者 1 不愿意偏离。根据一步偏离准则，这个策略是子博弈精炼均衡。

这里我们对 w_1 和 w_2 作了一些限制，因为过高的 w 会影响到最后的讨价还价结果。

博弈中的另外一个影响谈判结果的参数是破裂概率 p_1 和 p_2，这些概率是在报价遭到拒绝后参与者终止谈判而使得讨价还价立即导致一个最终结果的可能性，因此有人也称它反映了参与者关于谈判的一种“承诺力”。这两个概率之比将直接关系到讨价还价达成的协议中有关分配的相对份额。一般而言，我们总是假设 p_1 和 p_2 比较小，这个假设的实际意义在于：虽然总是存在假设谈判破裂的可能性，但是这种可能性在实际问题中却不会很大。在这个基础上，可以假定存在正数 α，β 以及相当小的 $\varepsilon>0$，使得 $1-p_1=(1-\varepsilon)^{\alpha}\approx\varepsilon\alpha$，$1-p_2=(1-\varepsilon)^{\beta}\approx\varepsilon\beta$。

于是，根据定理 5-2 我们很容易得到：

$$(\bar{x}_1 - d_1)^{\alpha}(\bar{x}_2 - d_2)^{\beta} = (\bar{x}_1 - d_1)^{\alpha}(\bar{y}_2 - d_2)^{\beta}(1 - p_1)^{\beta} = (\bar{x}_1 - d_1)^{\alpha}(\bar{y}_2 - d_2)^{\beta}(1 - \varepsilon)^{\alpha\beta} \tag{5-20}$$

$$(\bar{y}_1 - d_1)^{\alpha}(\bar{y}_2 - d_2)^{\beta} = (1 - p_2)^{\alpha}(\bar{x}_1 - d_1)^{\alpha}(\bar{y}_2 - d_2)^{\beta} = (1 - \varepsilon)^{\alpha\beta}(\bar{x}_1 - d_1)^{\alpha}(\bar{y}_2 - d_2)^{\beta} \tag{5-21}$$

式（5-20）和式（5-21）的右边是相同的，这意味着

$$(\bar{x}_1 - d_1)^{\alpha}(\bar{x}_2 - d_2)^{\beta} = (\bar{y}_1 - d_1)^{\alpha}(\bar{y}_2 - d_2)^{\beta} \tag{5-22}$$

这里，破裂点（d_1，d_2）相当于无法达成意见一致的点，而 $\bar{x}$ 和 $\bar{y}$ 是两个参与者分别提出的符合个体理性的和有效的报价方案，它们当然位于 S 的有效前沿上。式（5-22）表示，$\bar{x}$ 和 $\bar{y}$ 又位于广义纳什积的等值线上。所以 $\bar{x}$ 和 $\bar{y}$ 其实是 S 的有效前沿和广义纳什积 $(x_1-d_1)^{\alpha}(x_2-d_2)^{\beta}$ 的一个等值线的两个交点。因此，以 α 和 β 为参数的广义纳什讨价还价解一定位于 $\bar{x}$ 与 $\bar{y}$ 之间的 S 的有效前沿上（因为将等值线的值提高直到等值线与 S 的有效前沿只有一个交点，这个交点就是广义纳什讨价还价解，所以这个点在 $\bar{x}$ 与 $\bar{y}$ 之间的 S 的有效前沿上）。固定 α 和 β 不变，令 $\varepsilon\to 0$，那么 $p_1\to 0$，$p_2\to 0$，引起 $\bar{x}_1-\bar{y}_1\to 0$ 和 $\bar{y}_2-\bar{x}_2\to 0$。于是，这个轮流出价的讨价还价问题唯一的子博弈精炼均衡的结果收敛于使广义纳什积 $(x_1-d_1)^{\alpha}(x_2-d_2)^{\beta}$ 达到最大的纳什讨价还价解，显然我们有：

$$\frac{\alpha}{\beta} = \lim_{\varepsilon\to 0}\frac{p_1}{p_2} \tag{5-23}$$

通过上面的叙述实际解释了轮流出价的讨价还价问题与广义纳什讨价还价解之间的关系。

按照上面的叙述，我们从参与者 1 先报价开始考虑问题，如果他的报价遭到拒绝，尽管 p_1 和 p_2 相当小，只要 p_1 相对地比 p_2 大，那么收敛于广义纳什讨价还价解的子博弈精炼均衡的结果将对他有利；反过来，倘若他拒绝对方的报价，谈判破裂的概率 p_2 只要远远小于 p_1，其结果显然对他有利。事实上，根据唯一的子博弈精炼均衡的描述，即使 p_1 相对地比 p_2 大，一旦参与者 1 的报价被参与者 2 拒绝，假如谈判破裂，参与者 1 只能得到 d_1，假如他等待参与者 2 的报价并接受参与者 2 给予他的 $\bar{y}_1=(1-p_2)(\bar{x}_1-d_1)+d_1$，这个收益肯定比 d_1 好。由此可见，相对大的 p_1 并不意味着鼓励参与者 1 终止谈判。然而，设法让对手了解如果拒绝自己的报价，谈判破裂的可能性很大，由此产生对他不利的后果，向对方施加压力，从而敦促对方接受自己的报价，这无疑是个不错的策略。

由于我们讨论的是无限次的轮流出价的讨价还价问题，因此完全不考虑贴现因子不太合理。下面我们将关心具有破裂风险且带有贴现因子的两人轮流出价的讨价还价问题。即在本节已经讨论的内容基础上，加入上一节中提到的贴现因子。令 δ_1 和 δ_2 分别表示参与者 1 和 2 延迟一个时刻关于效用的贴现因子。有如下结论：

定理 5-3 存在谈判破裂风险并且带有贴现因子（δ_1，δ_2）的两人轮流出价的讨价还价问题中（假设 $w_1=d_1$，$w_2=d_2$，此时称（d_1，d_2）为破裂点），具有唯一的子博弈精炼均衡，其中参与者 1 总是以配置 $\bar{x}$ 报价，参与者 2 总是以 $\bar{y}$ 报价，而参与者 2 将接受任何至少分给自己 $\bar{x}_2$ 的报价。因此，在这个博弈的第一时刻就以达成协议 $\bar{x}$（假定参与者 1 先报价）而结束。$\bar{x}$ 和 $\bar{y}$ 是 S 中的（强）有效分配，满足如下条件：

$$\bar{y}_1 = \delta_1(1 - p_2)\bar{x}_1 + p_2 d_1 \quad \text{和} \quad \bar{x}_2 = \delta_2(1 - p_1)\bar{y}_2 + p_1 d_2 \tag{5-24}$$

定理 5-3 的证明和定理 5-2 的证明几乎相同，不同的地方在于一旦某个参与者（例

如参与者 1）的报价遭到拒绝，那么拒绝他的报价的参与者 2 要么在这一时刻以概率 p_1 获得 d_2；要么以概率（$1-p_1$）在下一个时刻中得到为自己提出的 $\bar{y}_2$，不过要考虑贴现因子 δ_2，所以参与者 2 做出拒绝决策后的期望收益应为 $\delta_2(1-p_1)\bar{y}_2+p_1d_2$。要使参与者 2 接受自己的报价，参与者 1 在报价中分给参与者 2 的份额自然不能少于 $\delta_2(1-p_1)\bar{y}_2+p_1d_2$，假如将 $\bar{y}_2$ 考虑为在子博弈精炼均衡中参与者 2 所获得收益的上（下）确界，那么类似式（5-3）和式（5-6）这样的关于参与者 1 的均衡收益不等式。在其余的讨论中，只要遇到下一时刻，就要考虑到贴现因子，基本步骤与定理 5-2 的证明相似，请读者仿照定理 5-2 的证明自己完成。

5.3　无限次重复博弈的防重新谈判均衡

本节主要关心两个参与者之间的无限次重复博弈问题，看上去和两人轮流出价的讨价还价不太一样，但其实它也是一轮一轮地进行，每一轮中，博弈的双方都有可能谈判，进行讨价还价。

完全信息的无限次重复博弈，在每个阶段必须有一个两个参与者之间的策略型博弈，称为阶段博弈。它可以在各个时刻重复实施。假设阶段博弈是表 5-1 所示的“囚徒困境”博弈。

表 5-1　“囚徒困境型”阶段博弈

		囚徒 B 坦白	囚徒 B 抵赖
囚徒 A	坦白	(0, 0)	(3, -1)
	抵赖	(-1, 3)	(2, 2)

众所周知，这个阶段博弈具有唯一的纯策略纳什均衡（坦白，坦白），其支付向量为（0，0），拥有有效支付向量（2，2）的（抵赖，抵赖）却不是纳什均衡。在每个阶段总是（坦白，坦白）是该无限次重复博弈的子博弈精炼均衡。在（坦白，坦白）这个策略中，任何一个时刻（即任何一个阶段）以后的行动仍然是（坦白，坦白），并且由这个策略所产生的后续支付向量总是（0，0）。可见，沿着这个策略，谈不上重新谈判，因为这个策略的任何时刻，重新谈判后也是（坦白，坦白），得到的支付向量依然是（0，0）。

但是，在这个无限次重复囚徒困境的博弈中，不是所有的子博弈精炼均衡都是（坦白，坦白）那样地不存在重新谈判的可能。例如，第 3 章中提到的冷酷策略：“最初两人进行合作都选择抵赖，一旦有一方偏离合作，则实施惩罚使得以后永远地回到纯策略纳什均衡（坦白，坦白）”是子博弈精炼均衡。然而，双方合作带来的收益显然帕累托优于惩罚状态（坦白，坦白）的收益，这个事实激励着参与者重新谈判来使得无休止的惩罚状态回到合作状态，这样对参与者双方都有利。这个策略从一开始就考虑到了“总是合作”的（抵赖，抵赖）情况，是一个对双方都有利的途径，大家得到自己满意的收益。如果发生偏离就“永远处在纳什均衡（坦白，坦白）”所得到的后续收益和“回到合作状态”所得到的后续收益完全不一样多，明显后者会更高。于是，就出现了通过重新谈判回到“总是合作”的可能性。

这个例子展示了两个子博弈精炼均衡的策略，一个是可以防止重新谈判的，另一个是无法防止重新谈判的。仔细分析，与均衡策略的收益关系密切。在（坦白，坦白）的策略中，其支付向量（0，0）是个单点集合。无论从哪个历史时刻 t 开始，后续支付向量依然是对应于原来的均衡支付向量（0，0），因此从策略的角度而言，没有必要再进行有关策略行动的谈判。但是在冷酷策略中，由于一开始采取的是合作策略（抵赖，抵赖），因此我们的合作协议中的可能收益包含了总是合作所带来的收益，也包含了发生偏离后惩罚到底的均衡收益。无休止的惩罚总是不如“总是合作”来的好，所以参与者有动机进行谈判回到“总是合作”状态来。

“弱防重新谈判”思想的出发点是根据某种“外因”（事实上我们是根据子博弈精炼均衡）来人为地构造均衡收益集 Q，Q 在任意时刻 t 和任何历史 h^t 都是可以达到的（之所以从子博弈精炼均衡出发，是因为在无限次重复博弈中，我们总是以子博弈精炼均衡作为问题的解或预测，而现在要处理的问题是，在这样的子博弈精炼均衡策略中，参与者是否会受到鼓励从而有动机去重新谈判）。Q 中的每个收益必须对应于 Q 中的某个均衡的后续收益。如果在这样构造的 Q 中，没有一个均衡收益帕累托劣于 Q 中的另一个均衡收益，我们称这样的收益集合 Q 为弱防重新谈判的。囚徒困境例子中的单点集（0，0）是弱防重新谈判的。因为在任何时刻（坦白，坦白）的后续收益都是（0，0）。根据冷酷策略所构造的收益集合 Q 不是弱防重新谈判的，因为“总是合作”优于无休止惩罚。

现在，我们来看另一个策略：“在第一个周期选择抵赖，在往后的周期中，如果上一个周期的结局是（抵赖，抵赖）或者（坦白，坦白），那么就选择抵赖策略；如果上一个周期的结局是（坦白，抵赖）或者（抵赖，坦白），那么就取坦白”。这个策略和一般的“针锋相对”策略有明显不同，称其为“完美针锋相对”。根据这个策略所构造的收益集合 Q 不是弱防重新谈判的，因为在发生单方面偏离后的下一个周期中，不理睬偏离而采取（抵赖，抵赖）将会更有效。

在前面，我们提到“总是合作”似乎比别的策略更好，那么我们的策略就取“总是合作”的（抵赖，抵赖）而不是冷酷策略，是否会是弱防重新谈判的呢？这里我们注意一个事实，只要参与者有充分耐心（即贴现因子无限接近于1），那么“总是合作”其实是子博弈精炼均衡。1989 年 Farrell 和 Maskin 以及 Damme 证明了，如果贴现因子 δ 充分接近于 1，“总是合作”是无限次重复囚徒困境的弱防重新谈判的结局。事实上，对于无限次重复囚徒困境，无名氏定理以防重新谈判的形式成立。特别地，两个囚徒采用“赎罪”策略是弱防重新谈判的并且具有有效收益。这个策略具体描述为：“从双方都选择抵赖开始。如果单个参与者 i 偏离到坦白，那么就转向到对 i 的惩罚状态，在这个惩罚状态中，参与者 i 选择抵赖而另外一个参与者 j 取坦白（这样 i 得到-1 而 j 得到 3，于是形成了对 i 的惩罚），这个惩罚状态一直延续直到第一次出现参与者 i 选择抵赖，而博弈回到合作状态时为止。”

这个策略的结局是弱防重新谈判的验证，首先需要考虑它是否是子博弈精炼均衡。我们需要验证在合作状态，任何一个参与者的偏离将触发惩罚周期，当贴现因子 σ 充分接近于 1 时，不会给自己带来好处。例如，假设参与者 1 偏离合作状态，那么他将承受一个周期的惩罚，倘若他甘愿承受惩罚并在之后回到合作状态，我们可以计算从接受惩罚周期起的持续总收益为

$$-1+2\delta+2\delta^2+2\delta^3+\cdots=-1+\frac{2\delta}{1-\delta}=\frac{3\delta-1}{1-\delta} \tag{5-25}$$

因此他的平均持续收益为

$$(1-\delta)\frac{3\delta-1}{1-\delta}=3\delta-1>0 \tag{5-26}$$

即 $\delta>1/3$。但是如果参与者 1 坚持再偏离一次，于是结局为(坦白，坦白)，(抵赖，坦白)和以后永远的合作状态(抵赖，抵赖)，那么可以计算得到他的平均持续收益为

$$(1-\delta)\left(0-\delta+\frac{2\delta^2}{1-\delta}\right)=\delta(3\delta-1)<3\delta-1 \tag{5-27}$$

只要 $\delta\neq1$ 则上式严格地成立。这表明，参与者 1 坚持偏离不如回到合作。

那么，当参与者 1 偏离时，参与者 2 是否会偏离“赎罪”的策略而不去惩罚参与者 1 呢？我们来计算参与者 2 两种态度的平均持续收益。

当参与者 1 偏离并接受惩罚时，参与者 2 的平均持续收益为

$$(1-\delta)\left(3+\frac{2\delta}{1-\delta}\right)=3-\delta \tag{5-28}$$

如果参与者 2 不去惩罚参与者 1，而参与者 1 则在选择坦白后立刻回到合作状态，此时参与者 2 的平均收益为

$$(1-\delta)\frac{2}{1-\delta}=2 \tag{5-29}$$

显然，只要 $\delta\neq1$ 时，有 $3-\delta>2$。可见，为了最大化自己的利益，参与者 2 应该按照策略立刻去惩罚参与者 1。

综上所述，我们利用“一步偏离准则”证明了“赎罪”的策略是子博弈精炼均衡。

现在我们试图证明“赎罪”策略的收益集是弱防重新谈判的。注意到对任意时刻 t 和历史 h^t，无非有三种后续情况：要么是合作状态；要么是参与者 1 偏离；要么是参与者 2 偏离。对于这三种子博弈的平均持续收益分别为（2，2），（$3\delta-1$，$3-\delta$）与（$3-\delta$，$3\delta-1$），当 $\delta\neq1$ 时，有 $3-\delta>2$ 和 $3\delta-1<2$，因此这三个收益之间没有一个帕累托优（或者劣）于另一个现象。所以按照弱防重新谈判的定义，“赎罪”策略的收益集是弱防重新谈判的。

在无限次重复囚徒困境中得到的上述有效弱防重新谈判的收益的关键是使用（抵赖，坦白）惩罚了偏离的参与者，而惩罚者又从中得到奖励。在其他的某些博弈中，在奖励和惩罚的两个参与者之间可能存在着交易，这可以组织整个有效个体理性收益集合成为弱防重新谈判的。这里不再讨论这种情况。

既然有“弱防重新谈判”的概念，那么肯定会有“强防重新谈判”的概念。如果收益集合 Q 是弱防重新谈判的，并且不存在“拥有一个收益帕累托严格优于 Q 中的任何收益”的其他弱防重新谈判的集合，那么我们称 Q 是“强防重新谈判”的。这里不讨论关于“强防重新谈判”的收益集合，因为它不仅“复杂”，而且有时“存在性”也存在问题。

5.4　未充分使用的频谱定价算法

随着认知无线电技术的发展，动态频谱分配成为提高频谱使用效益的重要手段，可以

使得认知用户以非协作或协作的方式动态接入授权用户的频谱。在非协作的接入方式中，认知用户不断地检测主用户频谱占用情况，伺机接入空闲频段，并在检测到主用户出现时立即退出此种方式，不需要对主用户做任何改变，而对认知用户则要求很高；在协作的方式中，主用户主动向认知用户通知频谱接入机会和频谱状态信息，考虑到主用户的参与激励，文献［5］提出了“频谱二手市场”的概念，通过引入频谱交易机制以实现频谱资源的有效分配。在频谱交易机制中，主用户通过出租频谱以获得经济收益，认知用户则通过在租借的频段上实现信息传输而获得收益。

5.4.1 频谱交易系统模型

已有不少学者研究通过频谱定价或拍卖的方式实现动态频谱分配，提高频谱的使用效益，然而已有的这些研究都只考虑主用户的“未使用”频段，而未考虑任何使用效益不高的“未充分使用”频段。现有的无线通信系统中主要基于扩频通信技术，如 CDMA 商用系统、军事通信系统和卫星通信系统等。在这些系统中，频谱几乎总处于占用状态，即不存在“未使用”频段，只存在“未充分”使用频段。鉴于主用户能容忍一定程度的干扰，只要认知用户的信号不影响主用户的信号传输质量，可将“未充分使用”频段给认知用户使用。为了实现频谱的高效利用并增加主用户的收益，应该充分运用“未充分使用”频段进行信息传输[6]，为此，下面介绍一种适用于“未充分使用”频段的定价算法。

考虑存在 n 个主用户和 1 个认知用户的无线网络场景。如图 5-2 所示，主用户愿意在保证自己通信质量的前提下出租部分频谱以获得额外的经济收益，而认知用户则希望租借频谱以实现信息传输并获得收益，因此在授权用户和未授权用户之间可建立起频谱二手市场。其中，买卖双方为认知用户和主用户，商品则是主用户的频谱，如何设计合理的定价机制是影响频谱是否高效使用的一个关键问题。

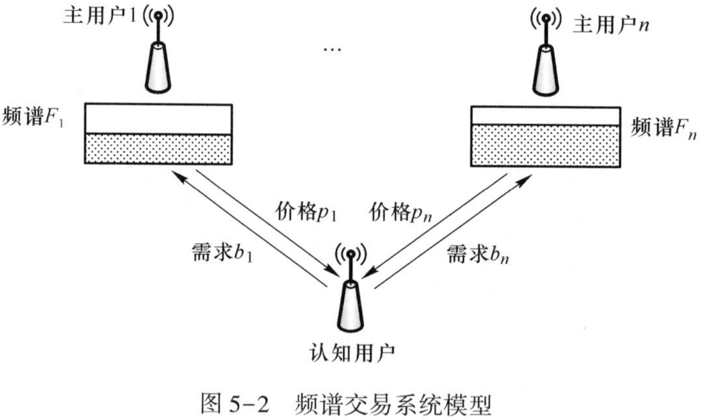

图 5-2 频谱交易系统模型

假设每个主用户都只拥有一段连续的频谱，并且其传输功率谱密度在整个频段上均匀分布，所作假设适用于 CDMA 系统。此外，假设所有用户都采用自适应调制编码技术，且所有用户要求达到的误比特率均为 BER^{tar}，则频谱效率（单位带宽传输速率）为：

$$k = \log_2(1 + K\lambda) \tag{5-30}$$

式中，$K=\dfrac{1.5}{\ln(0.2/BER^{tar})}$；$\lambda$ 为信噪比。

由于在未充分使用频段上，主用户在进行信息传输，为保证主用户的通信质量，需对认知用户进行发射功率限制。假设主用户的最低传输速率要求为 $R_{\min}$，传输功率谱密度为 φ，带宽为 W。为了简化分析，采用 AWGN 信道模型，由式（5-30），令 $R_{\min}=W\log_2(1+K\varphi/(I_{\max}+N_0))$ 可解得：

$$I_{\max}=K\varphi/(2^{R_{\min}/B}-1)-N_0 \tag{5-31}$$

其中，N_0 为噪声功率谱密度；$I_{\max}$ 即为允许的最大干扰功率谱密度。认知用户在授权频段上的平均传输功率谱密度不能超过 $I_{\max}$。

5.4.2　频谱交易博弈模型

假设所考虑的无线网络中有一个公共信道负责交易信息的传递，并且保证资金的流转和结算等频谱交易。以 T 为周期进行，每个周期的频谱交易主要过程如下：首先，在每个交易周期 T 的起始阶段，所有愿意出租频谱的主用户向认知用户传递频谱信息，包括单位频谱价格、最大干扰功率限制和主用户的传输功率谱密度等；然后，认知用户根据这些信息以及自己的信息传输需求，决定应向哪些主用户租借频谱以及租借多少，并将频谱需求传递给主用户；主用户接收到需求信息后回复确认信号，至此频谱交易达成，认知用户在租借频段上开始进行信息传输，直到交易周期 T 结束。频谱被主用户收回，开始新的交易周期[7]。

各主用户以最大化各自收益为目标，因此可以把频谱定价建模为一个非合作博弈过程，博弈的参与者为各主用户，策略为频谱价格，效用函数则由式 $U_i^{(P)}(\boldsymbol{p})=p_ib_i-C_i(b_i)$ 给出。给出其他用户的价格，主用户的最大化收益价格为 $R(\boldsymbol{p}_{-i})=\underset{p_i}{\arg\max}\,U_i^P(\boldsymbol{p})$，其中 $\boldsymbol{p}_{-i}=[p_1,\cdots,p_{i-1},p_{i+1},\cdots,p_n]$。

令 $p_i=[p_1^*,\cdots,p_i^*,\cdots,p_n^*]$ 为该非合作博弈模型的纳什均衡解，则有：

$$p_i^*=R(\boldsymbol{p}_{-i}^*),\ \forall i=1,2,\cdots,n$$

对该方程组进行求解，即可得到纳什均衡解 $\boldsymbol{p}^*$。

上述求解的前提是需求函数和所有主用户的效用函数都是已知的，难以在实际系统中应用，为此，使用迭代的方法实现定价算法在主用户无法获得其他用户价格和效用函数的情况下，主用户只能根据历史交易信息和认知用户的需求响应动态调整价格。假设采用如下的价格迭代调整公式：

$$p_i[t+1]=p_i[t]+\alpha_i\left(\frac{\partial U_i^{(P)}(\boldsymbol{p}[t])}{\partial p_i[t]}\right) \tag{5-32}$$

其中，$\boldsymbol{p}[t]=[p_1[t],\cdots,p_n[t]]$ 为 n 个授权用户在第 t 次迭代时的价格向量，α_i 为迭代步长。价格向量初始值 $\boldsymbol{p}[0]$ 由各用户根据经验估计得来，而边际效用 $\dfrac{\partial U_i^{(P)}(\boldsymbol{p}[t])}{\partial p_i[t]}$ 则可通过价格的微小变动来测试需求响应的变化而计算得到。

5.4.3　仿真分析

考虑一个存在 2 个主用户 PU_1、PU_2 和 1 个认知用户 SU 的无线网络场景。不失一般性，假设所有用户接收机处的热噪声功率谱密度相同；主用户的带宽均为 $W=20$MHz；用户要求达到的误比特率均为 $BER^{tar}=10^{-4}$；主用户接收机处的信噪比为 15~22dB；因发射功率限制，认知用户接收机处信噪比取 9~15dB；频谱替代性因子取 $v=0.7$；主用户的成本因子分别取 $c_1=2$ 和 $c_2=3$。

比较认知用户的不同收益因子 r 对用户收益和系统效益的影响。由图 5-3 可以看出，用户收益都随着收益因子 r 的增大而升高。收益因子 r 越大，意味着认知用户实现信息传输所能获得的收益越高，因而对频谱的需求越强烈。可见，认知用户的频谱需求越强烈，则提出的针对“未充分使用”频段的定价算法越有利于系统频谱效益的提高和用户收益的增加。另外，从图 5-3 还可发现，在收益因子 r 小于 100 时，系统效益很低，这说明只有当认知用户的频谱需求足够强烈时，“未充分使用”频谱的共享才能明显提高系统频谱效益和用户收益。

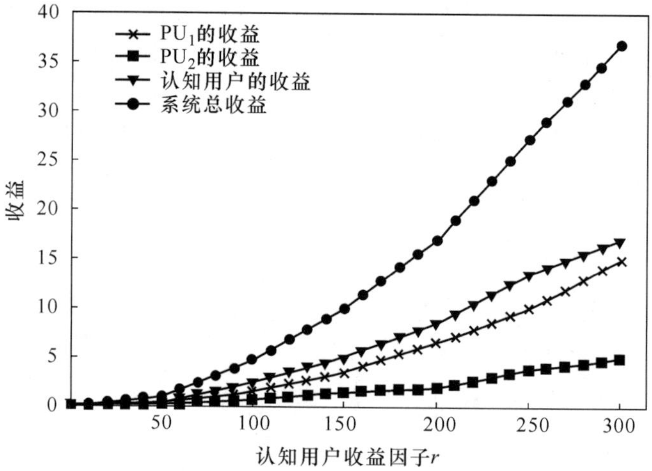

图 5-3 用户收益与认知用户收益因子 r 的关系

为了验证算法的收敛速度，对算法收敛迭代次数进行仿真。仿真中设置迭代结束条件为前后两次迭代价格相差小于 0.001。图 5-4 给出了不同的收益因子 r 所对应的算法收敛

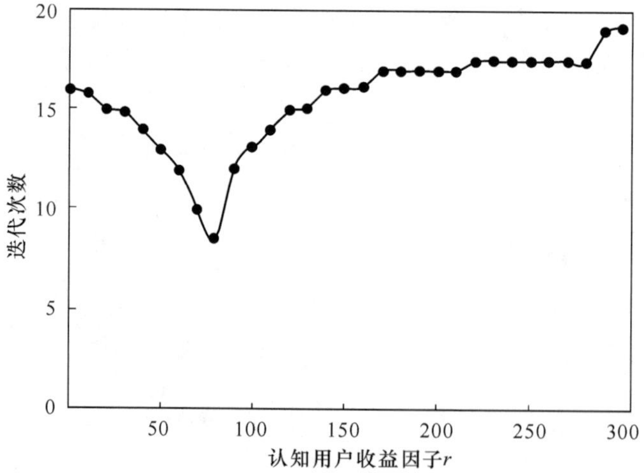

图 5-4 不同收益因子 r 测定仪的平均迭代次数

迭代次数，可以看出，算法平均迭代次数为 8~19 次，可见算法收敛速度较快，有利于实际应用。为了验证迭代算法的准确性，本节还对 r 取不同值时的价格迭代解与理论计算得到的纳什均衡解进行比较。仿真结果如图 5-5 所示，图中带圆形和方形标记的两条实线为根据式（5-32）计算得到的价格的纳什均衡解，另两条实线则为利用迭代算法得到的解，仿真中设置收敛结束条件为前后两次迭代价格相差小于 0.1。从图中可以看出，迭代收敛解和纳什均衡解是一致的，验证了迭代算法的准确性。

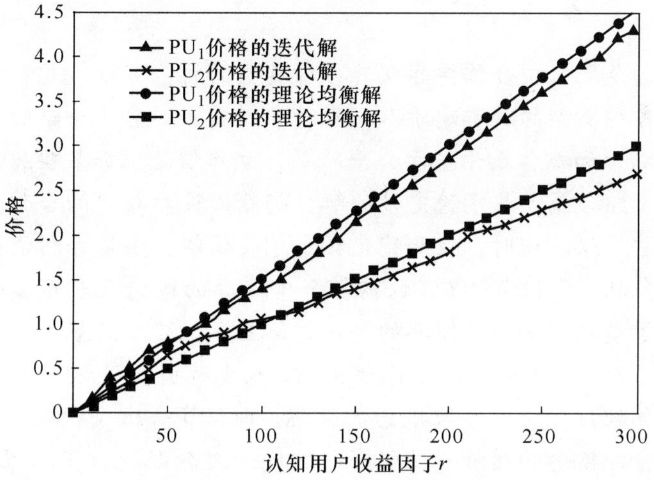

图 5-5　迭代解与纳什均衡解

参 考 文 献

[1] A. Rubinstein. Perfect Equilibrium in a Bargaining Model [J]. Econometrica, 1982, 50 (1): 97-110.

[2] 埃尔文 . E. 罗斯 . 讨价还价的博弈论模型 [M]. 北京：中国人民大学出版社，2017.

[3] A. Shaked, J. Sutton. Involuntary Unemployment as a Perfect Equilibrium in a Bargaining Model [J]. Econometrica, 1984, 52 (6): 1351-1364.

[4] Gregor Berz. Game Theory Bargaining and Auction Strategies [M]. 2rd. Palgrave Macmillan, 2015.

[5] Federal Communications Commission. Notice of proposed rule making and order. FCC Document ET Docket No. 02-322, Dec 2003.

[6] Dusit Niyato, Ekram Hossain. Competitive pricing for spectrum sharing in cognitive radio networks: dynamic game, inefficiency of Nash equilibrium, and collusion [J]. IEEE Journal of Selected Areas of Communication, 2008, 26 (1): 192-202.

[7] Dusit Niyato, Ekram Hossain. Market-equilibrium, competitive and cooperative pricing for spectrum sharing in cognitive radio networks: analysis and comparison [J]. IEEE Transaction on Wireless Communication, 2008, 7 (11): 4273-4283.

第 6 章　联盟型合作博弈

【本章要点】

本章的核心概念是联盟型合作博弈及其各种类型的解：分配、核、稳定集、核仁、夏普利值。合作博弈各种类型的解都属于以下两种类型之一：基于公平的解或基于稳定性的解[1]。例如，夏普利值和核仁属于基于公平的解，合作值是根据某些原则在参与者之间分配的。核和讨价还价组合属于基于稳定性的解，仍然假设参与者的合作，但参与者通过不合作的威胁反对某些提议。同时，核和稳定集属于集值解，而夏普利值属于单点解。

本章主要内容包括：6.1 节介绍了联盟型合作博弈的概念及表示，引入了特征函数的概念，特征函数的性质决定了合作博弈的特征。6.2 节介绍了最基本的解：分配，这是合作博弈集体理性的基础。6.3 节给出了优超关系。6.4 节引入了核的概念，这是在分配的基础上更高级的集体理性，是对分配概念的精炼。6.5 节给出了稳定集。6.6 节的核仁概念是从另一角度对分配概念的精炼，按照字典的概念对分配进行了最优化。6.7 节的夏普利值是一种区别于分配的解的概念，是按照参与者的平均“贡献”进行的一种先验分配方式，充分体现了效率和公平性。6.8 节给出两个应用实例。

6.1　联盟型合作博弈的概念及其表示

在第 4 章和第 5 章中，我们仅分析了两人讨价还价博弈中易观察到的合作。初看起来，似乎很容易将讨价还价问题及著名的纳什讨价还价解推广到两人以上的博弈中。但是，这种完美的讨价还价方法忽视了在联盟中与某些参与者合作的可能性，因而不能应用在更大的范围内。对联盟型合作博弈所做的细致分析超出 n 人的讨价还价问题。

令 $N=\{1, 2, \cdots, n\}$ 为参与者的非空有限集合，S 为参与者合作时的可行的收益集，令 $\{d_1, d_2, \cdots, d_n\}$ 为达不成协议时的收益分配，当参与者不合作时，他们可以期望得到这一支付。那么，n 人讨价还价模型可以表示为 $(S, \{d_1, d_2, \cdots, d_n\})$，这一模型的纳什讨价还价解可以表示为：

$$\{s_1^*, s_2^*, \cdots, s_n^*\} = \underset{s_i \in S,\ s_i \geqslant d_i}{\operatorname{argmax}} \prod_{i \in N} (s_i - d_i)$$

这一解可以通过类似于两人纳什讨价还价解的方法得出，但是这种 n 人纳什讨价还价解完全忽视了在参与者子集中进行合作的可能性。研究合作博弈的方法必须提供一种关于“中间的”联盟的理论，这就是本章将要介绍的联盟型博弈。

合作博弈是指参与者能够联合达成一个具有约束力且可强制执行的协议的博弈类型。合作博弈强调的是集体理性，强调效率、公正、公平。追求集体收益最大化称为“集体理性”。一般情况下，集体收益最大化本身不是博弈参与者的根本目标，人们在博弈中的行为准则是个体理性而不是集体理性。因此，如果没有约束力的协议，集体理性是实现不了的。当然，为了使参与者放弃个体理性、选择集体理性，博弈成果的分配就显得非常重要。如果在合作博弈中的收益还没有非合作博弈中的收益大，参与者就不会放弃个体理性而选择集体理性。因此，联盟型合作博弈最重要的两个概念是联盟和分配。每个参与者从联盟中分配的收益正好是各种联盟形式的最大总收益，每个参与者从联盟中分配到的收益不小于非合作时所得收益。

与非合作博弈不同，合作博弈的解种类繁多，几乎针对每类具体问题都有专门定义的解，但是没有一种解能够具有纳什均衡在非合作博弈中那样的地位。不过，不同的解体现出的基本思想都是一致的，只是具体的表达形式不同而已。

合作博弈的核心问题是参与者如何形成联盟（参与者集合）、以及联盟形成后如何重新分配合作所得的收益。所以，下面首先给出合作博弈中最重要的两个概念：联盟和分配。

在 n 人合作博弈中，由于允许参与者事先可以相互交流信息，通过建立约束性的协议，保证合作博弈后合理地分配所得的收益，所以，参与者之间可以形成各种联盟（Coalition），作为一个整体共同参与博弈，以期获得更高的总支付。形成联盟以后，具有约束力的协议使其成员都齐心协力，以保证该联盟获得最大的收益。一旦博弈结束，可以根据某种事先约定好的协议，把得到的收益再重新分配[2]。因此，联盟型合作博弈的核心是参与者如何合作（即如何选择同伴）以及合作后如何分配所得收益。1944 年，冯·诺依曼和摩根斯坦恩在《博弈论与经济行为》[3]一书中首次提出基于特征函数的联盟型合作博弈这一概念。自那以后，联盟型合作博弈产生了很多解概念，同时也产生了一些有趣的合作博弈的子类。在此，我们首先需要引入如下几个基本概念。

6.1.1 联盟型合作博弈的概念和分类

定义 6-1（参与者集合） 考虑一个具有 n 个参与者的联盟型合作博弈，如果这 n 个参与者通过一定的规则进行合作形成联盟，且通过联盟的形成提高自身在博弈中的收益，那么所有的参与者组成的非空有限集合称为参与者集合，并记为 $N=\{1, 2, \cdots, n\}$。

定义 6-2（联盟） 设 $N=\{1, 2, \cdots, n\}$ 为参与者集合，其中 n 为正整数，表示参与者的个数。则其中任意一个子集 $S\subseteq N$ 称为一个联盟，他们通过寻求形成“联盟”这样的合作团体，从而加强他们在博弈中的地位。特别地，当 S 为全集 N 时，称 S 为总联盟（Grand Coalition）；当 S 为单个参与者 $\{i\}$，$\forall i\in N$ 时，称 S 为单联盟（Singleton Coalition）；当 S 为空集 $\varnothing$ 时，称 S 为空联盟（Empty Coalition）。

如果集合 N 中存在联盟 S，那么说明联盟 S 内的成员之间在某种约定的协议范围内，所有成员作为一个整体，为实现同一个目标而共同努力。记 $|N|=n$，那么参与者集合 N 中可能形成的联盟个数应是 $C_n^0+C_n^1+\cdots+C_n^n=2^n$。将联盟的集合，即 N 的所有子集表示为 2^N。对每个 $S\in 2^N$，用 $|S|$ 表示 S 中元素的个数。联盟的形成在许多应用中无处不在。例如，在政治博弈中，政党或个人可以组成联盟以提高其投票权。

在定义了参与者集合 N 和联盟 S 之后，就需要刻画联盟值。没有联盟值，就没有办法研究合作博弈。

定义 6-3（效用函数） 考虑一个 n 人合作博弈的情形，表示某一联盟的可获得收益的函数称为该联盟的效用函数（Utility Function），也称为联盟值函数，简称联盟值，记为 ν。给定任意一个联盟 $S\subseteq N$，则它的联盟值可表示为 $\nu(S)$。

可转移效用假设使合作博弈变得容易分析和处理。在可转移效用的假设下，博弈的合作可能性可以用效用函数描述，这个函数将 $\nu(S)$ 指定给相应的联盟 $S\subseteq N$。从联盟的效用函数的定义可以看出，这个函数值 $\nu(S)\to R$ 表示的是该联盟作为一个整体在此次博弈中所获得的最大收益，而该联盟中的某个参与者 $i\in S$ 所获得的收益称作参与者得失或参与者支付（Payoffs），在下文中用 x_i 表示。

一个非合作博弈包括三个构成要素：参与者集合、每位参与者的策略空间、每位参与者的效用函数。合作博弈将后两个要素抽象为一个，这样合作博弈就由两部分构成：一是所有参与者的集合，二是不同参与者组成联盟的效用函数。联盟值 $\nu(S)$ 量化了合作博弈中联盟的价值,并且决定了合作博弈的形式和类型。一个联盟合作博弈可以由 (N, ν) 唯一定义。需要注意的是，对于不同的 ν，可以定义不同的联盟型合作博弈。

定义 6-4（联盟型合作博弈） 考虑一个参与者集合 N 及其联盟值函数 ν，那么该联盟型合作博弈可以由（N, ν）唯一定义，并且联盟值函数 ν 的性质决定了该联盟博弈的性质。

定义 6-5 用（N, ν）表示参与者集合为 N，特征函数为 ν 的 n 人联盟型合作博弈，其中 ν 是定义在 $2^N=\{S|S\subseteq N\}$ 上的实值映射 ν：$2^N\to R^N$。

在很多情况下，一个联盟能获得的效用值依赖于其他参与者所采取的行动。$\nu(S)$ 有时被解释为联盟 S 独立于联盟 $N\setminus S$ 的行动可保证的最大支付。

根据联盟值函数 ν 的性质，联盟型合作博弈可分为划分函数（Partition Function）型联盟博弈[5]和特征函数（Characteristic Function）型联盟博弈[5]，下两节分别进行详细介绍。

根据联盟中的参与者的支付能否通过任何形式分配联盟值 ν 而获得，联盟型合作博弈又可分为可转移效用（Transferable Utility，TU）的联盟型合作博弈和不可转移效用（Non-transferable Utility，NTU）的联盟型合作博弈[6,7]。其中，可转移效用的联盟型合作博弈是指联盟中各参与者获得的效用可以相互转移，或存在一个在参与者之间可以自由流动的交换媒介（如货币），每个参与者的效用与它是线性相关的。可转移效用意味着由该实数表示的总效用可以在联盟成员之间以任何方式进行分配。可转移效用的联盟型合作博弈中的效用值被认为是联盟中的成员可以使用适当的公平规则（例如平均分配）在其自身之间进行分配的货币价值。虽然可转移效用特征函数可以对大多数合作博弈进行建模，但是存在许多情况，其中联盟的效用值不能被分配单个实数，或者对效用的分布存在严格的限制。这些联盟型合作博弈被称为不可转移效用（NTU）的联盟型合作博弈，其首先由罗伯特·奥曼使用非合作博弈作为基础提出。在 NTU 联盟型合作博弈中，联盟 S 中的每个参与者所获得的回报取决于联盟 S 的参与者选择的联合行动。NTU 联盟型合作博弈中的联盟 S 的效用值 $\nu(S)$ 不再是单一映射的函数，而是一组支付向量 $v(S)\subseteq R^{|S|}$，其中向量 $x\in v(S)$ 的每个元素 x_i 代表参与者 $i\in S$ 在给定选择的某种策略下可以从联盟 S 中获得的支付。鉴于此定义，可转移效用的联盟型合作博弈可以被视为不可转移效用的联盟型合作博弈的一个特例。具有 TU 或 NTU 的特征函数型联盟博弈构成了最重要的联盟型合作博弈类型之一，并且在本书的以下部分中详细探讨它们的解的概念。

综上所述，根据联盟型合作博弈中的联盟值及其值的分配情况，联盟型合作博弈的总体分类见表 6-1。

表 6-1　根据效用函数类型和效用分配方式进行分类

效用分配方式 \ 效用函数类型	划分函数	特征函数
可转移效用	可转移效用的划分函数型联盟博弈	可转移效用的特征函数型联盟博弈
不可转移效用	不可转移效用的划分函数型联盟博弈	不可转移效用的特征函数型联盟博弈

在以上 4 类联盟型合作博弈类型中，无论是哪类博弈，它们的共同特点都是通过竞争与合作使得自身利益达到最大，同时它们又更多地考虑了集体利益。为了更好地应用联盟型合作博弈解决实际问题，接下来我们从联盟函数值的角度分析不同联盟型合作博弈的特性。

6.1.2　特征函数型联盟博弈

特征函数型联盟博弈的联盟值仅依赖于该联盟成员的行动策略，而与该联盟以外的其他成员的行动策略无关。本书主要关注可转移效用的特征函数型联盟博弈的特性。

定义 6-6（特征函数型联盟博弈）　给定一个参与者集合 N 及其任意一个联盟 $S \subseteq N$，如果该联盟的函数值 $\nu(S)$ 仅与联盟 S 中参与者的数量、行动有关，而与 $N \setminus S$ 中参与者的行动无关，即联盟 S 以外的参与者形成联盟的方式不会对联盟 S 的函数值 $\nu(S)$ 造成影响，那么称这个联盟函数值 $\nu(S)$ 具有特征函数型，这个联盟型博弈 (N, ν) 称为特征函数型联盟博弈。

规定 $\nu(\phi)=0$。特征函数 $\nu(S)$ 与每个联盟 $S \subseteq N$ 相关联，是一个量化联盟 S 效用值的实数。

在一个具有可转移效用的特征函数型联盟博弈中，每个联盟的函数值都是一个实数，也就是说考虑一个可转移效用的联盟型合作博弈 (N, ν)。联盟 S 中任意一个参与者 $i \in S$ 得到的分配即为 i 从 S 中所获得到的收益。该类联盟型合作博弈的性质是由其特征函数完全决定的，而判断特征函数是否具有超可加性是重要的一个方面。

定义 6-7（超可加联盟型合作博弈）　一个具有可转移效用的特征函数型联盟博弈 (N, ν) 是超可加的，如果对于任意联盟 S，$T \in 2^N$，且 $S \cap T=\phi$，有 $\nu(S \cup T) \geqslant \nu(S)+\nu(T)$；一个具有可转移效用的特征函数型联盟博弈 (N, ν) 是可加的，如果对于任意联盟 S，$T \in 2^N$，且 $S \cap T=\phi$，有 $\nu(S \cup T)=\nu(S)+\nu(T)$。

从直观上来看，如果一个联盟型合作博弈是超可加的，就意味着“整体的收益大于部分收益之和”。也就是说，如果两个不相交的联盟能够实现某种合作剩余，那么这两个联盟联合起来也至少可以实现这种剩余。超可加博弈是现实生活中很普遍的一类博弈。

定理 6-1　特征函数型联盟博弈 (N, ν) 一定是超可加的，即特征函数 ν 满足超可加性。

该定理说明，特征函数只有满足超可加性，才有形成新联盟的必要性。否则，如果一个合作博弈的特征函数不满足超可加性，那么，其成员没有动机形成联盟，已经形成的联盟将面临解散的威胁。特征函数型联盟博弈暗含两个假设：

（1）所有的参与者总是能够组成总联盟；

（2）效用可转移。

因此，对于特征函数型联盟博弈 (N, ν)，主要的研究重心在于：

（1）如何保证已形成的最优联盟结构（即总联盟）的稳定性，即寻找一个联盟函数值的分配算法以保证最优联盟结构中的成员没有离开所在联盟而形成其他联盟的可能性；

（2）如何保证已形成的最优联盟结构的公平性，即寻找形成的最优联盟结构的效用在其成员之间的公平算法，并对该最优联盟结构的效用进行评估。

合作博弈的结果必须是一个帕累托改进，博弈双方的收益都有所增加，或者至少是一方的收益增加，而另一方的收益不受损害。合作博弈研究人们达成合作时如何分配合作得到的收益，即收益分配问题。合作博弈采取的是一种合作的方式，合作之所以能够增进双方的收益，就是因为合作博弈能够产生一种合作剩余。至于合作剩余在博弈各方之间如何分配，取决于博弈各方的力量对比和制度设计。因此，合作剩余的分配结果既是合作的结果，又是达成合作的条件。

下面通过一个实例说明特征函数的实质及其求解方法。

【例 6-1】 设有一个 3 人合作博弈 $N=\{1, 2, 3\}$，每个参与者各有两个纯策略 $S_i=\{A, B\}$，$i=1, 2, 3$。当三人不合作时，其支付见表 6-2。假设采用最稳妥策略，即最坏情况下选择最好，求合作博弈的支付函数。3 人合作博弈支付表见表 6-2。

表 6-2 3 人合作博弈支付表

参与者	1 2 3	支付 (v_1, v_2, v_3)
组合策略	(A, A, A)	(1, 1, 0)
	(A, A, B)	(−3, 1, 2)
	(A, B, A)	(4, −2, −2)
	(A, B, B)	(0, 1, 1)
	(B, A, A)	(1, 2, −1)
	(B, A, B)	(2, 0, −1)
	(B, B, A)	(3, 1, −1)
	(B, B, B)	(2, 1, −1)

解：用 S 表示一个联盟，$|S|$ 表示联盟中参与者的个数。

当 $|S|=0$，即 $S=\phi$ 时，有 $v(\phi)=0$。

当 $|S|=1$，S 有 3 个，以 $S=\{2\}$ 为例。

当 $S=\{2\}$，则 $N-S=\{1, 3\}$。S 的策略集合 $\{A, B\}$，$N-S$ 策略组合 $\{(A, A), (A, B), (B, A), (B, B)\}$。$S$ 与 $N-S$ 进行如下矩阵博弈，见表 6-3。

表 6-3 矩阵博弈 1

	(A, A)	(A, B)	(B, A)	(B, B)
A	1, 1	1, −1	2, 0	0, 1
B	−2, 6	1, 1	1, 2	1, 1

上述矩阵博弈没有纯策略，S 的混合策略是（3/4, 1/4），$N-S$ 的混合策略是（1/4, 0, 0, 3/4）。S 的均衡值是 1/4。故 $v(\{2\})=\dfrac{1}{4}$。

同理，可以求出 $\nu(\{1\})=1$，$\nu(\{3\})=-1$。

当 $|S|=2$，S 有 3 个，以 $S=\{1, 2\}$ 为例。

当 $S=\{1, 2\}$，则 $N-S=\{3\}$。S 的策略组合 $\{(A, A), (A, B), (B, A), (B, B)\}$，$N-S$ 策略集合 $\{A, B\}$。S 与 $N-S$ 进行如下矩阵博弈，见表 6-4。

表 6-4　矩阵博弈 2

	A	B
(A, A)	2，0	−2，2
(A, B)	2，2	1，1
(B, A)	3，−1	2，−1
(B, B)	4，−1	3，−1

上述矩阵博弈有纯策略，S 的均衡值是 3。故 $\nu(\{1, 2\})=3$。

同理，可以求出 $\nu(\{1, 3\})=1$，$\nu(\{2, 3\})=1$。

当 $|S|=3$，S 有 1 个，即 $S=N$ 为总联盟。S 的策略空间 $3^{|A,B|}$。

有 $\nu(N)=\max\{2, 0, 4, 2, 2, 1, 3, 2\}=4$。

至此特征函数的值已全部求出。

ν 之所以称为特征函数，是因为这个合作博弈的性质基本由 ν 决定。由此可见 ν 对合作博弈的重要性。

6.1.3　划分函数型联盟博弈

划分函数型联盟博弈的联盟值不仅依赖于该联盟成员的行动策略，同时也依赖于参与者集合中其他成员的合作情况[8]。下面首先给出该类联盟博弈中划分的定义。

定义 6-8（划分）　给定一个参与者集合 N 和一系列非空联盟集合 $B=\{B_1, B_2, \cdots, B_m\}$，若对于 $\forall i\neq j$，$B_i\cap B_j=\varnothing$，$\bigcup_{i=1}^{m}B_i=N$ 均成立，则称该集合 B 为 N 的一个划分（Partition），也称为一个联盟结构（Coalition Structure）。

定义 6-9（划分函数型联盟博弈）　给定一个参与者集合 N 及其任意一个联盟 $S\subseteq N$，如果该联盟的函数值 $\nu(S)$ 不但与联盟 S 中参与者的数量、行动有关，而且也与 $N\setminus S$ 中参与者的行动有关，即联盟 S 以外的参与者形成联盟的方式会对联盟 S 的函数值 $\nu(S)$ 造成影响，那么称这个联盟函数值 $\nu(S)$ 具有划分函数型，这个联盟博弈 (N, ν) 称为划分函数型联盟博弈。

在划分函数型联盟博弈中，若一个联盟结构 $B=\{B_1, B_2, \cdots, B_m\}$ 定义为 N 的一个划分，则联盟 $S\subseteq B$ 的效用值定义为 $\nu(S, B)$。当评估联盟 $S\subseteq B$ 的效用值时，这个定义强加了对联盟结构的依赖。

图 6-1 给出了具有划分函数型和特征函数型的联盟博弈的一个例子。在这个有 5 个参与者 $N=\{1, 2, 3, 4, 5\}$ 的联盟博弈中，最终形成的 4 个联盟分别为 $S_1=\{1, 2, 3\}$，$S_2=\{4\}$，$S_3=\{5\}$，$S_4=\{4, 5\}$。给定 N 的两个划分 $B_1=\{S_1, S_2, S_3\}$ 和 $B_2=\{S_1, S_4\}$，评估联盟 S_1 的值取决于博弈的形式。如果博弈是特征函数型，那么 $v(S_1, B_1)=v(S_1, B_2)=v(S_1)$，即 $v(S_1)=v(S_1, \{S_2, S_3\})=v(S_1, \{S_4\})$；如果博弈是划分函数型，那么 $v(S_1,$

$B_1) \neq v(S_1, B_2)$，即 $v(S_1, \{S_2, S_3\}) \neq v(S_1, \{S_4\})$。二者主要的差别在于划分函数型联盟博弈中联盟 S_1 的值取决于参与者 4 和 5 是否合作，而特征函数型联盟博弈中联盟 S_1 的值不依赖于参与者 4 和 5 是否合作。

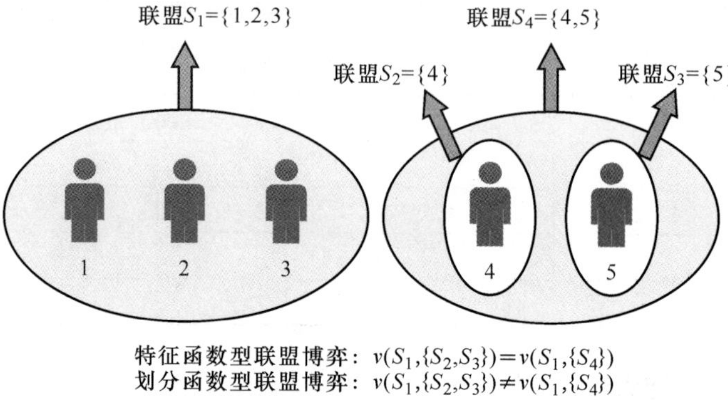

图 6-1　划分函数型及特征函数型联盟博弈示例

6.1.4　几种特殊的联盟型合作博弈

联盟型合作博弈的分类主要是根据特征函数的性质。下面根据特征函数的性质介绍几类特殊的联盟型合作博弈。

定义 6-10（对称合作博弈） 如果 $\nu(S)$ 仅与 S 的个数有关，则 (N, ν) 称作对称合作博弈。

定义 6-11（常和合作博弈） 如果 $\nu(S)+\nu(N\setminus S)=\nu(N)$，则 (N, ν) 称作常和合作博弈。

定义 6-12（简单合作博弈） 如果 $\nu(S)=\begin{cases}0 & S=\{i\}\\1 & S=N\end{cases}$，则 (N, ν) 称作简单合作博弈。

定义 6-13（凸博弈） 如果 $\nu(S)+\nu(T)\leqslant\nu(S\cup T)+\nu(S\cap T)$，则 (N, ν) 称作凸博弈。

凸博弈的直观含义是，参与者对某个联盟的边际贡献随着联盟的规模扩大而增加。显然，凸博弈是超加性的。凸博弈也可以用以下等效的定义表示。

一个博弈 (N, ν) 是凸博弈，当且仅当对于所有 $i\in N$，有：

$$\nu(S\cup\{i\})-\nu(S)\leqslant\nu(T\cup\{i\})-\nu(T),\quad \forall S\subseteq T\subseteq N\setminus\{i\}$$

因此，当且仅当参与者对联盟的边际贡献相对于集合理论包含而言单调不减时，博弈 (N, ν) 才是凸的，这解释了凸性。凸博弈出现在博弈论的一些重要应用中。

定义 6-14（单调合作博弈） 给定合作博弈 (N, ν)，如果对于任意联盟 S，$T\in 2^N$，且 $S\subseteq T$，有 $\nu(S)\leqslant\nu(T)$，那么称该博弈是单调的。

定义 6-15（基本合作博弈） 给定超可加合作博弈 (N, ν)，如果 $\sum_{i\in N}\nu(\{i\})=\nu(N)$，那么称该博弈是非基本的（inessential）；否则，称它是基本的（essential）。

显然，从博弈论的角度来看，非基本博弈是微不足道的。也就是说，如果每个参与者

$i \in N$ 至少要求 $\nu(\{i\})$，那么可以唯一确定 $\nu(N)$ 的分布。

6.2 分　　配

对于合作博弈 (N, ν)，总联盟的总效用为 $\nu(N)$，n 个参与者非合作时的效用之和为 $\sum_{i=1}^{n} \nu(\{i\})$。$\nu(N)$ 之所以大于 $\sum_{i=1}^{n} \nu(\{i\})$ 是所有参与者合作的结果。合作能否维持，取决于 $\nu(N)$ 如何在所有参与者之间进行分配。如果说均衡是非合作博弈的核心，则分配就是合作博弈的核心。

根据定义，$\nu(\{i\})$ 表示参与者 i 与全体其他参与者博弈时的最大效用值，简化表示为 $\nu(i)$。另外，如果联盟为 $S=\{1, 2, \cdots, k\}$，则将简单地以 $\nu(1, 2, \cdots, k)$ 代替 $\nu(\{1,2, \cdots, k\})$ 来表示 $\nu(S)$。

下面给出与分配相关的基本定义。在特征函数意义下，所谓分配就是博弈的一个 n 维向量集合，之所以是 n 维向量，是由于每个参与者都要得到相应的分配。n 维的分配向量称为博弈的“解”。

定义 6-16　合作博弈 (N, ν) 的一个分配是指对 n 个参与者来说，存在一个 n 维向量 $\boldsymbol{x}=(x_1, x_2, \cdots, x_n)$ 满足：(1) $\sum_{i=1}^{n} x_i = \nu(N)$；(2) $\forall i \in N$，$x_i \geqslant \nu(i)$，则称 $\boldsymbol{x}=(x_1, x_2, \cdots, x_n)$ 是该博弈的一个分配解。

这两个条件的含义是：条件（1）说明每个参与者 i 在合作时分配的收益 x_i 总和正好是所有参与者组成总联盟 N 的最大总收益，称为集体理性。条件（2）说明从联盟中每个参与者分配到的收益不小于非合作时所得收益，也就是说合作时必须使每个参与者的收益大于或等于单干时的收益，称为个体理性。

合作博弈存在的两个基本条件是：

（1）对联盟来说，总联盟的收益大于其每个成员非合作时的收益之和；

（2）对联盟内部而言，应存在着具有帕累托改进性质的分配规则。即每个成员都能获得比不加入联盟时要多一些的收益。如何保证实现和满足这些条件？这是由合作博弈的本质特点所决定的，也就是联盟内部成员之间的信息是可互相交换的，且所达成的协议必须是强制执行的。

【例 6-2】 分配 $\boldsymbol{x}=(x_1, x_2, x_3)$ 满足：

$$x_1 \geqslant \nu(\{1\})=1,\ x_2 \geqslant \nu(\{2\})=\frac{1}{4},\ x_3 \geqslant \nu(\{3\})=-1;\ x_1+x_2+x_3=4$$

在例 6-2 的分配中，分配显然不是一个，而是无限个，无限个分配形成一个分配集合。实际上，对于合作博弈而言，其分配总是有无限个。

定义 6-17　对于合作博弈 (N, ν)，由于 $\Delta\alpha = \nu(N) - \sum_{i=1}^{n} \nu(\{i\}) > 0$，存在无限个正向量 $\boldsymbol{\alpha}=(\alpha_1, \alpha_2, \cdots \alpha_n)$，满足 $\Delta\alpha=\alpha_1+\alpha_2+\cdots+\alpha_n$。显然如下的 $\boldsymbol{x}=(x_1, x_2, \cdots, x_n)$ 都是分配，其中 $x_i=\nu(\{i\})+\alpha_i$，$i \in N$。用 $E(\nu)$ 表示一个博弈 (N, ν) 的所有分配解组成的集合。

6.3 优超关系

如何比较 $E(\nu)$ 分配的好坏呢？就是本节将要介绍的优超关系，当然这种好坏的比较必须局限到一个联盟中。

定义 6-18 设 n 人合作博弈（N，ν）的两个分配 $\boldsymbol{x}=(x_1, x_2, \cdots, x_n)$ 和 $\boldsymbol{y}=(y_1, y_2, \cdots, y_n)$，$S \subset N$ 是一个联盟。如果分配方案 $\boldsymbol{x}$ 和 $\boldsymbol{y}$ 满足：

（1）$x_i > y_i$，$\forall i \in S$；

（2）$\sum_{i \in S} x_i \leqslant \nu(S)$。

则称分配方案 $\boldsymbol{x}$ 在联盟 S 上优超于 $\boldsymbol{y}$，或称分配方案 $\boldsymbol{y}$ 在 S 上劣于 $\boldsymbol{x}$，记为 $\boldsymbol{x} >_S \boldsymbol{y}$。

如果分配方案 $\boldsymbol{x}$ 在 S 上优超于 $\boldsymbol{y}$，则联盟 S 会拒绝分配方案 $\boldsymbol{y}$，$\boldsymbol{y}$ 方案得不到切实执行。因为从 $\boldsymbol{y}$ 到 $\boldsymbol{x}$，S 中的每个参与者的收益都得到改善，S 创造的剩余 $\nu(S)$ 又足以满足他们在 $\boldsymbol{x}$ 中的分配。

单个参与者的联盟和总联盟 N 上不可能有优超关系。因此，如果在 S 上有优超关系，则 $2 \leqslant |S| \leqslant n-1$。优超关系是集合 $E(\nu)$ 上的偏序关系，这种偏序关系一般情况下不具有传递性和反身性。对于相同的联盟 S，优超关系具有传递性，即 $\boldsymbol{x} >_S \boldsymbol{y}$，$\boldsymbol{y} >_S \boldsymbol{z}$，则有 $\boldsymbol{x} >_S \boldsymbol{z}$。对于不同的联盟 S，优超关系不具有传递性。

6.4 核

尽管可行分配集合 $E(\nu)$ 中有无限个分配，但实际上，有许多分配是不会被执行的，或者不可能被参与者所接受的。例如，一旦联盟 S 发现有 $\boldsymbol{x} >_S \boldsymbol{y}$，它将放弃分配 $\boldsymbol{y}$，而接受 $\boldsymbol{x}$，所以，只有不被优超的分配对参与者来说才令人满意，这就是核的意义。

定义 6-19 在一个 n 人合作博弈（N，ν）中，所有不被优超的分配集合称为它的核，记为 $C(\nu)$。

显然有 $C(\nu) \subseteq E(\nu)$。同时有如下结论：

（1）核心 $C(\nu)$ 是 $E(\nu)$ 中的一个闭的凸集；

（2）若 $C(\nu) \neq \varnothing$，则将 $C(\nu)$ 中的向量 $\boldsymbol{x}$ 作为分配，$\boldsymbol{x}$ 既满足个体理性，又满足集体理性；

（3）用核作为博弈的解，其最大缺陷是 $C(\nu)$ 可能是空集。

6.4.1 核的特征

如何寻找核的集合？下面的定理是寻找核的基础。

定理 6-2 n 人合作博弈（N，ν）的核由所有满足以下条件的 n 维向量 $\boldsymbol{x}=(x_1, x_2, \cdots, x_n)$ 组成：

（1）$\sum_{i \in S} x_i \geqslant \nu(S)$，$\forall S \subset N$；

（2）$\sum_{i \in N} x_i = \nu(N)$。

证明：如果 $\boldsymbol{x} \subseteq E(\nu)$，$\boldsymbol{x}$ 满足（1）、(2)，则 $\boldsymbol{x}$ 不可能被优超，即 $\boldsymbol{x} \in C(\nu)$。

(反证法)

设存在 S，使 $\boldsymbol{y} >_S \boldsymbol{x}$。根据优超的定义，有：

$$x_i < y_i, \ \forall i \in S; \ \sum_{i \in S} y_i \leqslant \nu(S)$$

则有 $\nu(S) \leqslant \sum_{i \in S} x_i < \sum_{i \in S} y_i \leqslant \nu(S)$，矛盾。

如果 $\boldsymbol{x} \subseteq E(\nu)$，但 $\boldsymbol{x}$ 不满足（2），则 $\boldsymbol{x}$ 一定被优超，即 $\boldsymbol{x} \notin C(\nu)$。

对于 $\boldsymbol{x} \subseteq E(\nu)$，存在联盟 S，有 $\sum_{i \in S} x_i < \nu(S)$，则定义 $\alpha = \nu(S) - \sum_{i \in S} x_i > 0$，定义 $\beta = \nu(N) - \nu(S) - \sum_{i \in N \setminus S} \nu(\{i\}) > 0$，使得 α 在 S 中平均分配，β 在 $N \setminus S$ 中平均分配，从而得到一个新的分配 $\boldsymbol{y} = (y_1, y_2, \cdots, y_n)$ 如下：

$$y_i = \begin{cases} x_i + \dfrac{\alpha}{|S|}, & \forall i \in S \\ \nu(\{i\}) + \dfrac{\beta}{n - |S|}, & \forall i \notin S \end{cases}$$

显然如此定义的向量 $\boldsymbol{y} = (y_1, y_2, \cdots, y_n)$ 是个分配，且有 $\boldsymbol{y} >_S \boldsymbol{x}$。

6.4.2　核的求解

下面以上述定理为基础，说明如何求解博弈的核。

【例 6-3】 假设联合国安全理事会有 5 个理事国参加投票，超过两票算通过。该博弈的特征函数为：$\nu(1, 2, 3) = \nu(1, 2, 4) = \nu(1, 2, 5) = \nu(1, 2, 3, 4) = \nu(1, 2, 3, 5) = \nu(1, 2, 4, 5) = \nu(1, 2, 3, 4, 5) = 1$；而对所有其他的 S，$\nu(S) = 0$。应用定理 6 - 2，有 $\sum_{i=1}^{5} x_i = 1$，对各个联盟有：

$$x_i \geqslant 0, \quad i = 1, 2, 3, 4, 5$$

$$x_1 + x_2 + x_3 \geqslant 1, \ x_1 + x_2 + x_4 \geqslant 1, \ x_1 + x_2 + x_5 \geqslant 1$$

由 $\sum_{i=1}^{5} x_i = 1$，$x_1 + x_2 + x_3 \geqslant 1$，$x_4 \geqslant 0$，$x_5 \geqslant 0$ 推得 $x_1 + x_2 + x_3 = 1$，$x_4 = 0$，$x_5 = 0$，而用 $x_1 + x_2 + x_4 \geqslant 1$，$x_3 \geqslant 0$，$x_5 \geqslant 0$ 又得到 $x_3 = 0$ 和 $x_1 + x_2 = 1$，所以，该博弈的核是

$$C(\nu) = \{(a, 1 - a, 0, 0, 0): 0 \leqslant a \leqslant 1\}$$

【例 6-4】 考虑如下的合作博弈（N，ν），$N = \{1, 2, 3\}$，特征函数如下：

$$\nu(\{i\}) = 0, \ i = 1, 2, 3; \ \nu(\{S\}) = 1, \ 2 \leqslant |S| \leqslant 3。$$

解线性不等式组：$\begin{cases} x_i \geqslant 0, \ i = 1, 2, 3 \\ x_1 + x_2 \geqslant 1 \\ x_1 + x_3 \geqslant 1 \\ x_2 + x_3 \geqslant 1 \\ x_1 + x_2 + x_3 = 1 \end{cases}$，该不等式组无解，即 $C(\nu) = \varnothing$。

6.4.3 空核与核的存在性

上面两个例子说明了求解核的方法。

在合作博弈中，用核代替分配具有明显的优点，及 $C(\nu)$ 的稳定性。对于 $C(\nu)$ 中的每一个分配，每个联盟都没有反对意见，都没有更好的分配，每个分配都可以得到执行。当然，用 $C(\nu)$ 代替 $E(\nu)$ 也有致命的缺陷，即 $C(\nu)$ 可能是空集，而 $E(\nu)\neq\varnothing$。如果核为空集，就意味着找不到一个“稳定”的解。因此，核为空集的可能性极大地限制了核的应用。因此，我们希望找到核一定非空的博弈。什么样的合作博弈的核一定非空呢？

定理 6-3 对于 n 人合作博弈 $(N,\ \nu)$，核 $C(\nu)$ 非空的充分必要条件是下述线性规划 (P) 有最小值 $z^*\leqslant\nu(N)$。

$$(P)\min z=\sum_{i=1}^{n}x_i$$

$$s.t\begin{cases}\sum\limits_{i\in S}x_i\geqslant\nu(S),\quad\forall S\subset N\\ \sum\limits_{i=1}^{n}x_i=\nu(N)\end{cases}$$

定理的直观意义很明显，线性规划 (P) 若有解，则最优解一定属于 $C(\nu)$；若 $C(\nu)\neq\varnothing$，则 $C(\nu)$ 中的每个向量都是可行解，自然线性规划 (P) 有最优解。

对于原线性规划 (P)，写出它的对偶规划 (DP)：

$$(DP)\max\sum_{S\subseteq N}y_S\nu(S)\leqslant\nu(N)$$

$$s.t\begin{cases}\sum\limits_{S\subseteq N}y_S=1\\ y_S\geqslant 0\end{cases}\quad\forall S\subset N$$

定理 6-4 n 人合作博弈 $(N,\ \nu)$ 有 $C(\nu)\neq\varnothing$ 的充分必要条件是：

对于满足 $\begin{cases}\sum\limits_{S\subseteq N}y_S=1\\ y_S\geqslant 0\end{cases}\forall S\subset N$ 的向量 $\{y_S\}$，有 $\sum\limits_{S\subseteq N}y_S\nu(S)\leqslant\nu(N)$。

6.5 稳定集

当一个问题表示为 n 人合作博弈形式时，它们常常有着非空的核，并且核一般也是令人满意的解概念。然而，有许多合作博弈的核是空的，在这些情况下，“稳定集”概念在分析联盟的形成、竞争与权利的分配时常常好于其他的解概念。同时，合作可能是不稳定的，因此解需要具备的一个重要特性就是稳定性，即内部稳定性和外部稳定性。与此密切相关的一个解的概念是稳定集。

定义 6-20 合作博弈 $(N,\ \nu)$ 的解集符合内部稳定性，如果该集合内的任何分配都不会通过联盟 S 占优于该集合内的其他分配。

也就是说，内部稳定性要求联盟内部的任意两个分配不存在占优关系。

定义 6-21 合作博弈 $(N,\ \nu)$ 的解集符合外部稳定性，如果对于集合外的任意分配，

联盟 S 都存在某分配占优于该集合外的分配。

定义 6-22　合作博弈（N, ν）中，集合 X 称为稳定集，当且仅当该集合既符合内部稳定性，也符合外部稳定性。

显然，核是比稳定集更强的一个概念。同时符合间接内部稳定性和间接外部稳定性的解一定同时满足内部稳定性和外部稳定性，但反之则不然。我们把这一点总结在下面这个定理中。

定理 6-5　设合作博弈（N, ν）的稳定集为 X，核为 $C(\nu)$，则 $C(\nu)\subseteq X$。

尽管稳定集的存在性比核要强一些，但也并不总是存在的，而且即使存在，也有可能不唯一。

6.6　核　仁

为了解决解的存在性问题，Schmeidler[9] 于 1969 年提出了核仁（Nucleus）的概念。核仁具有如下性质：

（1）每个合作博弈有且仅有一个核仁；

（2）如果核存在的话，则核仁是它的一部分。

为了定义该仁，首先定义剩余的概念。

定义 6-23　对于 n 人合作博弈（N, ν），S 为一个联盟，$\boldsymbol{x}=(x_1, x_2, \cdots, x_n)$ 为一个收益向量（不一定为一个分配），记 $\boldsymbol{x}(S)=\sum_{i\in S}x_i$ 则称 $\nu(S)-\boldsymbol{x}(S)=\nu(S)-\sum_{i\in S}x_i$ 为联盟 S 关于 $\boldsymbol{x}$ 的剩余，记为 $e(S, \boldsymbol{x})$。

如果 $\boldsymbol{x}$ 为一个分配，则剩余 $e(S, \boldsymbol{x})$ 反映了联盟对于分配的不满意程度。当然，每个联盟都希望剩余越小越好。对于同一个分配 $\boldsymbol{x}$，联盟 S 共有 2^n 个，可以表示为 S_j，$j=1, 2, \cdots, 2^n$。所以，可以计算出 2^n 个 $e(S_j, \boldsymbol{x})$，$j=1, 2, \cdots, 2^n$。联盟 S 对 $\boldsymbol{x}$ 的满意性取决于 $e(S_j, \boldsymbol{x})$ 中最大的 $j=1, 2, \cdots, 2^n$，故可以对 2^n 个 $e(S_j, \boldsymbol{x})$ 由大到小排列，得到一个 2^n 的向量：$\theta(\boldsymbol{x})=\theta(\theta_1(\boldsymbol{x}), \cdots, \theta_{2^n}(\boldsymbol{x}))$，其中 $\theta_j(\boldsymbol{x})=e(S_j, \boldsymbol{x})$，$j=1, 2, \cdots, 2^n$，$\theta_1(\boldsymbol{x})\geqslant\theta_2(\boldsymbol{x})\geqslant\cdots\geqslant\theta_{2^n}(\boldsymbol{x})$。

联盟对 $\boldsymbol{x}$ 的满意性取决于 $\theta(\boldsymbol{x})$ 的大小，$\theta(\boldsymbol{x})$ 越小，联盟对 $\boldsymbol{x}$ 越满意。

对于两个不同的分配 $\boldsymbol{x}$ 和 $\boldsymbol{y}$，分别计算出 $\theta(\boldsymbol{x})$ 和 $\theta(\boldsymbol{y})$。如果 $\theta(\boldsymbol{x})$ 是小的，则联盟对 $\boldsymbol{x}$ 的满意性大于联盟对 $\boldsymbol{y}$ 的满意性，自然 $\boldsymbol{x}$ 优于 $\boldsymbol{y}$。当然这种向量大小的比较不同于数字的比较，是采用字典序的比较方法。字典序的比较方法如下：

对于向量 $\theta(\boldsymbol{x})=\theta(\theta_1(\boldsymbol{x}), \cdots, \theta_{2^n}(\boldsymbol{x}))$ 和 $\theta(\boldsymbol{y})=\theta(\theta_1(\boldsymbol{y}), \cdots, \theta_{2^n}(\boldsymbol{y}))$，存在一个下标 k，使得 $\theta_j(\boldsymbol{x})=\theta_j(\boldsymbol{y})$，$1\leqslant j\leqslant k-1$，$\theta_k(\boldsymbol{x})<\theta_k(\boldsymbol{y})$，则称 $\theta(\boldsymbol{x})$ 字典序小于 $\theta(\boldsymbol{y})$，用符号表示为 $\theta(\boldsymbol{x})\prec\theta(\boldsymbol{y})$。

有了上述定义，就可以给出核仁的定义了。

定义 6-24　对于 n 人合作博弈（N, ν），它的核仁 $N(\nu)$ 是指集合 $N(\nu)=\{\boldsymbol{x}\mid \boldsymbol{x}\in E(V)$，对 $\forall\boldsymbol{y}\in E(V)$，$\boldsymbol{y}\neq\boldsymbol{x}$ 有 $\theta(\boldsymbol{x})\prec\theta(\boldsymbol{y})\}$。即任取一个 $\boldsymbol{x}\in N(\nu)$，$\theta(\boldsymbol{x})$ 都是字典序最小的。

核仁的性质由以下定理给出。

定理 6-6 对于 n 人合作博弈 (N, ν)，核仁具有如下性质：

（1）它的核仁 $N(\nu)$ 非空，而且只包含 1 个元素；

（2）若核 $C(\nu) \neq \varnothing$，则它必定包含核仁，即 $N(\nu) \subset C(\nu)$。

性质（1）说明核仁有很好的性质，解存在且唯一。但是核仁的求解非常困难，这从核仁的定义本身就可以看出其求解的困难性。但性质（2）可以帮助我们求解核仁，即为了求解核仁，需要先求解核。

6.7 夏普利值

分配是合作博弈最重要的概念，但遗憾的是，在一个博弈中，分配有无限个，且许多根本就得不到执行。利用优超的概念，对分配进行了分类，形成了核的概念，但许多博弈中的核可能是空集。为此，引入了剩余这一指标，寻求最大剩余最小化的分配，即核仁。核仁这一解的优势体现在核仁总存在，且是唯一的，这一解的缺陷就是计算太复杂，因为 S 共有 2^n 个。

本节引入了一个很直观的解的概念，即夏普利值（Shapley Value）[10]。夏普利值利用公理化方法得到合作博弈的唯一解。夏普利在 1953 年给出了夏普利值，计算公式如下：

定理 6-7 对每个合作博弈 (N, ν)，存在唯一的夏普利值 $\varphi(\nu)=(\varphi_1(\nu), \varphi_2(\nu), \cdots, \varphi_n(\nu))$，其中 $\varphi_i(\nu)=\sum_{S\subseteq N\setminus\{i\}}\frac{|S|!(n-|S|-1)!}{n!}(\nu(S\cup\{i\})-\nu(S))$。其中，$|S|$ 表示联盟中所含参与者的个数。

夏普利值的主要特点是必定存在，并且是唯一的。下面对这一计算公式给出非数学化的解释：

（1）夏普利值可以认为是出于一种概率解释。$\varphi(\nu)=(\varphi_1(\nu), \varphi_2(\nu), \cdots, \varphi_n(\nu))$，$x_i=\varphi_i(\nu)$ 就是按照参与者平均贡献来安排的分配设计。

（2）在一个合作博弈中，每个参与者的所得应该与其贡献成正比。对于联盟 S，其合作剩余 $\nu(S)$。如 i 加入 S 形成新的联盟，则新联盟的合作剩余是 $\nu(S\cup\{i\})$。因此参与者 i 对这一联盟的贡献为 $\nu(S\cup\{i\})-\nu(S)$。

（3）在该合作博弈中，不包含 i 的联盟 S 有 2^{n-1} 个，对每个联盟 S 都有一个边际贡献值 $\nu(S\cup\{i\})-\nu(S)$，因此，夏普利值的计算公式中有 $\sum$ 项。

（4）假定参与者随机依次形成联盟，且每种次序发生的概率相等，均为 $\frac{1}{n!}$。即使对于一个固定的联盟 S，$\nu(S\cup\{i\})-\nu(S)$ 与联盟 S 中参与者的排列顺序无关，也与 $N\setminus S-\{i\}$ 中参与者的顺序无关。因此，参与者相继排列的次序共有 $|S|!(n-|S|-1)!$。这样即可求出 $\nu(S\cup\{i\})-\nu(S)$ 的平均值。

（5）对于 $\frac{|S|!(n-|S|-1)!}{n!}$ 也可以做出如下的解释。

i 加入 S，其贡献 $\nu(S\cup\{i\})-\nu(S)$。i 加入 S 的概率是多少？如果 n 个参与者依次参加博弈，当 i 加入该博弈时，其前面已有一些参与人 S，i 加入后，后继的参与人集合 $N\setminus S$

$-\{i\}$。S 和 $N\setminus S-\{i\}$ 中参与者的顺序与 $\nu(S\cup\{i\})-\nu(S)$ 无关。i 加入 S 的概率是 $\dfrac{|S|!(n-|S|-1)!}{n!}$，$\nu(S\cup\{i\})-\nu(S)$ 的数学期望（或者平均值）就是夏普利值 $\varphi_i(\nu)$，$i=1, 2, \cdots, n$。

（6）夏普利值不一定是个分配，即理性约束 $\varphi_i(\nu)\geqslant\nu(\{i\})$ 可能不满足。

定理 6-8　若合作博弈（N，ν）满足超可加性，即 $\nu(S_1\cup S_2)\geqslant\nu(S_1)+\nu(S_2)$，$S_1\cap S_2=\varnothing$，则夏普利值 $\varphi(\nu)=(\varphi_1(\nu), \varphi_2(\nu), \cdots, \varphi_n(\nu))\in E(\nu)$ 是一个分配。

【例 6-5】 假设联合国安理会进行投票，部分国家可以形成联盟。该博弈的特征函数为：

$\nu(1, 2, 3)=\nu(1, 2, 4)=\nu(1, 2, 5)=\nu(1, 2, 3, 4)=\nu(1, 2, 3, 5)=\nu(1, 2, 4, 5)=\nu(1, 2, 3, 4, 5)=1$；而对所有其他 $S(|S|\leqslant 2)$，$\nu(S)=0$。为了求 $\varphi_1(\nu)$，对所有包含参与者 1 的联盟按夏普利值求和。

$\nu(S\cup\{1\})$ 与 $\nu(S)$ 有差异的联盟 S 只有 $\{1, 2, 3\}$、$\{1, 2, 4\}$、$\{1, 2, 5\}$、$\{1, 2, 3, 4\}$、$\{1, 2, 3, 5\}$、$\{1, 2, 4, 5\}$ 和 $\{1, 2, 3, 4, 5\}$，对于其他的 S，$\nu(S\cup\{i\})-\nu(S)=0$。所以有

$$\varphi_1(\nu)=3\times\frac{2!\times 2!}{5!}\times(1-0)+3\times\frac{3!\times 1!}{5!}\times(1-0)+\frac{4!\times 0!}{5!}\times(1-0)=\frac{9}{20}。$$

类似地，$\varphi_3(\nu)=\dfrac{2!\times 2!}{5!}\times(1-0)=\dfrac{1}{30}$。

于是，$\varphi_1(\nu)=\varphi_2(\nu)=9/20$，$\varphi_3(\nu)=\varphi_4(\nu)=\varphi_5(\nu)=1/30$。所以，这个博弈的夏普利值为（9/20，9/20，1/30，1/30，1/30）。这样，参与者 1、2 比参与者 3、4、5 重要得多。

6.8　应　　用

合作波束形成是合作分集中的另一个合作技术，特别适用于 Ad Hoc 传感器网络[11]。具有天线阵列的传统波束形成技术的优点和应用早已为人所熟知。在无线通信中波束形成是一种抑制干扰的主要手段，并能实现空分多址。尽管每个节点仅安装一根天线，如果一个簇中的节点共享先验信息并同步发送数据，那么以分布的方式在发送或接收时实现波束形成也是可能的。簇内信息共享所引起的开销可能比较少，这是由于在簇内节点间采用了低功耗的短距离广播通信。这样，利用分布合作波束形成，节点就能高效地发送收集的信息给远距离的远端接收机。而且，仅特定方向的簇能用高信号功率接收数据，并且对其他方向的簇不产生明显的干扰。

6.8.1　合作波束的形成

分布式节点和目的节点的几何配置如图 6-2 所示，假设所有的合作节点都位于 x-y 平面。这样，第 k 个节点的位置可用极坐标（r_k，ψ_k）表示，而目的节点的位置由球面坐标系（A，ϕ_0，θ_0）表示。遵循天线理论[12]中给出的标准符号，$\theta\in[0, \pi]$ 表示仰角，而

$\phi \in [-\pi, \pi]$ 代表方位角。

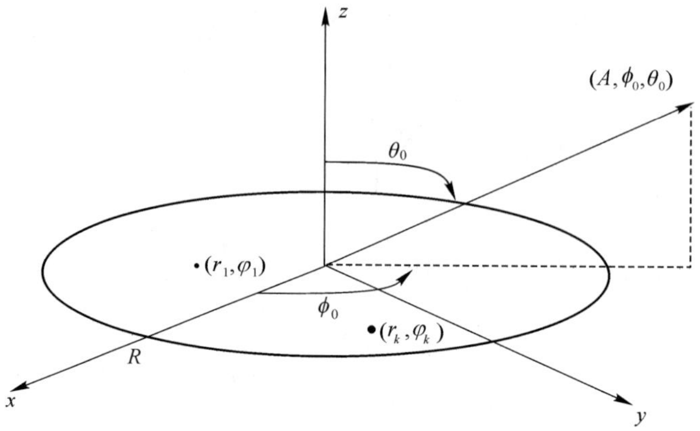

图 6-2 合作波束形成的符号定义

为了简化分析，有如下假设：

（1）每个节点的位置是随机选取的，并在半径为 R 的圆上均匀分布。

（2）每个节点配备一个理想全向天线。

（3）所有节点都以相同的能量发送，有相同的路径损耗，这样基本模型就属于相控阵列天线的框架内。

（4）没有反射或散射信号，这样就没有多径衰落或阴影。

（5）节点分离的足够远，以至于不同传感器节点天线间的相互耦合效应可以忽略[12]。

（6）所有节点都是完全同步的，以至于没有任何频偏或相位抖动。

取节点的位置 $r=[r_1, r_2, \cdots, r_N]\in[0, R]^N$ 和 $\psi=[\psi_1, \psi_2, \cdots, \psi_N]\in[-\pi, \pi]^N$，其中 N 为节点数目。这里感兴趣的是在远场区域的辐射方向图，且假定远场条件 $A \gg r_k$ 成立。那么根据以上假设，远场的阵列因子可近似为

$$F(\phi, \theta \mid r, \psi) \approx \frac{1}{N}\sum_{k=1}^{N} e^{j\frac{2\pi}{\lambda}r_k[\sin\theta_0\cos(\phi_0-\psi_k)-\sin\theta\cos(\phi_0-\psi_k)]} \tag{6-1}$$

在实际中，特别感兴趣的是 $\theta_0=\dfrac{\pi}{2}$ 的情况，也就是说，目的节点和合作发送节点处于同一平面。不失一般性，假设 $\phi_0=0$，这是由于 ϕ_0 的选择不改变结果。根据这个假设和分布位置的假设，式（6-1）中阵列因子可简化为

$$F(\phi \mid z) \triangleq F\left(\phi, \theta=\frac{\pi}{2} \mid r, \varphi\right)=\frac{1}{N}\sum_{k=1}^{N} e^{-j4\pi R z_k \sin\frac{\phi}{2}} \tag{6-2}$$

z 中的每个元素为 $z_k \triangleq \dfrac{r_k}{R}\sin\left(\psi_k-\dfrac{\phi}{2}\right)$，且 $\tilde{R} \triangleq \dfrac{R}{\lambda}$ 是以波长 λ 归一化后圆的半径。最后，远场波束方向图定义为

$$P(\phi \mid z) \triangleq |F(\phi \mid z)|^2=\frac{1}{N}+\frac{1}{N^2}\sum_{k=1}^{N} e^{-j\alpha(\phi)z_k}\sum_{l=1,\ l\neq k}^{N} e^{j\alpha(\phi)z_l} \tag{6-3}$$

式中，$\alpha(\phi) \triangleq 4\pi\tilde{R}\sin\left(\dfrac{\phi}{2}\right)$。

6.8.2　平均远场波束方向图

1. 平均远场波束方向图

对式（6-3）中 z 的所有元素取平均，可获得平均波束方向图为

$$P_{av}(\phi) \triangleq E_z\{P(\phi \mid z)\} = \frac{1}{N} + \left(1 - \frac{1}{N}\right)\left|\frac{2J_1(\alpha(\phi))}{\alpha(\phi)}\right|^2 \tag{6-4}$$

式中，$J_n(x)$ 是第一类 n 阶贝塞尔函数。

利用这个公式，研究了几个统计特性，包括峰值和零点位置，3dB 波束宽度，3dB 旁瓣区以及平均方向性，其中最重要的是平均方向性，表征了相对单根全向天线而言有多少辐射能量集中在理想的方向上。因此，平均方向性 D_{av} 定义为

$$D_{av} \triangleq E\{D(z)\} = E_z\left\{\frac{2\pi}{\int_{-\pi}^{\pi} P(\phi \mid z)\mathrm{d}\phi}\right\} \tag{6-5}$$

定理 6-9　（归一化方向性的下界）对于较大的 R 和 N，$\frac{D_{av}}{N}$由$\frac{1}{1+\mu N/R}$限定下界，其中 μ 是一个独立于 N 和 R 的常数（$\mu \approx 0.09332$）[13]。

值得说明的是，下界中的因子 N/R 可看作一维节点的密度。定理 6-9 表明节点密度几乎唯一决定了归一化方向图$\frac{D_{av}}{N}$。需要注意的是，为了实现有大量节点（节点数 N）时的一个确定归一化方向图，节点密度应该维持在一个理想的值上，其方法是尽可能把节点疏散开。上述定理还表明为了实现高度方向性（也就是方向性接近于 N），节点的分布应尽可能地疏散。

2. 合作波束形成的远场波束方向图的分布

对于随机阵列，除非 $N \to \infty$，平均特性才有必要逼近任何给定阵元的波束方向图。事实上，即使平均波束方向图具有明显的主波束，且旁瓣总接近于$\frac{1}{N}$，在随机产生的波束方向图中旁瓣总有较大的动态范围。因此，在实际情况下，感兴趣的是波束方向图的统计分布，特别是旁瓣的统计分布。Lo[14] 把波束方向图旁瓣近似为一个复杂的高斯过程，并推导了在线性随机阵列情况下波束方向图的分布。在合作波束形成的背景下，简要概括了波束方向图的精确互补累积分布函数（CCDF）和它的高斯近似。

（1）精确分布

$$\Pr[P(\phi) > P_0] = \iint_{x^2+y^2 > N^2 p_0} f_{\tilde{X},\tilde{Y}}(x,y)\mathrm{d}x\mathrm{d}y \tag{6-6}$$

式中，$\tilde{X}$，$\tilde{Y}$ 的第 k 个元素为 $\tilde{x}_k \triangleq \cos(z_k\alpha(\phi))$，$\tilde{y} \triangleq \sin(z_k\alpha(\phi))$（$k=1, 2, \cdots, N$）。

（2）高斯近似

$$\Pr[P(\phi) > P_0] \approx Q\left(2\sqrt{2N}\,\frac{J_1(\alpha(\phi))}{\alpha(\phi)},\ \sqrt{2NP_0}\right) \tag{6-7}$$

式中　$Q(\cdot, \cdot)$ ——Marcum-Q 函数。

（3）零均值高斯近似

$$\Pr[P(\phi)>P_0]\approx e^{-NP_0} \tag{6-8}$$

在图 6-3 中，在条件 $R=2$，$\phi=\frac{\pi}{4}$下给出了在不同公式时计算的 CCDF，且对应于旁瓣区域。图中给出了精确计算公式（6-6），高斯近似公式（6-7）和零均值计算高斯近似式（6-8）的计算。从图 6-3 可看出，对这个旁瓣区即使零均值高斯近似也是成立的，但对于 $N=1024$ 时零均值近似与精确值相比将有一些明显差异，这是由于零均值近似在这种情况下不成立。

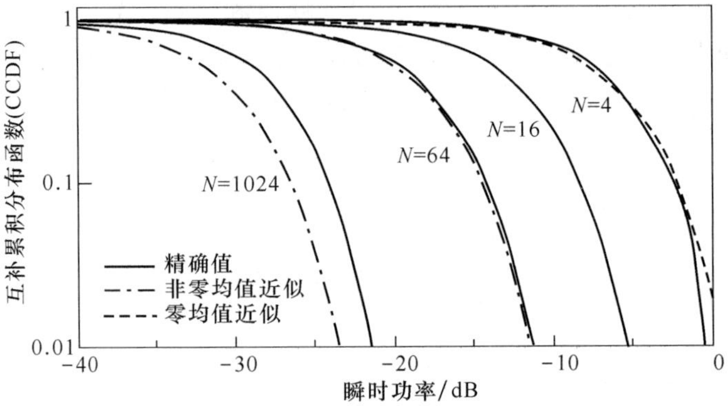

图 6-3　在 $R=2$，$\phi=\frac{\pi}{4}$下波束方向图的 CCDF

参考文献

[1] Debraj Ray. A Game-Theoretic Perspective on Coalition Formation [M]. New York: Oxford University Press Inc., 2007.

[2] 董保民，王运通，郭桂霞. 合作博弈论 [M]. 北京：中国市场出版社，2008.

[3] J. Neumann, O. Morgenstern. Theory of Garnes and Economic Behavior [M]. Princeton: Princeton University Press, 1944.

[4] R. M. Thrall, W. F. Lucas. N-person games in partition function form [J]. Naval Research Logistics Quarterly, 1963, 10 (1): 251-298.

[5] H. P. Frank, F. Katz. Cooperation in Wireless Networks: Principles and Applications: Real Egoistic Behavior is to Cooperate [M]. New York: Springer, 2006.

[6] W. Saad, Z. Han, M. Debbah, et al. Coalitional Game Theory for Communication Networks: A Tutorial [J]. IEEE Signal Processing Magazine, 2009, 26 (5): 77-97.

[7] Tianyu Wang, Lingyang Song, Walid Saad, Zhu Han. Overlapping Coalition Formation Games in Wireless Communication Networks [M]. Switzerland: Springer International Publishing, 2017.

[8] László Á. Kóczy. Partition Function Form Games——Coalitional Games with Externalities [M]. Springer International Publishing, 2018.

[9] D. Schmeidler. The nucleolus of a characteristic function game [J]. SIAM Journal of Applied Mathematics, 1969, 17 (6): 1163-1170.

[10] Lloyd S. Shapley. A Value for n-person Games [G]. H. W. Kuhn and A. W. Tucker. Contributions to the Theory of Games, volume Ⅱ, Annals of Mathematical Studies, Princeton University Press, 1953, 28: 307-317.

[11] H. Ochiai, P. Mitran, H. V. Poor, V. Tarokh. Collaborative beamforming for distributed wireless ad hoc

sensor networks [J]. IEEE Transactions on Signal Processing, 2005, 53 (11): 4110-4124.

[12] C. A. Balanis. Antenna Theory: Analysis and Design [M]. New York: Wiley, 1997.

[13] Frank H. P. Fitzek, Marcos D. Katz. Cooperation in Wireless Networks: Principles and Applications [M]. Dordrecht: Springer, 2006.

[14] Y. T. Lo. A mathematical theory of antenna arrays with randomly spaced elements [J]. IEEE Transactions on Antennas and Propagation, 1964, 12 (3): 257-268.

第 7 章　匹配博弈

【本章要点】

匹配博弈理论运用博弈论研究现实中双边匹配市场（two-sided matching markets）的稳定以及因缺乏稳定而失灵的问题。罗伊德·夏普利（Lloyd Shapley）和埃尔文·罗斯（Alvin Roth）因其在稳定匹配理论和市场设计实践中做出的突出贡献，荣膺 2012 年诺贝尔经济学奖。

本章主要内容包括：7.1 节介绍了匹配博弈的概念和分类。7.2 节介绍了一对一稳定匹配博弈的形式化模型，并以稳定婚姻模型为例介绍了一对一匹配博弈模型，以及获得稳定匹配的 GS 算法。7.3 节介绍了多对一匹配博弈的形式化模型，并以大学录取模型为例介绍了多对一匹配博弈模型，以及获得稳定匹配的 NIMP 算法。7.4 节介绍了多对多匹配博弈的形式化模型，并以稳定赛事安排为例介绍了多对多匹配博弈模型，以及获得稳定匹配的 ISF 算法。在以上三种静态匹配博弈的基础上，7.5 节简要介绍了动态匹配博弈的概念。7.6 节和 7.7 节介绍了匹配博弈在 D2D 网络中的两个应用实例。

7.1　匹配博弈的概念和分类

在当今纷繁复杂的社会中，博弈无处不在，大到市场的供需关系，小到日常的讨价还价，都是对博弈的应用。作为合作博弈的一种，匹配博弈最早在 1962 年被美国两位数学家罗伊德·夏普利与戴维·盖尔（David Gale）提出并应用于大学录取与稳定婚姻（College admissions and the stability of marriage，发表于美国数学月刊[1]）问题，标志着匹配博弈理论的诞生。稳定婚姻（Stable Marriage，SM）是指一组男性与一组女性的一对一匹配（一夫一妻制），其中没有男性和女性会同意离开他们指定的配偶并结婚。同时，该论文还介绍了稳定婚姻问题的多对一匹配（一夫多妻制），并分别给出了一对一匹配和多对一匹配中寻找稳定匹配的算法。在此基础上，1982 年美国哈佛大学教授埃尔文·罗斯进一步提出了适用于多对一匹配的 NIMP 算法[2]，并将其应用于市场设计。2007 年，欧文（R. W. Irving）和斯科特（S. Scott）提出了稳定赛事安排（Stable Fixtures，SF）问题[3]，其是稳定室友（Stable Roommates，SR）问题[4]的推广，SF 问题源于国际象棋比赛中参与者彼此对战的情况。谁得到了哪一份工作，谁进了哪一所学校，谁与谁结了婚，谁在哪里买了房产等都是匹配的结果[5]。下面首先介绍匹配博弈的概念和分类。

7.1.1　匹配博弈的概念

匹配博弈包含着两个互不相交的有限的参与者的集合，通过“匹配”，即市场交换的本质，形成双方互利关系。匹配博弈基于两个基本假设：（1）参与者双方从博弈一开始就分别属于两个互不相交的集合，且位置不能互换；（2）匹配需经过双方一致同意才能形成。而“匹配”即指，双方参与者各自拥有偏好列表，通过相应的匹配算法来形成稳定的匹配，使双方参与者获得最大的经济效益。匹配博弈理论提供了数学上组合问题的解决方案，主要研究双边市场的稳定匹配及匹配的最优稳定解问题，同时也在许多领域得到了广泛的发展与应用，如稳定婚姻匹配、工人与公司的匹配、对等计算机网络（Peer-to-Peer, P2P）中建立伙伴关系等。

匹配博弈的基本模型如下：市场由 n 个机构和 m 个个体组成，分别称他们为公司（Firm）和工人（Worker），并用两个互不相交的集合 $F=\{f_1, f_2, \cdots, f_n\}$ 和 $W=\{w_1, w_2, \cdots, w_m\}$ 表示。一个匹配是从工人一方到公司一方的一个映射，确定了每一个工人到哪一家公司工作，每一个公司招聘了哪些工人，以及哪些工人与哪些公司没有发生匹配。对于找不到工作的工人，把他们映射到空集，有时把空集看作一个哑公司；有时把空集看作一群工人，与那些招不到工人的公司匹配。一个匹配是稳定的，是指每一个参与者的匹配对象都是可接受的，且不存在一对未发生匹配的参与者，他们互相偏好与对方发生匹配。

如果每一个工人最多能到一家公司工作，每一个公司最多能招聘一个工人，这样的匹配称为一对一匹配，如“稳定婚姻市场”；如果每一个工人最多能到一家公司工作，而一个公司却可以招聘多个工人，这样的匹配为多对一匹配，如“大学录取和劳动力市场”；如果一个工人可以到多家公司工作，一个公司可以招聘多个工人，这样的匹配被称为多对多匹配，如 P2P 网络中创建合作伙伴关系。如图 7-1 所示，多对一匹配是一对一匹配的推广，多对多匹配是多对一匹配的推广，是最通用的匹配模型。在一对一和多对多匹配中，工人与公司具有对称的地位，但在多对一匹配中不存在这种对称性。

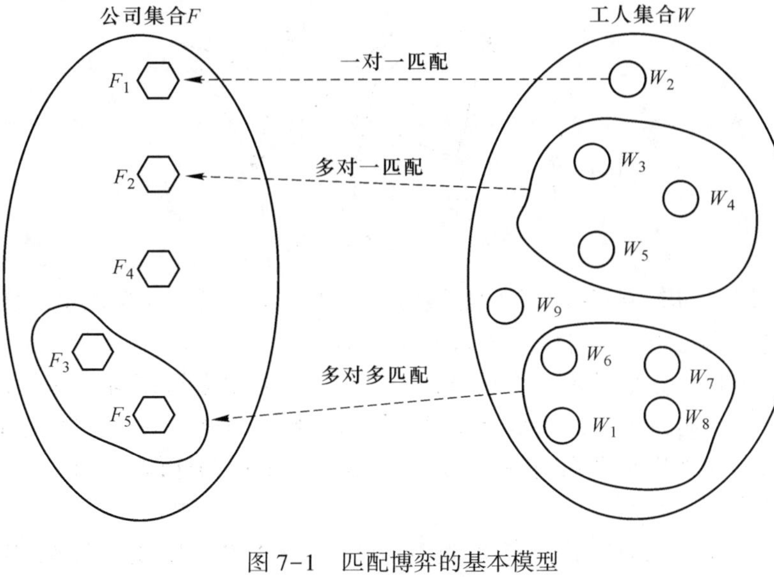

图 7-1　匹配博弈的基本模型

匹配博弈中，参与者对可能的结果具有偏好，任务是找到在某种意义上相对于这些偏好最佳的匹配，即参与者之间的分配。匹配博弈的任何解都要满足两个要求：稳定性

(Stability) 和激励相容性 (Incentive Compatibility)。所谓稳定性，是指如果对于某个解，我们无法通过重新分配使它严格变好，那么这个解就是稳定的。即没有其他匹配的情况比现有的情况更适合。对于某个解，如果所有参与者都如实报告自己的偏好，那么这个解就是激励相容的。在这两个方面，研究人员都用博弈论进行了严格分析。

7.1.2 匹配博弈的分类

匹配博弈可以用不同的方式进行分类，一个典型的分类[6]如下：

(1) 具有双边偏好的二分匹配问题。参与者可以分为两个互不相交的有限集合，一个集合中的每个成员按优先顺序排列另一集合中成员的子集。具体的应用包括稳定婚姻、为医院分配初级医生、工人公司匹配 (Worker-Firm)。

(2) 单边偏好的二分匹配问题。参与者可以被分成两个互不相交的有限集合，但是这次只有一组参与者按照偏好的顺序对另一组成员的子集进行排名。具体的应用包括校园住房分配、DVD 租赁市场以及将会议论文分配给审稿人。

(3) 具有偏好的非二分匹配问题。所有参与者形成一个单一的同质集合，并且每个参与者按照偏好的顺序对其他子集进行排序。具体应用包括稳定室友问题、国际象棋赛事安排、在 P2P 网络中建立伙伴关系。

提到二分 (Bipartite) 匹配，为了便于读者理解，下面给出二分图的概念。

定义 7-1 设 $G=(V, E)$ 是一个无向图。如果顶点集 V 可分割为两个互不相交的子集 X 和 Y，并且图中每条边连接的两个顶点一个在 X 中，另一个在 Y 中，则称图 G 为二分图。

如图 7-2 所示，所有的顶点可以分成 X，Y 两个集合，而 X 集合与 Y 集合中的顶点与自己集合内的顶点没有边，而只与另一个集合的顶点有边相连，则称其为一个二分图。

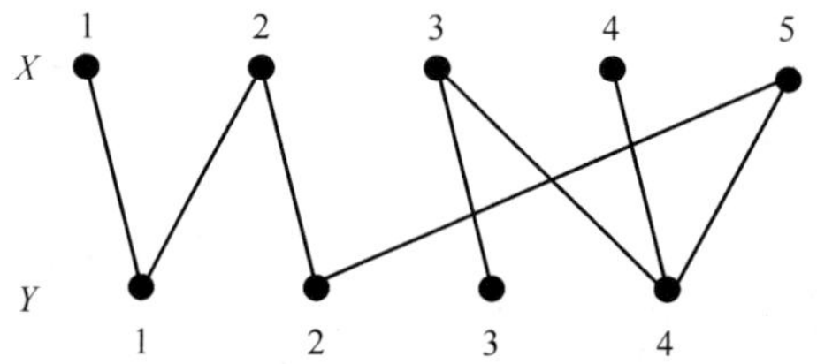

图 7-2 二分图的实例

同时，每个用户和资源都有一个配额或容量，用于定义可以匹配的最大数量。如果考虑每个参与者允许的配额，则可以分为以下 3 种类型。

(1) 一对一匹配。这意味着一个集合中的每个参与者最多可以与另一个集合中的一个参与者相匹配。最经典的例子也就是上文提到的稳定婚姻问题。一对一匹配可以是具有双边偏好的二分匹配 (如稳定婚姻问题)，也可以是具有单边偏好的二分匹配，还可以是非二分匹配 (如稳定室友问题)。

(2) 多对一匹配。这意味着一个集合中的每个参与者可以与另一个集合中的一个以上的参与者进行匹配，而来自另一个集合中每个参与者最多只能与第一个集合的一个参与者进行匹配。例如，将居民分配到医院，将学生分配给大学。尽管如此，多对一匹配可以是具有双边偏好的二分匹配 (如医院居民分配问题)，或具有单边偏好的二分匹配 (如学生住房分配问题)，也可以是非二分匹配。

(3) 多对多匹配。这意味着来自两个集合的参与者可以匹配相对集合中的多个参与者。在匹配中，双方拥有相同的地位。例如，在 P2P 网络中创建合作伙伴关系，以及将员工分配给公司问题。多对多匹配可以是具有双边偏好的二分匹配（如查找肾脏交换问题），也可以是具有单边偏好的二分匹配，还可以是非双边匹配（如稳定赛事安排）。

以上三种分类都是传统意义上的匹配形式的分类。其中，一对一和多对多匹配博弈中，两个集合的参与者具有对称的地位，但在多对一匹配博弈中，不存在这种对称性。

下面对匹配的分类进行更深层次的探讨。之前的三种常规匹配，双方的集合都只依赖当前提供的信息进行匹配。还有一种匹配问题被定义为外部性相关匹配。外部性相关匹配也就是参与者的偏好将会受到彼此影响。比如，当一个参与者连接到一个资源时，其他参与者将会改变对这个资源的偏好，因为当其他参与者也使用当前资源时，这个资源将会对其他参与者产生干扰。所以说这种匹配问题的偏好将不仅依赖当前提供的信息，还依赖于整个匹配问题的过程。这种外部性匹配还可以分为外部干扰性和同伴效应。前一种基本上指的就是匹配用户间的互相干扰，例如多用户连接单一基站之间存在通信干扰。后一种将会考虑不同的匹配同伴带来的效益，比如说 D2D 通信中匹配的 D2D 用户对。最后一种分类是动态匹配，代表着双方的偏好在一直变化。例如，用户的偏好将会受到快衰落、移动性等影响，但是如果在给定的时间中，这类匹配问题都可以被看作前面介绍的静态匹配问题。匹配博弈还有其他分类的方法，比如根据参与者的分类或者对参与者的偏好要求分类等。但是，这样的分类方法通常可以作为上述匹配分类问题的特例推导出来。

7.2　一对一稳定匹配博弈

7.2.1　一对一稳定匹配的形式化模型

为了介绍匹配博弈，首先对经典的一对一匹配模型，即稳定婚姻模型作简单描述。假设模型中存在一组男性参与者和一组女性参与者（数量不必相同），每个参与者都称为匹配的参与者，其对所有的异性有一个稳定的偏好排序列表。在这种情况下，是否存在一种男性和女性参与者稳定的匹配组合呢？

假设两个有限集合 $M=\{m_1, m_2, \cdots, m_p\}$ 和 $W=\{w_1, w_2, \cdots, w_n\}$ 分别表示所有未婚男性和女性的集合，且 $M\cap W=\Phi$。男性 m 和女性 w 从博弈一开始就分别属于两个互不相交的集合，且位置不能互换。例如，$m\in M$，$w\in W$，且 $M\cap W=\Phi$。每个男性对女性有各自的偏好，同样女性也对男性有各自的偏好。假设“单身”总是参与者可以选择的策略之一。即如果某个参与者认为结婚不如保持单身的话，那么他（她）总是可以选择单身。同时，假设只有经过双方一致同意后才能形成匹配，即一旦 m 和 w 匹配，就一定有 w 和 m 匹配。下面考虑由婚姻介绍所根据参与者偏好来进行未婚男性和女性的匹配。

参与者的偏好揭示了他（她）在面临多种选择时是如何决策的。假设 $\geq$ 表示偏好关系，$>$ 表示严格偏好关系。当某个男性 m 偏好 a 甚于 b，即意味着在面临一个同时包括 a 和 b 的女性集合时，参与者 m 会优先选择 a，表示为 $a>b$。即 a 在 m 的偏好列表上位于 b 之前，故 m 才会优先选择喜欢 a 而不是 b。当某个男性 m 偏好 a 的程度至少和 b 一样多，

表示为 $a \geq b$。我们说一个参与者在两个选项中无差异，指的是他（她）可能在两个选项中选择任何一个。当参与者 m 喜欢 a 和喜欢 b 一样多就意味着参与者 m 选择 a 与选择 b 无差异。所以 $\geq$ 包括严格偏好关系和无差异关系。

与传统的选择理论的假设相同，匹配博弈中所有参与者的偏好都是完备且可传递的。第一个假设是这些偏好构成一个完备的（Complete）排序，要求参与者对其面临的不同选择之间总是可以做出比较和判断。这意味着对任何两个偏好都是可比的，个人可能对某些选择无差异，然而他总是可以做出选择。第二个假设是偏好是可传递的（Transitive），意味着如果某参与者对 a 的偏好程度至少和对 b 的偏好程度相同，对 b 的偏好程度至少和对 c 的偏好程度相同，则该参与者对 a 的偏好程度至少和对 c 的偏好程度相同，即 $a \geq b$，$b \geq c \Rightarrow a \geq c$。可传递性要求参与者的选择是前后一致的。具备完备性和可传递性这两个属性的偏好称为理性偏好。

考虑一个不具有理性偏好的男性 m，我们假设他的偏好是不可传递的，即他偏好 a 甚于 b，偏好 b 甚于 c，偏好 c 甚于 a，那么你就可能无限接近他并利用其特点获利。假设他目前与 a 匹配，你用 c 换 a，条件是他给你 100 元。由于他偏好 c 甚于 a，他会接受这个交易。假设现在他与 c 匹配，那么类似地，现在你拿 b 换 c，条件是他给你 100 元，同理，他也会接受这个交易。现在他与 b 匹配，并乐意给你 100 元，从而用 b 换取 a。他又回到了最初的状态，但是失去了 300 元，而你却得到了 300 元，并可以不断采取这种策略交易下去。我们多数人会认为这个男性 m 是非理性参与者。因此，个人偏好完全可以用偏好序列表示。

为了更加简明地表达这种偏好，每个男性的偏好可以表示为集合 $W \cup \{m\}$ 上的一个偏好序列 $P(m)$，即一个男性 m 的偏好可表示为以下形式：

$$P(m) = w_1,\ w_2,\ m,\ w_3,\ \cdots,\ w_p \tag{7-1}$$

表示他的第一个选择是娶女性 w_1，他的第二个选择是娶女性 w_2，他的第三个选择是保持单身。即，如果可以选择 w_1，他首先会选择娶 w_1。但是如果他没有机会选择娶 w_1 或者 w_2，则他会继续保持单身。偏好中没有出现的所有女性对于男性 m 都是不可接受的，也就是与她们匹配不如单身给他带来的效用水平更高。如果男性 m 选择了单身，则称他是自我匹配。我们通常用一个参与者愿意与之结婚（而不是宁愿单身也不娶）的异性组成的有序集合来表示他的偏好，则该男性的偏好可以简化为 $P(m) = w_1,\ w_2$。一个男性 m' 可能对若干女性无差异，这种情况可以用偏好序列中的括号标注出来。例如，$P(m') = w_1, [w_2, w_5],\ m',\ w_3,\ \cdots,\ w_k$，表示此男性偏好 w_1 甚于其他女性，但是在 w_2 和 w_5 之间他是无差异的，除此之外他宁愿保持单身都不娶其他女性。

类似地，集合 W 中的每个女性 w 有一个定义在集合 $M \cup \{w\}$ 上的偏好序列 $P(w)$，例如 $P(w) = m_3,\ m_1,\ m_9,\ w$。在匹配博弈中，我们假设参与者对于不同的匹配的偏好仅仅取决于自己的偏好，而不是考虑别的参与者的偏好，也就是说假设参与者是自利的，即男性 m 认为匹配 a 比 b 好，当且仅当他认为 $u(a)$ 比 $u(b)$ 要好。在匹配博弈中，我们假设参与者对于不同的匹配的偏好仅取决于自己的偏好，而不考虑别的参与者的偏好，也就是说假设参与者是自私的。

所有男性和女性的偏好的集合记为 $P = \{P(m_1),\ \cdots,\ P(m_p);\ P(w_1),\ \cdots,\ P(w_n)\}$，则一个特定的婚姻市场就可以用三元组（$M$，$W$，$P$）表示。我们用 $w >_m w'$ 表示男性 m 喜

欢 w 甚于 w'。此外，$w \geq_m w'$ 表示男性 m 喜欢 w 的程度至少和喜欢 w' 的程度一样。只有当一个男性 m 认为喜欢女性 w 至少和保持单身一样好，即 $w \geq_m m$ 时，男性 m 才会接受女性 w。类似地，对于女性来说，如果 $m \geq_w m'$，那么女性 w 才会接受男性 m。如果一个参与者对于任何两个选择之间都不是无差异的，则他有严格的偏好。

在婚姻市场的背景下，没有个体能够单独选择配偶，因为任何婚姻都需要当事人双方的同意，因此在婚姻市场中存在如下问题：给定众多参与者的个人偏好，他们的互动会产生什么样的结果？

婚姻市场的一个结果（Outcome）是一组婚姻关系。一般而言，不是每一个都会结婚，一些人可能保持单身，我们认为不结婚的人即为自我配对。

定义 7-2　一个匹配（Matching）μ 是一个一一映射关系，其是集合 $M \cup M$ 上的一个二阶自我映射（也就是 $\mu^2(x)=x$），并满足以下条件：若 $\mu(m) \neq m$，则 $\mu(m) \in W$；若 $\mu(w) \neq w$，则 $\mu(w) \in M$。我们称 $\mu(x)$ 是 x 的配偶。所有匹配的集合记作 $\Psi(M, W)$。

需要指出的是，$\mu^2(x)=x$ 表示如果男性 m 被匹配给女性 w（即 $\mu(m)=w$），那么女性 w 就被匹配给男性 m（即 $\mu(w)=m$）。此定义不仅要求单身参与者与自己匹配，也要求那些非单身参与者被匹配给异性集合中的参与者。也就是说，男性被匹配给女性，女性被匹配给男性。

为了表达方便，一个匹配有时也会被表示为一系列成对的配偶，例如：

$$\mu = \begin{matrix} m_1 & m_2 & m_3 & m_4 & m_5 \\ w_4 & w_1 & w_2 & w_3 & (m_5) \end{matrix}$$

其中，m_1 和 w_4 结婚，m_5 保持单身，即 $\mu(m_1)=w_4$，$\mu(m_5)=m_5$ 等。我们可以以男性或女性的顺序来呈现正在匹配的成对的配偶，因此以女性的顺序来呈现，则上述匹配可表示为：

$$\mu = \begin{matrix} w_1 & w_2 & w_3 & w_4 & m_5 \\ m_2 & m_3 & m_4 & m_1 & (m_5) \end{matrix}$$

每个参与者对于不同匹配的偏好与他（她）对不同匹配下自己的配偶的偏好一致。因此，当且仅当相对于 $v(m)$ 他更偏好 $\mu(m)$ 时，男性 m 偏好匹配 μ 甚于匹配 v。因此我们假定男性 m 仅关心他自己和谁匹配在一起，但不在乎其他参与者的配偶是谁。

7.2.2　一对一稳定匹配框架

就稳定婚姻问题而言，由于婚姻市场中不允许强制婚姻，即不允许任何通过强迫其他参与者而产生的匹配结果，所以考虑一个匹配 μ 将（m，w）相互匹配，但是男女双方无法相互接受该匹配结果，这就意味着在 m 和 w 中至少有一个宁愿保持单身也不愿和另一人结婚，则认为该匹配 μ 被不愿意发生匹配的参与者所破坏，同时该匹配也被称为非个体理性，因此，非个体理性是不可能发生的，即只有不强迫参与者接受他不愿意配对的匹配才会发生。

定义 7-3　如果每个参与者对他（她）的配偶都是可接受的，那么匹配 μ 就是符合个体理性的。即如果不被任何参与者破坏，这个匹配就是符合个体理性的。

由于博弈中的每个参与者都有保持单身的权利，而单身被视为自我匹配，所以不论参与者拥有怎样的偏好都至少会存在一个符合个体理性的匹配，但是仅仅符合个体理性是远远不够的。例如，有一个配对μ，其中的一个男性m和一个女性w并没有相互匹配，但是相比他们当前各自在μ的配偶，他们更偏好彼此，即$w >_m \mu(m)$且$m >_w \mu(w)$。此时的匹配状态并不稳定，这两个参与者会破坏当前匹配μ，从而彼此结婚并构建新的匹配μ'。所以，需要从潜在可能匹配中排除那些不会发生的匹配，保留下来的匹配将会满足稳定性。稳定性是任何匹配模型的基本要求，是指在匹配中不存在阻塞对（Blocking Pair，BP）的情况，显然通过匹配算法得出的匹配结果是稳定的。一个阻塞对被定义为一组（男性，女性）对，他们将会有动机离开现在的配偶，并与其他参与者形成新的配对关系，从而导致系统的不稳定。

定义 7-4 如果一个匹配μ不会被任何单个的或者阻塞对破坏，那么这个匹配就是稳定的。

【例 7-1】 稳定匹配的解释。

假设两个男性和两个女性的一种偏好关系如下：$P(m_1)=w_1, w_2$，$P(m_2)=w_1, w_2$，$P(w_1)=m_2, m_1$，$P(w_2)=m_1, m_2$。每个男性都更喜欢女性w_1，但女性w_1更喜欢男性m_2，女性w_2更喜欢男性m_1。若命运安排却让（m_1，w_1）、（m_2，w_2）进行匹配结婚，但男性m_2和女性w_1都不满意现任配偶，反而更喜欢对方一些，则这样的婚姻搭配显然是不稳定的，随时都可能发生m_2和w_1私奔的情况。所以在做出匹配选择的时候，我们需要做出稳定的选择，以防这种情况的发生。但若换一种匹配方案（m_1，w_2）、（m_2，w_1），这样的搭配就是稳定的。

读者可能会立即想到一种寻找稳定婚姻搭配的策略：不断修补当前匹配方案。如果两个参与者互相之间都觉得对方比自己当前的配偶更好，就让这两个参与者匹配结婚，离婚后剩下的那两个参与者也匹配结婚。如果还有想要私奔的（男性，女性）对，就继续按照他们的愿望交换配偶，直到最终消除所有的不稳定组合。容易看出，应用这种“修补策略”所得到的最终结果一定满足婚姻的稳定性，但这种策略的问题就在于，它不一定有一个“最终结果”。事实上，按照上述方法反复调整匹配方案，最终有可能会陷入一个死循环，因此该策略甚至不能保证得出一个确定的方案来。

定理 7-1（强稳定性质） 如果μ是一个不稳定匹配，那么存在一个阻塞对（m，w）和一个稳定匹配μ'满足$\mu'(m) \geq_m \mu(m)$，$\mu'(w) \geq_w \mu(w)$，或匹配μ是非个体理性的。

该定理说明存在一个配对（m，w），能够使μ'通过（m，w）几乎占优于μ，并且通过同一个配对（m，w），存在某个$\bar{\mu}$占优于μ。

【例 7-2】 假设 3 个男性和 3 个女性的一种偏好关系如下：

$$P(m_1)=w_2, w_1, w_3,\ P(m_2)=w_1, w_3, w_2,\ P(m_3)=w_1, w_2, w_3$$
$$P(w_1)=m_1, m_3, m_2,\ P(w_2)=m_3, m_1, m_2,\ P(w_3)=m_1, m_3, m_2$$

但匹配$\mu_1 = \begin{matrix} w_1 & w_2 & w_3 \\ m_1 & m_2 & m_3 \end{matrix}$是不稳定的，因为（$m_1$，$w_2$）是一组阻塞对。我们可以通过将配对（$m_1$，$w_1$）和（$m_2$，$w_2$）中的参与者分别拆开并让$m_1$和$w_2$结婚，建立一个新的匹配$\mu_2$如下：

$$\mu_2 = \begin{matrix} w_1 & w_2 & w_3 \\ m_2 & m_1 & m_3 \end{matrix}$$

我们可以看到，相较于 w_3，m_3 更喜欢 w_2，m_3 又是 w_2 最喜欢的男性，因此 μ_2 也是不稳定的。同样，我们可以建立一个新的匹配 μ_3 如下：

$$\mu_3 = \begin{matrix} w_1 & w_2 & w_3 \\ m_2 & m_3 & m_1 \end{matrix}$$

这时，匹配 μ_3 又会被（m_3，w_1）破坏。继续重复上述过程，得到新的匹配 μ_4 如下：

$$\mu_4 = \begin{matrix} w_1 & w_2 & w_3 \\ m_3 & m_2 & m_1 \end{matrix}$$

匹配 μ_4 又会被（m_1，w_1）破坏。如果我们继续这一程序，我们将会在下一步得到 μ_1，仍然不是一个稳定的匹配，并最终陷入一个死循环。

然而，$\mu_5 = \begin{matrix} w_1 & w_2 & w_3 \\ m_3 & m_1 & m_2 \end{matrix}$ 和 $\mu_6 = \begin{matrix} w_1 & w_2 & w_3 \\ m_1 & m_3 & m_2 \end{matrix}$ 是稳定的。

注意在这个例子中，选择一个与前面不同的阻塞对将会使该过程收敛到一个稳定的匹配。至此，是否存在一个能选出不陷入死循环的阻塞对的规则仍然是一个没有解决的问题。下面的定理针对这个问题给出一种稳定匹配的方法。

定理 7-2（强稳定性质） 假设 μ 是婚姻市场（M，W，P）的任意一个匹配，那么存在有限的匹配 μ_1，μ_2，…，μ_k，使得 $\mu=\mu_k$ 是稳定的，并对任意 $i\in\{1, 2, \cdots, k-1\}$，存在一个阻塞对破坏 μ_i，使得 μ_{i+1} 通过满足 μ_i 的阻塞对得到。

证明： 首先，设有一个任意的匹配 μ，并选择一个参与者的子集 S，使 S 上的匹配不会形成阻塞对，并且 μ 不会将任何不在 S 中的参与者匹配到一起。一个新的参与者，例如女性 w，被选入 S。如果 S 中没有男性会和女性 w 组成阻塞对，我们可以直接把她加入 S 中而不改变原有匹配。否则，选择一个女性 w 在 S 中最喜欢并且会与之形成阻塞对的男性 m，并通过满足这个阻塞对形成一个新的匹配。如果存在女性 $w'=\mu(m)$，那么在新的匹配中她就得不到匹配，即成为单身，所以目前在 S 中可能存在阻塞对（w'，m'）。如果真是这样，选一个 w' 最偏好的阻塞对形成下一个新的匹配。这一过程在集合 $S\cup\{w\}$ 内继续进行，类似一个由女性求婚的延迟接受算法，并不断地满足每一步中产生的阻塞对，直到在 $S_i=S\cup\{w\}$ 内达到没有阻塞对产生的匹配 μ_i 为止。这个过程可以随着选定的集合 S_i 在每一步中不断扩大而继续进行。在每一步中，匹配 μ_i 在选定的集合上没有阻塞对，所以这个过程最终会在 $S_k=M\cup W$ 时成为一个稳定的匹配。

1962 年，戴维·盖尔与罗伊德·夏普利发明了一种寻找稳定婚姻的策略。不管男性和女性各有多少人，不管他们各自的偏好如何，应用这种策略后总能得到一个稳定的婚姻搭配。换句话说，他们证明了稳定的婚姻搭配总是存在的，下一节将详细介绍。

7.2.3　GS 算法

为了得到一个稳定的匹配，盖尔和夏普利给出了延迟接受算法（Deferred-Acceptance algorithm），又称为盖尔-夏普利算法（the Gale-Shapley algorithm），简称 GS 算法，是盖尔和夏普利为了寻找一个稳定匹配而设计出的市场机制。

定理 7-3 对于任何婚姻市场总存在一个稳定的匹配。

证明： 在任何婚姻市场中生成稳定匹配的程序如下。

在这种策略中，男性将一轮一轮地去向他中意的女性求婚，女性可以选择接受或者拒绝她的求婚者。

首先，每个男性向他最偏好的女性（即其可接受的女性排序表的第一位）求婚，每个女性拒绝任何她所不能接受的男性的求婚，并且对于那些收到不止一个男性的求婚的女性，只接受所有求婚者中她最偏好的那位。此时，任何没有被拒绝的男性就可以说是“订婚”了。

接下来的每一步，对于任何在前一步被拒绝的男性，只要还有他未求过婚的可接受女性，他便向他的下一位选择女性求婚（即在那些还没拒绝过他的可接受女性中选择他最偏好的一位）。如果一个男性没有可接受的女性或者已经向所有他可接受的女性求婚并被他们全部拒绝，那么他就不能进一步求婚了。每个被求婚的女性拒绝全部不可接受的男性以及除了她最偏好的求婚者以外的其他求婚者（包括新求婚者和之前的订婚配偶）。

当不再有男性被拒绝时，算法停止。此时每个男性要么和某个女性订婚，要么被他可接受的每一个女性拒绝。每个男性都和他所订婚的女性相匹配，所有的婚姻匹配完成，那些没能被可接受的男性求婚的女性和被所有可接受的女性拒绝的男性将保持单身。

以上便是算法的大致过程，不过在描述中所有的参与者都有着严格的偏好，为解决某个参与者对于两个或更多可选配偶无差异的问题需要进行一些修改。在算法的任何一步，如果参与者必须在两个同等喜欢的配偶间进行选择，则引入某个固定的“生序”（tie-breaking）规则。例如，当一个参与者对两个或以上配偶的偏好无差异时，按照这些配偶的姓氏字母顺序或年龄等给出一个优先次序继续进行排序。在无差异情形下，这种生序规则决定了男性的求婚对象和女性的接受对象。

这种算法最终一定会停止，因为这里只有有限位男性和女性，而每位男性对一位女性最多只能求一次婚。他所产生的结果是一个匹配，因为无论在哪一步，每位男性都最多只能和一位女性订婚，每位女性最多也会和一位男性订婚。由于每次女性都与向其求婚中其最偏好的男性订婚，所以匹配不会被任何个体和阻塞对破坏，该算法是稳定的。此外，因为没有男性或女性会和他（她）不能接受的配偶结婚，所以该算法得到的匹配是满足个体理性的。

一组稳定的匹配模型可以使用经典的 GS 算法实现。匹配的结果将会包括许多组合，组合是由一位男性和一位女性的匹配对组成的。GS 算法是一个迭代过程，其中用户向资源拥有者提出请求，资源拥有者将根据自己的可接受的额度和偏好来决定接受或拒绝这些请求。这个过程允许分布式的实现，不需要参与者知道彼此的偏好。当没有一个参与者需要进一步地提出请求时，GS 算法将终止匹配过程，从而形成一个稳定的匹配。GS 算法的流程图如图 7-3 所示。

【例 7-3】 一个延迟接受算法的实例：假设一个婚姻市场里，有男性集合 $M=\{m_1, m_2, m_3, m_4, m_5\}$，女性集合 $W=\{w_1, w_2, w_3, w_4\}$，以及如下偏好关系：

$P(m_1)=w_1, w_2, w_3, w_4$，$P(m_2)=w_4, w_2, w_3, w_1$，

$P(m_3)=w_4, w_3, w_1, w_2$，$P(m_4)=w_1, w_4, w_3, w_2$，$P(m_5)=w_1, w_2, w_4$，

$P(w_1)=m_2, m_3, m_1, m_4, m_5$，$P(w_2)=m_3, m_1, m_2, m_4, m_5$，

$P(w_3)=m_5, m_4, m_1, m_2, m_3$，$P(w_4)=m_1, m_4, m_5, m_2, m_3$。

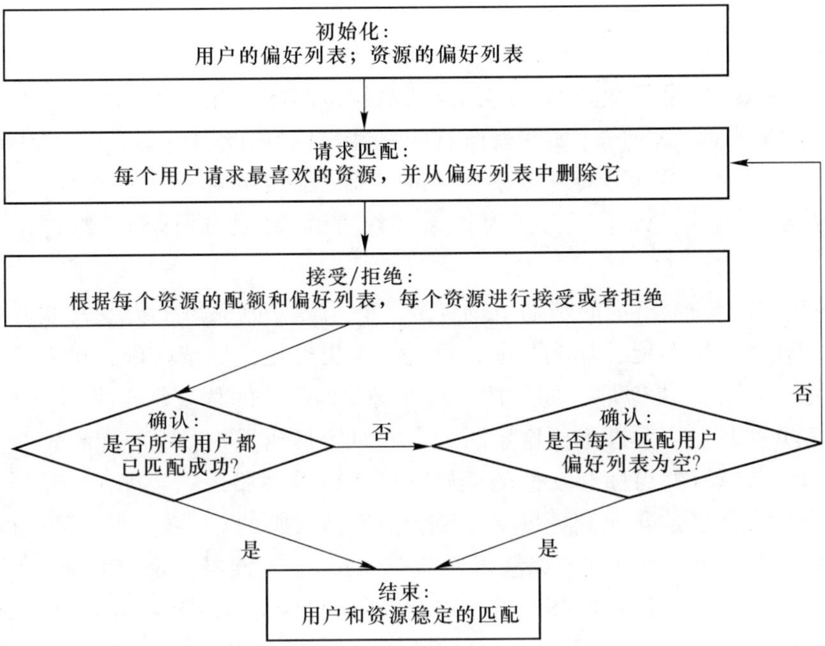

图 7-3　GS 算法的流程图

第一步：m_1，m_4 和 m_5 向 w_1 求婚，m_2 和 m_3 向 w_4 求婚；w_1 拒绝 m_4 和 m_5，和 m_1 订婚；w_4 拒绝 m_3，和 m_2 订婚。用如下方式来表示这种情况：

$$\begin{matrix} w_1 & w_2 & w_3 & w_4 \\ m_1 & & & m_2 \end{matrix}$$

第二步：m_3，m_4 和 m_5 向他们的第二选择对象求婚，即分别向 w_3，w_4 和 w_2 求婚；w_4 拒绝 m_2，和 m_4 订婚：

$$\begin{matrix} w_1 & w_2 & w_3 & w_4 \\ m_1 & m_5 & m_3 & m_4 \end{matrix}$$

第三步：m_2 向他的第二选择 w_2 求婚，而 w_2 拒绝 m_5，和 m_2 订婚：

$$\begin{matrix} w_1 & w_2 & w_3 & w_4 \\ m_1 & m_2 & m_3 & m_4 \end{matrix}$$

第四步：m_5 向他的第三选择 w_4 求婚，w_4 拒绝 m_5，依旧和 m_4 订婚。因为 m_5 已经被他所能接受的每一个女性拒绝，他就只能保持单身，即自我匹配，现在形成的稳定匹配是：

$$\mu_M = \begin{matrix} w_1 & w_2 & w_3 & w_4 & (m_5) \\ m_1 & m_2 & m_3 & m_4 & m_5 \end{matrix}$$

为了突出此结果的生成过程中是由男性求婚的，我们把此匹配称为 μ_M。因为男性和女性在婚姻市场上的角色具有对称性，且他们在前述算法中的角色是不同的，我们可以给出另一个男性和女性交换角色的算法，且这一算法产生的匹配 μ_W 依然是稳定的。这两种稳定匹配并不一定是相同的。对于本例的婚姻市场，当女性向男性求婚时得到的匹配是：

$$\mu_W = \begin{matrix} w_4 & w_1 & w_2 & w_3 & (m_5) \\ m_1 & m_2 & m_3 & m_4 & m_5 \end{matrix}$$

显然，μ_M 和 μ_W 两个匹配并不相同，但都是稳定匹配。注意到，在这个例子中，所有的男性对 μ_M 的偏好都不亚于 μ_W，并且所有的女性都偏好 μ_W 甚于 μ_M。当所有的参与者都有严格的偏好时，由于男性之间（或女性之间）会存在共同利益，而男性和女性之间存在系统性利益冲突。因此，以不同方式对待市场双方的程序，应该会系统性地有利于其中一方。

定义 7-5 对于一个给定的婚姻市场（M，W，P），如果每个男性喜欢匹配 μ 的程度都至少不亚于任何其他匹配，那么匹配 μ 就是一个男性最优稳定匹配，即对于其他任一稳定匹配 μ'，有 $\mu \geq_M \mu'$。类似地，如果每个女性喜欢匹配 ν 的程度都至少不亚于任何其他匹配，那么匹配 ν 就是一个女性最优稳定匹配，即对于其他任一稳定匹配 ν'，有 $\nu \geq_W \nu'$。

定理 7-4 若所有的男性和女性的偏好都是严格的，那么总会存在一个男性最优稳定匹配和一个女性最优稳定匹配。更进一步说，由男性求婚的 GS 算法得出的匹配 μ_M 是男性最优稳定匹配，由女性求婚的 GS 算法得出的匹配 μ_W 是女性最优稳定匹配。

证明：当所有的男性和女性都有着严格的偏好的时候，我们将证明在一个由男性求婚的延迟接受算法中，没有男性会被一个可得（achievable）女性拒绝，因此产生的稳定匹配 μ_M 将每个男性和他可得的最喜欢的女性匹配到一起，因此这也是（唯一）的男性最优稳定匹配。

这个证明是使用归纳法完成的。假设到程序中的某一步为止，没有一个男性被他可得的女性拒绝。在这一步中，假设女性 w 拒绝了男性 m。如果她之所以拒绝男性 m 是因为不可接受，那么对于男性 m 来说，这个女性不是他可得的，我们即完成了证明。如果她之所以拒绝 m 是因为她更爱 m' 并选择和 m' 订婚，那么说明相比 m 她更偏好 m'。我们要证明 w 对 m 来说不是可得的。

我们知道，在没有拒绝过 m' 的女性中 m' 是最偏好 w 的，因此那些拒绝过他的女性（根据归纳假设）对他来说是不可得的。考虑一种假想的匹配 u，其将 w 和 m 匹配到一起并使其他的人都得到了一个可得的配偶。此时匹配 u 中，相对于其现在的配偶而言男性 m' 更偏好 w，因此 u 是不稳定的匹配，它被 m' 和 w 破坏：相对于现在的配偶而言他们更喜欢对方。所以不存在使 m 和 w 匹配在一起的稳定匹配，即他们对于彼此都是不可得的，因此得证。

定理 7-5 在男性最优稳定匹配中，每个女性都拥有最差的配偶。同理，在女性最优稳定匹配中，每个男性都拥有最差的配偶。

对于稳定匹配而言，从一种性别参与者的角度来看，以另一种性别参与者为代价而获得的最优性可能并不奇怪，这就是博弈论中常常提及的“先动优势”。但与此同时，对于一个给定的男性最优稳定匹配实例，每个男性都没有严格地偏好他的女性配偶；对于一个给定的女性最优稳定匹配实例，每个女性都没有严格地偏好她的男性配偶，这种现象称为弱帕累托最优。

对于由 GS 算法给出的稳定匹配而言具有一些性质，由下面的定理给出。

定理 7-6 对于一个由 GS 算法给定的稳定婚姻问题具有如下性质：（1）所有的稳定

匹配均包含在 GS 列表中；(2) 任意在 GS 列表中的匹配对都不会被不在 GS 列表中的匹配对阻塞；(3) 对于一个给定的男性（女性）最优稳定匹配实例中，每个男性都与 GS 算法列表中的第一个（最后一个）女性成为配偶，每个女性均与其最后一个（第一个）男性成为配偶。

定理 7-7（破坏定理） 设匹配 μ 是任意遵循严格偏好 P 的个体理性匹配，M' 是所有相比于 μ_M 更偏好 μ 的男性。如果 M' 非空，那么存在一个配对（m，w）破坏 μ，并且有 m 在 $M-M'$ 中，w 在 $\mu'(M')$ 中。

7.2.4 匈牙利算法

对于二分匹配，很容易转换成一个二分图，转换后就可以使用成熟的二分图的匹配算法进行求解。其中比较著名的就是匈牙利算法（Hungarian Algorithm），该算法由 H. W. Kuhn[7] 于 1955 年首次提出。

给定一个二分图 $G=(V, E)$，在 G 的一个子图 M 中，如果 M 的边集中的任意两条边都不依附于同一个顶点，则称 M 是一个匹配。选择这样的边数最大的子集称为图的最大匹配问题。如果一个匹配中，图中的每个顶点都和某条边相关联，则称此匹配为完全匹配，也称作完备匹配。

定义 7-6（增广路） 若 P 是图 G 中一条连通两个未匹配顶点的路径，并且 M 中已匹配的边和待匹配的边在 P 上交替出现，则称 P 为相对于 M 的一条增广路。即路径 P 将两个不同集合的两个未匹配顶点通过一系列匹配顶点相连。

求最大匹配的一种显而易见的算法是：先找出全部匹配，然后保留匹配数最多的。但是这个算法的复杂度为边数的指数级函数。因此，需要寻求一种更加高效的算法，即匈牙利算法。该算法的核心就是寻找增广路，它是一种用增广路径求二分图最大匹配的算法。通过不停地寻找增广路来增加匹配中的匹配边和匹配点，当找不到增广路时，达到最大匹配。该算法的基本思路如下：

(1) 置 M 为空；

(2) 找出一条增广路 P，通过取反操作获得更大的匹配 M'，并用 M' 代替 M；

(3) 重复 (2) 的操作直到找不出增广路径为止。

在未加权二分图中，可以使用匈牙利算法找到最大基数匹配，但其不一定稳定。在加权情况下，求最大或最小加权匹配，则必须用 KM（Kuhn-Munkres）算法。限于篇幅，本章将不再展开论述。

7.3 多对一匹配博弈

在现实的双边市场中，多对一匹配可能是最典型的情况：市场的两方分别是机构和个体，且每个机构由很多个体构成，例如大学录取很多学生、公司雇佣很多工人、医院雇佣很多实习生等同时进行的匹配。构建多对一匹配模型的一个核心问题是对机构的偏好进行建模，因为这涉及不同学生群体、工人和实习生等的比较，而这些问题并不会出现在前面介绍的稳定婚姻模型中。

7.3.1 多对一匹配的形式化模型

对于多对一匹配博弈，以经典的大学录取（College Admissions）模型为例。大学录取模型的首个要素是两个有限且互不相交的集合 $C=\{c_1, \cdots, c_n\}$ 和 $S=\{s_1, \cdots, s_m\}$，分别代表学校和学生。每个学生拥有对学校的偏好，每个学校也拥有对于学生的偏好，与一对一稳定婚姻模型一样，我们假设这些偏好是完备的、可传递的，则大学 C 的偏好可以表示为 $P(C)=s_1, s_2, C, s_3, \cdots$，该偏好序列表明大学 C 录取 s_1 优于录取 s_2，而在 C 之后的学生则即便将录取名额闲置也不录取；类似地，用序列 $P(s)=C_2, C_1, C_3, s, \cdots$代表学生 s 的偏好，表明该学生只考虑 C_2、C_1 和 C_3 三所大学，且偏好程度逐渐降低。我们用 $C_i>_s C_j$ 来表示相比大学 C_j 学生 s 更愿意去大学 C_i；用 $C_i \geq_s C_j$ 来表示 s 对 C_i 的偏好程度不低于 C_j，即他更愿意去 C_i，或者对二者没有明显的偏好。类似地，$s_i >_C s_j$ 和 $s_i \geq_C s_j$ 表示大学 C 对于单个学生的偏好 $P(C)$。如果 $C \geq_s s$，那么对于学生 s 来说，大学 C 是可接受的；如果 $s \geq_C C$，那么对于大学 C 来说，学生 s 是可接受的。与稳定婚姻问题相同，我们把偏好序列约简到只包括可接受的选项。

与稳定婚姻模型不同的是，对于每一个大学 C 都会有一个正整数 q_C 来表示该大学的配额，即大学可以录取学生的最大个数。同时，学生对于同一个大学的 q_C 个配额位置的偏好程度没有区别。当我们用 C_i 表示一个特定的大学时，它的配额就会被表示为 q_i。

大学录取模型的结果是学生和大学的匹配，即一个学生至多被一所大学录取，一所大学至多录取与它的配额数量一致的学生。正如稳定婚姻中那样，没有被任何大学录取的学生则被认为是“自我匹配”，同时大学没有录取的闲置位置也认为是和自己进行了匹配。匹配是双边的，即当且仅当这所大学录取了这个学生时，我们才说一个学生被给定的大学录取。

为了给匹配一个正式的定义，首先给出如下定义。

定义 7-7 对于任意集合 X 而言，X 的无序元素族是 X 中一组可能重复的且不包含顺序的元素组合。

所以一个 X 中的给定元素可能在 X 的无序元素族中出现不止一次，这也是其与 X 的无序元素子集不同的地方。

定义 7-8 一个匹配μ是从集合 $C\cup S$ 到由 $C\cup S$ 的所有子集构成的集合的一个映射，满足对所有学生 $s\in S$ 和所有大学 $c\in C$，有：

（1）$\mu(s)\in C\cup\{s\}$，$\mu(c)\subseteq S\cup\{c\}$；

（2）$c=\mu(s)\Leftrightarrow s=\mu(c)$。

条件（1）表明μ是一个映射，条件（2）表明匹配的双方特性：一个学生被一所大学录取，意味着这所大学接收了这个学生。

定义 7-9 匹配μ是从集合 $C\cup S$ 到集合 $C\cup S$ 的无序元素族的函数。

（1）对于每个学生 s 有 $|\mu(s)|=1$，且当$\mu(s)=s$ 时有 $\mu(s)\notin C$；

（2）对于每所大学有 $|\mu(C)|=q_C$，如果$\mu(C)$ 中学生的数量 r 小于 q_C，那么$\mu(C)$中包含 q_C-r 个 C 中的元素；

（3）$\mu(s)=C$ 等价于 s 在$\mu(C)$ 中。

所以，$\mu(s_1)=C_1$ 表示学生 s_1 在匹配μ 中被大学 C_1 录取，并且$\mu(C_1)=\{s_1, s_3, C_1,$

$C_1\}$ 表示大学 C_1 有 4 个配额，录取了学生 s_1 和学生 s_3，还有两个空位。

我们可以用图形表示以上匹配，如下所示：

$$\mu_1 = \begin{matrix} & C_1 & & & C_2 & (s_4) \\ s_1, & s_3, & C_1, & C_1 & s_2 & s_4 \end{matrix}$$

表示大学 C_2 有 1 个配额，并和 1 个学生进行了匹配；学生 s_4 没有匹配。

在每一个匹配中，学生只有不匹配和与其中一所大学匹配两种情况，同时在之前已经描述了学生对大学的偏好。尽管之前也描述大学对学生的偏好，但由于每所大学拥有不止一个配额，为了比较多个不同的可选学生的匹配，大学必须有能力比较不同学生群体的偏好程度。因此我们必须描述大学对于学生群体的偏好。只有描述了大学对于匹配的偏好，我们的模型才能成为定义完整的博弈。

每一所大学 $c \in C$ 在 $s \in S$ 的所有子集上有一个严格的、完备的、具有传递性的偏好 $P(c)$，具有如下形式：$P(c)=S_1$，S_2，c，S_3，表示如果让大学在所有学生中作选择，那么它的第一选择是录取群体 S_1 中的所有学生；如果 S_1 中有学生拒绝被录用，即 S_1 对大学 c 是不可获得，那么它将录取群体 S_2 中的所有学生；如果 S_2 也不可获得，那么它将选择不录取任何学生，即便其他学生群体如 S_3 是可获得的。这时称 S_1 和 S_2 是可接受的对象，S_3 是不可接受的对象。

将大学对于学生群体的偏好和对于单个学生的偏好相连的最简单的假设：如果 $\mu(c)$ 将大学 c 与其排名第 3 和第 4 的学生相连，$\mu'(c)$ 将其与排名第 2 和第 4 的学生相连，那么由于排名第 2 的学生在 $\mu'(c)$ 中，所以大学 c 偏好 $\mu'(c)$ 多于 $\mu(c)$。令 $P^{\#}(C)$ 表示在大学录取问题中，大学 C 对在任何匹配 μ 中可能得到的配对 $\mu(C)$ 之间的偏好关系。如果任意两个匹配结果只在一个学生上有不同，则包括其更偏好的学生的那个匹配为该大学的匹配，则称大学 C 的偏好 $P^{\#}(C)$ 是大学对单个学生偏好 $P(C)$ 的响应。

定义 7-10　如果对于任意 $\mu(C)$ 中的 σ 和不在 $\mu(C)$ 中的 s_k 而言有 $\mu'(C)=\mu(C)\cup\{s_k\}\setminus\{\sigma\}$，那么当且仅当在 $P(C)$ 下 C 偏好 s_k 甚于 σ 时，在 $P^{\#}(C)$ 下 C 偏好 $\mu'(C)$ 甚于 $\mu(C)$，这种对学生的集合的偏好关系 $P^{\#}(C)$ 是对单个学生的偏好 $P(C)$ 的响应。

通过 $\mu'(C)>_C\mu(C)$ 表示由大学 C 的偏好 $P^{\#}(C)$ 可知大学 C 偏好 $\mu'(C)$ 多于 $\mu(C)$。用 $\mu'(C)\geq_C\mu(C)$ 来表示大学 C 对 $\mu'(C)$ 的偏好程度不差于 $\mu(C)$。当 $\mu'(C)$ 和 $\mu(C)$ 不是单点集时，则 $P^{\#}(C)$ 不是大学 C 对单个学生的偏好而是对学生群体的偏好。即使大学 C 对单个学生有严格的偏好，C 也可能对匹配 $\mu'(C)$ 和 $\mu(C)$ 无差异。

我们之后便假设大学具有响应个体偏好的群体偏好，并且该偏好是完备的和可传递的。每个参与者对于两个可选的匹配的偏好和他对于自己在两个匹配上配对的偏好相一致。

7.3.2　稳定性和群体稳定性

定义 7-11　如果匹配 μ 没有被任何单个参与者或者（大学，学生）组合对破坏，那么这个匹配是稳定的。

就大学录取模型而言，定义匹配 μ “群体不稳定”：如果存在另一个匹配 μ' 和联盟 A

（包括学生和大学的任何组合），对于所有 A 中的学生 s 和所有 A 中的大学 C，满足：

（1）$\mu'(s) \in A$（即 μ' 将 A 中的每个学生匹配到 A 中的大学）；

（2）$\mu'(s) >_s \mu(s)$（即 A 中的每个学生偏好新匹配优于旧匹配）；

（3）$\sigma \in \mu'(C)$ 意味着 $\sigma \in A \cup \mu(C)$（即 A 中的每个大学通过 μ' 匹配的新学生也在 A 中）；

（4）$\mu'(C) >_C \mu(C)$（即每个 A 中的大学偏好新的学生集合优于旧的学生集合）。

也就是说，通过他们之间的相互匹配，可以获得比 μ 更好的匹配 μ'，那么匹配 μ 就被联盟 A 破坏了，也就是该匹配 μ 群体不稳定。

定义 7-12 一个群体的稳定匹配是一个不会被任何联盟破坏的匹配。

7.3.3 NIMP 算法

埃尔文·罗斯在匹配理论和 GS 算法的基础上，就医科实习生劳动力市场问题提出了国家实习生匹配项目（National Intern Matching Program，NIMP）算法[2]。

NIMP 算法具体如下：每个医院项目对申请它的学生排序（对任何不可接受的学生标记“X”）。并且每个学生对他所申请的每个医院项目排序（用相似的方式表明不可接受的医院项目）。这些序列会被邮寄到中央结算所（Central Clearing House），在那里那些不接受这个医院项目的学生被删除，医院项目认为不可接受的学生也被删除……因此编辑过的序列是可接受的对象的序列。

这些序列进入了由匹配阶段（Matching Phase）和试验性配对与更新阶段（Tentative Assignment and Update Phase）组成的序列处理算法中。匹配阶段的第一步（1：1 步骤）是看有没有学生或医院互为对方排名最靠前的选择。如果医院 H_i 有 q_i 个配额，那么序列中前 q_i 个学生是其排名最靠前的选择。如果没有这样的匹配，那么匹配阶段进入 2：1 步骤，将学生的偏好序列中排名第二的医院和这些医院的偏好序列中排名最靠前的学生做比较。如果任何一步后没有发现匹配，则算法进入下一步，统称 k：1 步骤，在该步寻找如下的学生-医院配对：学生是医院的偏好序列中排名最靠前的，医院处在学生靠前序列的第 k 位。一旦某一步后发现匹配了，算法就进入试验性配对和更新阶段。

当算法从匹配阶段 k：1 步骤进入试验性配对和更新阶段时，k：1 的匹配就是试验性的，即每个在他排名第 k 位的医院中排名最靠前的学生是试验性地与那个医院配对。之后学生和医院的序列就会按照以下方式更新：任何学生 s_j 将比他的试验性匹配排位低的医院从他的序列中删除（所以与其第 k 选择试验性配对的学生 s_j，更新后的序列只包括他前 k 个选择），并且任何从他序列中删除的医院也将学生 s_j 从它们的序列中删除，所以每个医院更新后的序列只包括那些没有与其更偏好的医院试验性匹配的申请者。如果一所医院的列表中一名排名最靠前的学生被删除了，那么排名稍靠后的学生便进入排名最靠前的范围中，因为医院的序列中学生数量减少了，但是其配额依然与原序列相同。当这些序列以这样的方式更新后，算法回到匹配阶段，继续检查更新后的序列是否存在新匹配。任何在匹配阶段建立的新试验性匹配会取代原先的包含相同学生的试验性匹配。新的试验性匹配只能改善学生的试验性配对，因为所有排位更靠后的医院已经被删除了。当没有新的试验性匹配产生时，算法结束，这时试验性匹配成为最终的匹配，被试验性匹配的学生和医院被正式地匹配在一起，任何在算法中没有被试验性匹配的学生或医院职位就以未匹配状态收场，他们必须通过和其他没有匹配的学生或医院直接协商进行随后的安排。

这个流程不能允许医院或学生在两个选项之间无差异，因此提交的序列必须是严格偏好序列。图 7-4 为该算法的示意图。

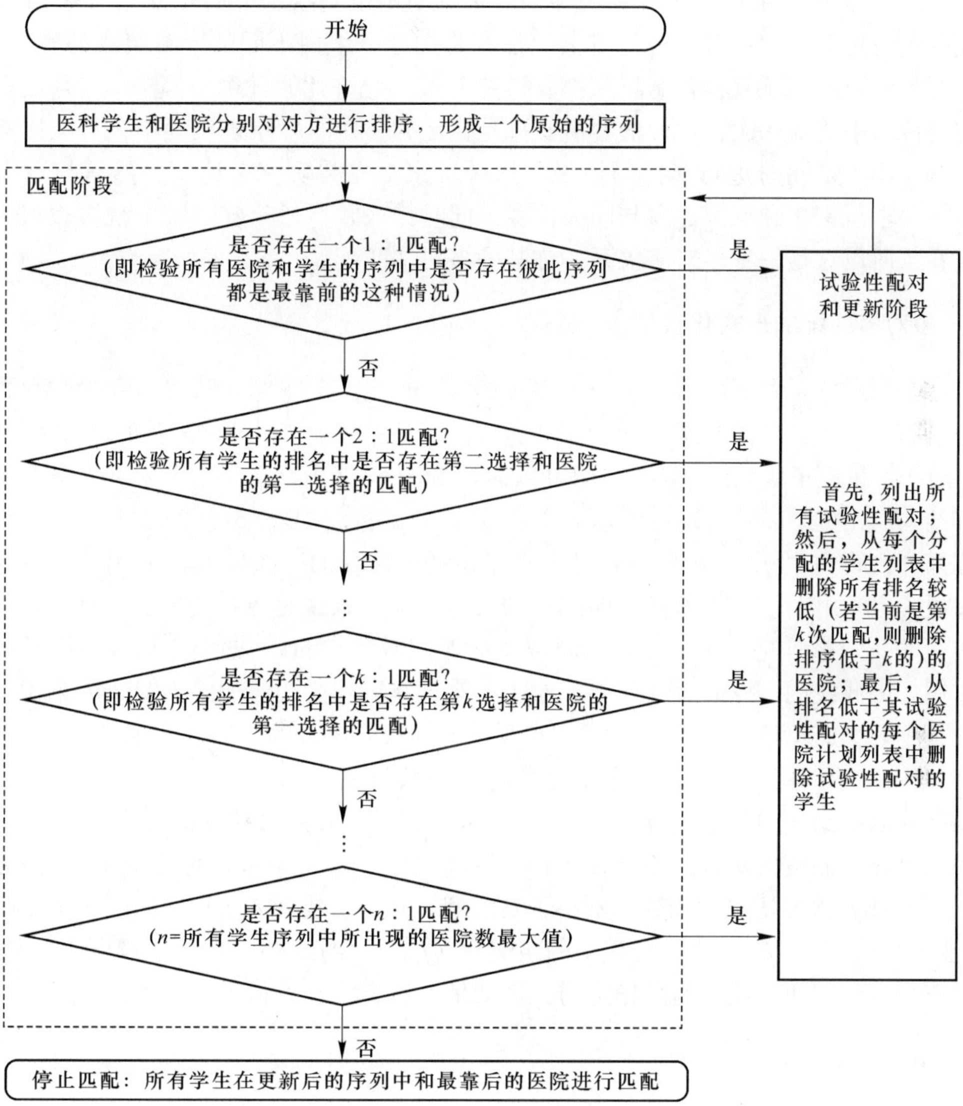

图 7-4　NIMP 算法示意图

定理 7-8　NIMP 算法是稳定匹配机制，即它可以在任意给定偏好下生成稳定匹配。

证明：当算法结束时，每个医院 H_i 在最后更新过的序列中和前 q_i 个选择（即排名最靠前的选择）进行匹配。当任何在医院 H_i 的序列中排位在此医院最终匹配者之前的学生 s_j，在试验性的配对中匹配到了在这个学生的序列中排位在 H_i 之前的学校时，就会将学生从医院的 H_i 的序列中删除。因此，在最终的匹配中，s_j 得到了排位在 H_i 之前的医院的职位，该匹配是稳定的。

7.4 多对多匹配博弈

稳定赛事安排（Stable Fixtures，SF）问题是稳定室友（Stable Roommates，SR）问题的推广，SF 问题源于国际象棋比赛中参与者彼此对战的情况[3]。每个玩家（参与者）都按优先顺序对他们的潜在对手进行排名，任务是构建一组由不同的比赛组成的赛事安排。每次比赛都涉及两名玩家，每名玩家都有指定的最大允许比赛轮数（配额），且最多可以与其他每位对手比赛一次，这样的赛事安排是稳定的。在国际象棋比赛中，每项比赛都是独立进行，而不是同时进行。换句话说，如果玩家 1 先与玩家 2 比赛，然后与玩家 3 比赛，但不要求玩家 2 和玩家 3 参与同一比赛；同时，这并不意味着玩家 1 就喜欢跟所有的玩家比赛，所以这是一种多对多关系，称其为多对多匹配。

7.4.1 多对多匹配的形式化模型

假设参与者的集合 $F=\{f_1, f_2, \cdots, f_n\}$ 组成 SF 的一个实例，共包括 n 个参与者。对于每个参与者 $f_i \in F$，假设其最大允许比赛轮数（配额）为 c_i，偏好列表为 P_i（它是 $F\setminus\{f_i\}$ 的严格排序子集），则偏好结构可以表示为 $P=\{P_1, P_2, \cdots, P_n\}$。匹配决策是基于偏好结构做出的。

如果 f_j 出现在 P_i 中，则表示 f_j 对于 f_i 来说是可接受的。如果 f_j 在 P_i 中位于 f_k 之前，则可以说 f_k 与 f_j 相比，f_i 更偏好 f_j 匹配。如果 f_j 对于 f_i 来说是可接受的，f_i 对于 f_j 来说也是可接受的，则称匹配对（f_i，f_j）为可接受的匹配对。在 SF 问题中，只有可接受的匹配对起作用，因此我们可以假设，如果 f_j 对于 f_i 来说是可接受的，但是 f_i 对于 f_j 来说是不可接受的，则 f_j 会简单地从 P_i 中删除，以确保偏好列表是一致的。即当且仅当 f_i 在 P_j 中时，则 f_j 在 P_i 中。我们用 $|P_i|$ 表示偏好列表 P_i 中的条目数。

匹配 μ 是一组满足 $|\{f_j: (f_i, f_j)\in\mu\}|\leqslant c_i$，$\forall f_i\in F$ 的可接受的匹配对（f_i，f_j）。μ 的大小就是 μ 中匹配的对数，集合 $\mu(f_i)=\{f_j: (f_i, f_j)\in\mu\}$ 的成员称为 μ 中 f_i 的匹配项。

如果 f_i 或 f_j 参加比赛的轮数分别小于其配额 c_i 或 c_j，或者 $f_i(f_j)$ 在匹配 μ 中至少有一个匹配项不及偏好 $f_j(f_i)$，则将可接受的匹配对（f_i，f_j）$\notin\mu$ 称为匹配 μ 的阻塞对。

没有阻塞对的匹配被称为是稳定的，否则是不稳定的。

7.4.2 ISF 算法

在本节，将介绍使用欧文的稳定赛事安排（Irving's Stable Fixtures，ISF）算法求解多对多匹配博弈。ISF 算法的存在性和收敛性由下面的定理给出。

定理 7-9 给定 SF 的一个实例，ISF 算法可以在 $O(m)$ 时间内构造一个稳定的匹配或报告不存在稳定匹配，其中 m 是所有偏好列表大小的总和。

ISF 的核心思想是减少所有参与者的偏好结构 $P=\{P_1, P_2, \cdots, P_n\}$，并构造一个参与者集合 F'。集合 F' 初始时是空集，如果稳定匹配存在的话，最终它将成为稳定的匹配，并具有对称性。在以下两种情况下，不存在稳定匹配：(1) $\sum_{i=1}^{n} d_i$ 是奇数，其中 d_i 是参与者

的等级，定义为 $d_i=\min(c_i,|P_i|)$。（2）在执行ISF算法的过程中，偏好结构 P 的匹配项很少。

ISF算法分为两个阶段，下面给出ISF算法的分步实施步骤。

7.4.2.1　ISF算法的阶段1

阶段1涉及从一个参与者到另一个参与者的一系列投标。这些投标使得能够构造潜在匹配对的集合 F'，还可以识别一些不属于任何稳定匹配的配对，因此将其从偏好结构中删除，从而约简了偏好结构 P。删除配对（f_i，f_j），意味着从 P_j 移除 f_i，从 P_i 移除 f_j。

集合 F' 由有序对（f_i，f_j）组成，初始化为空集。对于每个参与者 f_i，我们分别定义两个集合 f_{Ai} 和 f_{Bi} 如下：$f_{Ai}=\{f_j \mid (f_i,f_j)\in F'\}$，$f_{Bi}=\{f_j \mid (f_j,f_i)\in F'\}$。在投标方面，$f_{Ai}$ 表示 f_i 对其进行投标但尚未拒绝 f_i 的参与者集合，称为 f_i 的目标集合；而 f_{Bi} 表示已向 f_i 投标但 f_i 没有拒绝的参与者集合，称为 f_i 的投标者集合。如果在算法执行过程中的某个时刻 $f_j\in f_{Ai}$（或等价地表示为 $f_i\in f_{Bi}$），那么我们说 f_j 是此刻的 f_i 的目标，而 f_i 是 f_j 的投标者。我们分别用 a_i 和 b_i 表示 $|f_{Ai}|$ 和 $|f_{Bi}|$，即 a_i 是 f_i 的当前目标数量，b_i 是 f_i 的当前投标者数量。

每个连续的投标都是由某个参与者 f_i 进行的，当其目标数少于其配额，f_i 会投标 P_i 中第一个尚未进入目标的参与者 f_j，因此（f_i，f_j）被加到 F' 且 f_j 成为 f_i 的目标。如果仍然是 $b_j<c_j$ 的情况，即 f_j 的投标者数量少于其配额，因此没有进一步的行动结果。但是，如果 $b_j=c_j$ 或 $b_j=c_j+1$，则在由 P_j 主导的 f_j 投标者排名中，可以确定排名在 c_j 的投标者（例如 f_k），并删除所有配对（f_l，f_j），使 f_j 比 f_l 更喜欢 f_k。这些删除中可能包括 F' 的其中某一对满足 $b_j=c_j+1$，如果出现这种情况，则从 F' 中删除该配对，这表示对所讨论的 f_l，f_j 拒绝了 f_l 的投标，导致 f_l 不再是 f_j 的投标者，并且 f_j 不再是 f_l 的目标。只要 $a_i<d_i$，参与者 f_i 的投标就会继续。当每个参与者 f_i 的目标集大小 $a_i=d_i$ 时，ISF算法在阶段1终止。

ISF算法阶段1虽然具有不确定性，但这种不确定性对结果没有影响。我们将执行阶段1产生的偏好结构称为阶段1的偏好结构，记为 P^1。对于给定的参与者 f_i，我们用 P_i^1 表示 f_i 在 P^1 中的列表中。

现在，我们可以从ISF算法阶段1的结果中得出一些结论。

定义7-13　如果（f_i，f_j）不在 P^1 中，那么（f_i，f_j）不是稳定对。

定理7-10　如果（f_i，f_j）$\in F'$ 并且（f_j，f_i）$\in F'$，则（f_i，f_j）在每个稳定匹配中。

定理7-11　对于所有参与者 $f_i\in F$，有 $a_i=b_i=d_i$。也就是说，给定参与者 f_i 的匹配次数在所有稳定匹配中均相同，并且等于 d_i。更进一步，给定ISF问题实例的所有稳定匹配都具有相同的大小。

定理7-12　对于任意参与者 f_i，若满足 $|P_i^1|\geqslant c_i$，则 f_i 在任何稳定匹配中必有 c_i 个匹配。

定理7-13　对于给定的ISF问题实例，如果 $\sum_{i=1}^{n} d_i$ 为奇数，则没有稳定匹配。

定义7-14　如果 $d_i<c_i$，$d_j<c_j$ 并且（f_i，f_j）不在 P^1 中，则（f_i，f_j）称为不可接受对。

7.4.2.2 ISF 算法的阶段 2

在阶段 1 之后，我们得到了约简的偏好结构 P 和增加的集合 F'。要开始阶段 2，首先需要将 P 分为短偏好列表和长偏好列表。如果 $|P_i|<d_i$，则称 P_i 是短偏好列表；如果 $|P_i|>d_i$，则称 P_i 是长偏好列表。另外，如果存在的话，我们用 f_i^{L} 表示不属于 $f_{\mathrm{A}i}$ 的 P_i 的最后一个参与者，用 f_i^{F} 表示不属于 $f_{\mathrm{A}i}$ 的 P_i 的第一个参与者。换句话说，处于位置 d_i+1 的参与者在 P_i 中。参与者 f_i^{F} 仅为具有长偏好列表的参与者 f_i 定义。我们将 f_i^{L} 称为 f_i 的最差投标者，并将 f_i^{F} 称为 f_i 的下一个目标。

定理 7-14 假设 P 为稳定的偏好结构，其中对于所有参与者 f_i，满足 $|P_i|=d_i$，那么集合 F' 是对称的，即 $(f_i, f_j)\in F' \Leftrightarrow (f_j, f_i)\in F'$；此外，由 F' 表示的无序对的集合形成稳定的匹配。

进一步约简偏好结构 P 的关键是轮换（Rotation）的概念。相对于偏好结构 P，轮换是有序对的序列 $\rho=((f_{i_0}, f_{j_0}), (f_{i_1}, f_{j_1}), \cdots, (f_{i_{r-1}}, f_{j_{r-1}}))$，其中，对每个 $0\leqslant k\leqslant r-1$，令 $f_{i_k}=f_{j_k}^{\mathrm{L}}$ 和 $f_{j_{k+1}}=f_{i_k}^{\mathrm{F}}$，用 $k+1$ 求模 r。因此，f_{i_k} 是 f_{j_k} 的最差投标者，而 $f_{j_{k+1}}$ 是 f_{i_k} 的下一个目标。对于每个 k，我们说 f_{i_k}，f_{j_k} 和配对 (f_{i_k}, f_{j_k}) 在轮换 ρ 中。

定理 7-15 令 P 为稳定的偏好结构，如果某个参与者 f_i 具有长偏好列表，则在 P 中至少存在一个轮换。

ISF 算法阶段 2 的本质是 F' 的进一步构建和 P 的进一步约简，其流程如下：在阶段 1 的基础上，首先检查 $\sum_{i=1}^{n} d_i$ 是否为奇数。如果是，则报告该匹配实例不可解，否则继续。最终，我们可以发现一个偏好列表，例如 P_i，若其长度约简到 f_i 的等级 d_i 以下，这表明不存在稳定的匹配。否则，集合 F' 最终将变得对称，在这种情况下，F' 中的匹配对构成稳定匹配。在执行的任何时间内，如果每个参与者都有一个短偏好列表，则不存在稳定匹配。当没有短偏好列表出现时，我们尝试找到 P 的轮换，这是进一步约简 P 的关键。为了找到轮换，我们从具有长偏好列表的任何参与者开始，并将其设置为 f_{j0}。然后通过 f_{i_k}、$f_{j_k}^{\mathrm{L}}$ 和 $f_{j_{k+1}}^{\mathrm{L}}$ 之间的关系，我们可以开始建立轮换 ρ。当两次访问任意参与者并找到轮换时，构建过程将停止。为了从 P 中约简 ρ，我们删除所有配对 (f_{j_k}, f_l)，以使 f_{j_k} 相对于 f_l 更偏好 $f_{j_k}^{\mathrm{G}}$，其中 $f_{j_k}^{\mathrm{G}}$ 是 f_{j_k} 在集合 $(f_{B_{j_k}}\cup\{f_{i_{k-1}}\})\setminus\{f_{i_k}\}$ 中最不受欢迎的成员。每当出现任何短偏好列表时（即没有稳定的结果），或者不存在进一步的轮换意味着我们已经达到稳定的匹配 F' 时，发现和约简轮换过程就会停止。

下面给出 ISF 算法的分步实施流程。

ISF 算法

输入：$F=\{f_1, f_2, \cdots, f_n\}$，$C=\{c_1, c_2, \cdots, c_n\}$，$P=\{P_1, P_2, \cdots, P_n\}$，$F'=\Phi$。

输出：稳定匹配 μ。

阶段 1：

while $a_i<d_i$ **do**

  f_j：$=$不在 $f_{\mathrm{A}i}$ 中且位于偏好集合 P_i 中的第一个参与者；

  F'：$=F'\cup\{(f_i, f_j)\}$；

  if $b_j\geqslant c_j$ **then**

```
        f_k：=向 f_j 投标的第 c_j 个投标者；
        for all f_l（位于 f_k ∈ P_j 的后面的所有参与者）do
            if (f_l, f_l) ∈ F' then；
                F'：=F' \ (f_l, f_j)；
                从 P 中删除 (f_l, f_j)
            end if
        end for
    end if
end while
阶段 2：
if Σ_{i=1}^{n} d_i 为奇数 then；
    报告 ISF 匹配实例不可解；
else
    while P 中不存在短偏好列表 do
        在 P 中寻找一个轮换 ρ；
        P：=P \ ρ；
        if P 中存在短偏好列表 then
            报告 ISF 匹配实例不可解；
        else
            F'：=F'(P)；
        end if
    end while
    μ：=F'
end if
```

7.5　动态匹配博弈

动态匹配适用于必须是匹配过程适应环境动态变化的场景[8]，例如快衰落、移动性和时变流量等。动态匹配参与者的偏好列表随时都可能发生变化，因此在考虑使用动态匹配博弈解决问题时必须引入时间维度，但在一定的时间范围内，可以将问题简化为静态匹配博弈。

假设 $M=\{m_1, m_2, \cdots, m_p\}$，$W=\{w_1, w_2, \cdots, w_n\}$，且 $M\cap W=\Phi$。匹配进行 T 期，每期期末时分别属于不同集合的参与者进行匹配。其他符号与前面介绍的静态匹配博弈相同，对于每期其求解方法与前面的类似，但动态匹配博弈需要考虑“时间一致性”的问题，限于篇幅，本书不再展开讨论该主题。

在一个参与者随时可能到达，但一段时间没找到合适的配对后随时可能离开的市场中，此类匹配原本是分散的，但有些平台可以帮助两个或多个参与者的集合间进行匹配。由于参与者会随着时间的流逝而离开，同时也存在参与者随机进入市场，只有参与者在场时才为他们提供匹配，所以平台需要动态地做出决策。由于参与者之间存在异质性，两个参与者构成匹配的价值取决于双方的特征和偏好，因此，可能存在一些参与者发现比其他参与者更难找到合适的匹配，他们比其他参与者离开的可能性更高。由于未来到达和离开的不确定性，所以匹配时需要权衡的是当前时刻匹配两个参与者的价值，而不是一直等待更好的匹配对象。

7.6 稳定婚姻模型在D2D通信中的应用

最近，匹配博弈理论框架已经成为一种有前途的无线资源分配技术，它可以克服博弈论和集中式优化方法的某些局限性。匹配博弈理论用于建模和分析无线资源分配问题的优势包括：

（1）它提供了可以捕获各种无线通信特征的适当模型，即在每个异构节点都有自己的类型、目标和信息的情况下，可以提供表征异构节点之间交互的合适模型；

（2）能够定义通用的偏好关系，可以处理与无线服务质量（QoS）要求相关的异构性和复杂性；

（3）它在保证系统稳定性的同时提供了低复杂度和接近最优的匹配算法，合适的解决方案可以准确地反映不同的系统目标；

（4）高效的算法本质上是自组织地实现的[8]。

智能手机和平板电脑等高性能移动设备的普及为现有无线网络带来了根本性的变化。为了满足指数级增长的流量需求，设备到设备（D2D）通信技术应运而生。在D2D通信中，用户设备通过使用许可资源而不是与基站进行通信而通过直接链路彼此通信。D2D通信可以提高频谱效率，但由于D2D中资源共享引入的干扰是必须克服的关键挑战。本节通过实现稳定婚姻模型来解决D2D用户（DUE）和蜂窝用户（CUE）之间的资源分配。通过两种稳定的匹配算法，以在确保网络稳定的同时优化系统的总体效用。

7.6.1 系统模型和问题表述

我们考虑蜂窝用户和D2D用户之间的频谱共享，其中 M 个D2D用户对与 N 个CUE共存。每个D2D对都试图找到一个合适的CUE，以共享其分配的授权信道。我们假定CUE的上行链路的频谱资源可以与DUE共享，因为上行链路频谱通常比下行链路频谱的负载更轻。因此，由频谱共享引起的干扰仅影响宏基站。我们将CUE的集合表示为 $C=\{c_1, \cdots, c_i, \cdots, c_N\}$，$1\leqslant i\leqslant N$，DUE集合表示为 $D=\{d_1, \cdots, d_j, \cdots, d_M\}$，$1\leqslant j\leqslant M$。在本节中，我们假定 $M=N$。

我们分别考虑了由多径传播效应和阴影效应引起的快衰落和慢衰落。因此，c_i 和宏基站之间的信道增益可以表示为 $g_{i,B}=K\beta_{i,B}\zeta_{i,B}L_{i,B}^{-\alpha}$，其中 K 是确定系统参数的常数，$\beta_{i,B}$ 是快衰落增益，$\zeta_{i,B}$ 是慢衰落增益，而 α 是路径损耗指数。类似地，我们将DUE对 d_j 之间的信道增益定义为 g_j，将 d_j 和宏基站之间的干扰链路的信道增益定义为 $h_{j,B}$，c_i 和 d_j 之间的干扰链路的信道增益为 $h_{i,j}$。我们用 $L_{i,B}$ 表示 c_i 和宏基站之间的距离。

为了在任何D2D对和CUE之间建立频谱共享，必须满足DUE对或CUE的最低SINR要求。设 P_i^c 和 P_j^d 分别表示 c_i 和 d_j 的传输功率，设 γ_i^c 和 γ_j^d 分别表示 c_i 和 d_j 的SINR。假设每个信道上加性高斯白噪声的功率为 σ^2。

然后，我们可以给出D2D网络的最大吞吐量模型[8]如下所示：

$$\max_{\rho_{ij},\ P_i^c,\ P_j^d} \sum_{c_i \in C} \sum_{d_j \in D} W_i [\log(1+\gamma_i^c) + \rho_{ij} \log(1+\gamma_j^d)] \tag{7-2}$$

$$\text{subject to} \quad \gamma_i^c = \frac{P_i^c g_{i,B}}{\sigma^2 + \rho_{ij} P_j^d h_{j,B}} \geq \gamma_{i,\min}^c,\ \forall c_i \in C \tag{7-3}$$

$$\gamma_j^d = \frac{P_j^d g_j}{\sigma^2 + \rho_{ij} P_i^c h_{j,B}} \geq \gamma_{j,\min}^d,\ \forall d_j \in D \tag{7-4}$$

$$\sum_{d_j \in D} \rho_{ij} \leq 1,\ \rho_{ij} \in \{0,1\},\ \forall c_i \in C \tag{7-5}$$

$$\sum_{c_i \in C} \rho_{ij} \leq 1,\ \rho_{ij} \in \{0,1\},\ \forall d_j \in D \tag{7-6}$$

$$P_i^c \leq P_{\max}^c,\ \forall c_i \in C \tag{7-7}$$

$$P_j^d \leq P_{\max}^d,\ \forall d_j \in D \tag{7-8}$$

其中，ρ_{ij}是 c_i 和 d_j 的二进制参数。此处，如果 d_j 重用 c_i 的信道 W_i，则 $\rho_{ij}=1$；否则 $\rho_{ij}=0$。假设每个 c_i 从宏基站获得等大小的频谱 W_i。我们分别用 $\gamma_{i,\min}^c$ 和 $\gamma_{j,\min}^d$ 分别表示 c_i 和 d_j 的最小 SINR 阈值。使用 $P_{\max}^c$ 和 $P_{\max}^d$ 分别表示 c_i 和 d_j 的最大传输功率。

为了在满足 QoS 要求的同时优化系统吞吐量，我们为每个 DUE 找到合适的 CUE，并确定每个共享对的最佳传输功率。公式（7-2）表示系统目标函数，旨在最大程度地提高系统吞吐量。公式（7-3）和公式（7-4）分别表示 CUE 和 DUE 的 SINR 要求。公式（7-5）和公式（7-6）分别表示 CUE 和 DUE 的容量要求。公式（7-7）和公式（7-8）分别定义了 CUE 和 DUE 的传输功率要求。

该优化问题属于 NP-hard 问题。因此，我们在下一节将其分为三个子问题来求解。

7.6.2　具有偏好的资源分配

我们将资源分配问题划分为三个步骤，即接入控制、最优功率分配以及 DUE 和 CUE 之间的稳定匹配。前两个步骤分别在 7.6.2.1 节和 7.6.2.2 节中介绍。第三步，引入 GS 算法以找到稳定的匹配，并在 7.6.2.3 节中讨论。此外，我们在 7.6.2.4 节研究了最小加权稳定匹配算法以追求最佳稳定匹配。

7.6.2.1　接入控制

在本小节中，我们将确定由一个 CUE 和一个 DUE 对组成的可行解对。仅当 CUE 和 DUE 的传输功率都可以调整以满足最低 SINR 要求时，才称该集合为可行的。因此，可以通过以下等式确定可行集合：

$$\begin{cases} \gamma_i^c = \dfrac{P_i^c g_{i,B}}{\sigma^2 + \rho_{ij} P_j^d h_{j,B}} \geq \gamma_{i,\min}^c \\ \gamma_j^d = \dfrac{P_j^d g_{j,B}}{\sigma^2 + \rho_{ij} P_i^c h_{i,B}} \geq \gamma_{j,\min}^d \\ P_i^c \leq P_{\max}^c \\ P_j^d \leq P_{\max}^d \end{cases} \tag{7-9}$$

得出式（7-9）中 c_i 的传输功率 P_i^c 和 d_j 的传输功率 P_j^d 之间的上述四个线性关系是不难的。当且仅当存在满足所有四个线性关系的 P_i^c 和 P_j^d 时，才称该共享对可行。根据式（7-9），我们得出了在图 7-5 中由 c_i 和 d_j 组成的可行共享对的三种可能情况，其中 $l_1=\frac{\gamma_{i,\min}^c h_{j,B}}{g_{i,B}}$，$l_2=\frac{g_j}{\gamma_{j,\min}^d h_{i,j}}$，$P_{\min}^1=\frac{\sigma^2\gamma_{i,\min}^c}{g_{i,B}}$和 $P_{\min}^2=\frac{\sigma^2\gamma_{j,\min}^d}{g_j}$。图 7-5 中的阴影部分 A_{admin} 是可以满足式（7-9）的传输功率对（P_j^d，P_i^c）。如果共享对不属于上述任何一种情况（即阴影区域为空），则该共享对是不可行的。我们将 c_i 的所有允许 DUE 表示为 S_i^c，将 d_j 的所有允许的 CUE 表示为 S_j^d。

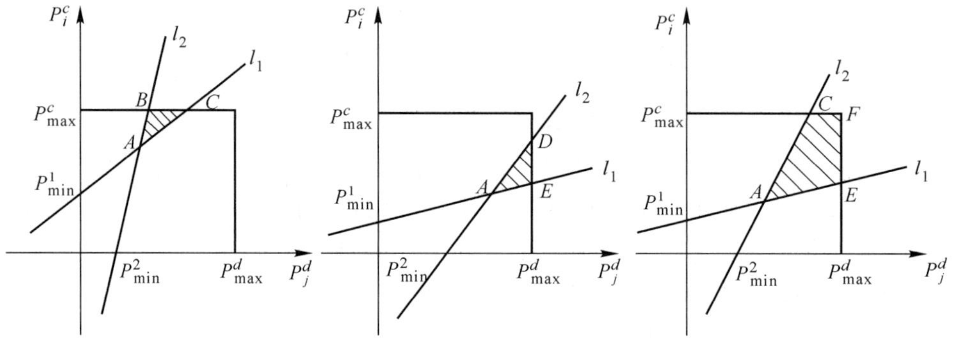

图 7-5　接入区域和功率控制示意图

（a）接入区域场景 1；（b）接入区域场景 2；（c）接入区域场景 3

7.6.2.2　最优功率分配

在第二步中，将确定每个可行对的最佳发射功率。最佳功率对表示为：

$$(P_i^{c*},\ P_j^{d*})=\underset{(P_i^c,\ P_j^d)\in A_{\text{admin}}}{\operatorname{argmax}}\ W_i[\log(1+\gamma_i^c)+\log(1+\gamma_j^d)] \tag{7-10}$$

其中，A_{admin} 表示属于先前定义的阴影部分的所有传输功率对。定义 $f(P_i^c,\ P_j^d)=W_i\ [\log(1+\gamma_i^c)+\log(1+\gamma_j^d)]$，很容易得到：当 $\lambda>1$ 时，有 $f(\lambda P_i^c,\ \lambda P_j^d)>f(P_i^c,\ P_j^d)$。因此，（$P_i^{c*}$，$P_j^{d*}$）中至少有一个的传输功率受峰值限制。

现在，我们准备找出每个可行共享对的最佳发射功率。如图 7-5（a）所示，为了使 $f(P_i^c,P_j^d)$ 最大化，至少一个用户应以其峰值功率进行发射。因此，c_i 应该以 $P_{\max}^c$ 传输，而 d_j 将驻留在线段 BC 上。当其他值固定时，$f(P_i^c,\ P_j^d)$ 是在 P_i^c 或 P_j^d 上的凸函数。因此，P_j^{d*} 必须位于点 B 或 C 上。对于第二种情况，类似的结果也适用，如图 7-5（b）所示，其中 P_j^{d*} 应该是峰值传输功率，而 P_i^{c*} 将位于 D 或 E 任一点上。对于第三种情况，如图 7-5（c）所示，最优功率将位于 CF 线段或 FE 线段上。

7.6.2.3　GS 算法的稳定匹配

在确定了所有可行对和最佳的传输功率之后，我们需要为每个 DUE 对指定合适的 CUE。我们应用稳定婚姻博弈将 DUE 与 CUE 进行匹配，其匹配系统模型如图 7-6 所示。

GS 算法用于在稳定婚姻博弈中找到稳定的解决方案。对于稳定婚姻博弈的一个实例，每个男性和每个女性都根据他/她的喜好对对方参与者集合进行排序。稳定的匹配定义为男女之间完全匹配且不允许破坏对存在。GS 算法的基本原理是，一种性别向另一种性别求婚。例如，每个男性都按顺序向其偏好列表中的女性求婚，当一个女性同意考虑求婚，则停止；若拒绝求婚，则继续对下一位女性进行求婚。当一个女性收到一个求婚时，若她已经拥有一个更好的求婚，则拒绝；否则同意保留该求婚。直到没有男性求婚为止，算法结束。GS 算法的计算复杂度为 $O(m)$，其中 m 是可行男女对的数量。

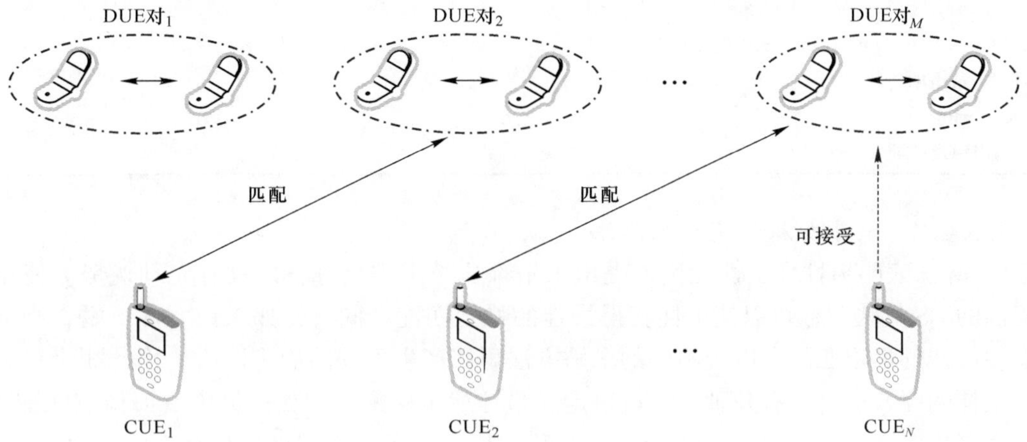

图 7-6　D2D 匹配系统模型

类似地，DUE 对和 CUE 可以分别视为男性和女性。在接入控制和功率分配之后，可以获取可行对和最佳发射功率。与 d_j 共享频谱时，我们使用 c_i 的吞吐量 $W_i\log(1+\gamma_i^c)$ 来表示 c_i 对 d_j 的偏好。同样，我们使用 d_j 的吞吐量 $W_i\log(1+\gamma_j^d)$ 来表示 d_j 对 c_i 的偏好。因此，我们在定义 7-15 中定义 c_i 在 d_j 和 $d_{j'}$ 之间的偏好关系，在定义 7-16 中定义 d_j 在 c_i 和 $c_{i'}$ 之间的偏好关系。

定义 7-15　如果 $W_i\log(1+\gamma_j^d)>W_i\log(1+\gamma_{j'}^d)$，则表示 c_i 偏好 d_j 甚于 $d_{j'}$，记为 $d_j \succ_{c_i} d_{j'}$。

定义 7-16　如果 $W_i\log(1+\gamma_i^c)>W_i\log(1+\gamma_{i'}^c)$，则表示相对于 $c_{i'}$，d_j 更偏好 c_i，记为 $c_i \succ_{d_j} c_{i'}$。

用 $rank(c_i, d_j)$ 表示 d_j 在 c_i 偏好列表中的位置，用 $rank(d_j, c_i)$ 表示 c_i 在 d_j 偏好列表中的位置。匹配的稳定性定义如下。

定义 7-17　当一个匹配 μ 中不存在满足 $d_j \succ_{c_i} \mu(c_i)$ 和 $c_i \succ_{d_j} \mu(d_j)$ 的阻塞对 (c_i, d_j) 时，称该匹配 μ 是稳定的，其中 $\mu(c_i)$ 和 $\mu(d_j)$ 分别表示在匹配中 c_i 和 d_j 的匹配配偶。

接下来，我们给出如何使用 GS 算法找到 DUE 和 CUE 之间的稳定匹配。

寻找 DUE 和 CUE 之间稳定匹配的 GS 算法

输入：DUE 的偏好列表和 CUE 的偏好列表。
输出：男性稳定匹配 μ。
方法：
设置 DUE 对的偏好列表；
设置 CUE 的偏好列表；
设置未匹配的 DUE 列表 UM；
while 未匹配的 DUE 列表不为空 **do**
　d_j 向偏好列表中排序第一个 CUE 求婚；

if c_i 已收到了 $d_{j'}$ 的求婚，并且相对于 d_j，c_i 更偏好 $d_{j'}$ **then**
    c_i 与 $d_{j'}$ 结婚，并拒绝 d_j；
    将 d_j 加入未匹配的 DUE 列表 UM，并将 $d_{j'}$ 从 UM 中删除；
else
    CUE 与 d_j 结婚，并拒绝 $d_{j'}$；
end if
end while
输出稳定匹配 μ。

7.6.2.4 最小加权稳定匹配算法

GS 算法表明男性和女性无论谁提出求婚都比被求婚更好，即具有先动优势。使用上节提出的 GS 算法我们可以使男性获得最佳的稳定匹配。同时，如果让女性求婚，则会产生女性最佳的稳定匹配。由于不同的求婚方法可以产生不同的稳定匹配，因此哪个稳定匹配是最佳的呢？通常，有几种方法可以定义最佳稳定匹配，例如，最小后悔稳定匹配[10]，平均主义稳定匹配[11,12]和最小加权稳定匹配[11,12]。为了最大限度地提高系统的总体效用，可以利用最小加权稳定匹配来实现我们的系统目标。接下来，我们讨论如何在所有可能的稳定匹配中部署最小加权稳定匹配以实现最佳系统吞吐量。最小加权稳定匹配的定义如下。

定义 7-18 当一个匹配 μ 的函数 $c(\mu)$ 存在最小可能值，我们就称该匹配 μ 是最小加权稳定匹配。其中 $c(\mu)$ 由下式给出：

$$c(\mu) = \sum_{c_i \in C} rank(c_i,\ d_j) + \sum_{d_j \in D} rank(d_j,\ c_i) \tag{7-11}$$

在文献［11］中，欧文等人推导了一个复杂度为 $O(n^4)$ 的算法，该算法通过利用包含所有稳定匹配的匹配集的结构来输出最小加权稳定匹配。利用该算法，我们将匹配对的权重定义为吞吐量总和的负值。因此，最小加权稳定匹配可用于实现最大吞吐量。最小加权稳定匹配的基本思想是：首先找到所有轮换，然后通过消除这些轮换，我们便可以枚举出所有稳定的匹配。为了达到最小加权稳定匹配，我们用最小权重搜索轮换的闭合子集，并从现有的最优稳定匹配中消除该轮换。其算法流程如下：

最小加权稳定匹配算法

输入：DUE 的偏好列表和 CUE 的偏好列表。
输出：最小加权稳定匹配 μ'。
方法：
使用偏好列表运行男性最优的 GS 算法，输出匹配为 μ_0；
找到针对特定问题的以男性为导向的匹配清单；
根据候选匹配清单，找出所有轮换；
构造一个有向图 G'，用以表示加权的轮换 G；
使用有向图 G' 来找到最小权重闭合子集 G；
消除该闭合子集中的轮换以获得“最佳”的稳定匹配。

7.6.3 仿真结果与分析

在本节中，我们考虑一个宏基站位于小区中心的单蜂窝网络。我们假设相同数量的

CUE 和 DUE 对（即 $M=N$）在小区内均匀分布。小区半径 R 为 350~650m。假设每个 DUE 对之间的接近度 r 随机分布在（20，40）m 内。5MHz 的上行链路带宽在 N 个 CUE 中平均共享。假设所有授权信道的高斯白噪声功率为-114dBm。对所有用户而言，最大传输功率均为 24dBm。DUE 和 CUE 的 SINR 需求服从［20，30］dB 的均匀分布。对于传输增益，我们设损耗常数 $K=10^{-2}$，路径损耗指数 $\alpha=4$，将多径衰落增益设置为均值为 1 的指数分布，并将阴影增益设置为方差为 8dB 的对数正态分布。

在图 7-7 中，我们分别用 GS 算法与匈牙利算法对系统吞吐量进行评估。尽管匈牙利算法可以实现较高的系统吞吐量，但是匹配结果不一定稳定。此外，GS 算法的计算复杂度低于匈牙利算法。由于未定义偏好，因此我们无法提高任何用户的满意度。

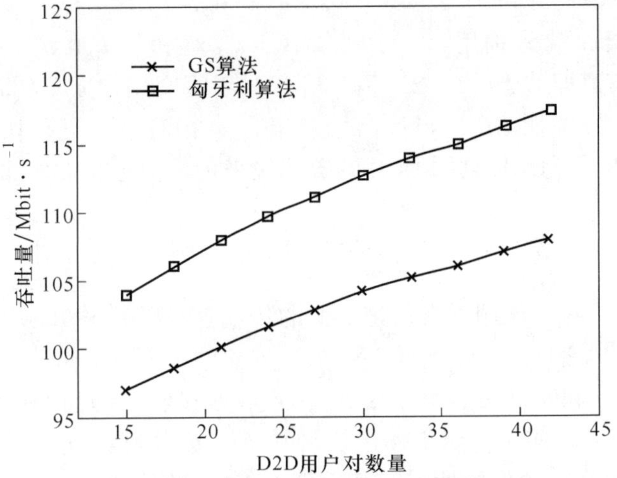

图 7-7　系统吞吐量对比图

图 7-8 比较了 DUE 和 CUE 的平均 SINR。当网络半径以步长 50m 从 350m 增加到 800m 时，DUE 和 CUE 的平均 SINR 值都随着网络半径的增加而增加，这为 DUE 的复用提供了理论依据。

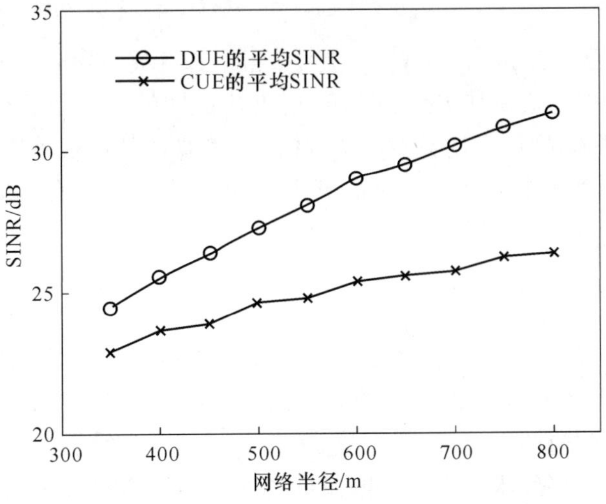

图 7-8　DUE 和 CUE 的平均 SINR

7.7 多对多匹配博弈在D2D网络中的应用

D2D具有卸载流量，提高系统吞吐量和网络覆盖范围等优点，但对蜂窝用户存在干扰，极大地提高了不同用户信道分配的复杂度。为此，通过引入匹配博弈，给出一种面向蜂窝-D2D混合场景的双层博弈匹配算法，建立了基于体验质量（QoE）的公平性匹配模型[9]。

7.7.1 网络场景与模型建立

在5G蜂窝-D2D混合场景中，假设一个蜂窝内同时存在 N 个蜂窝用户（CUE）和 M 个D2D用户（DUE）对，即 $C=\{c_1, c_2, \cdots, c_N\}$ 和 $D=\{d_1, d_2, \cdots, d_M\}$，其中D2D用户对中的发送端和接收端分别用 $\{d_{t1}, d_{t2}, \cdots, d_{tM}\}$ 和 $\{d_{r1}, d_{r2}, \cdots, d_{rM}\}$ 表示。同时，蜂窝中有 L 个信道即 $CH=\{1, 2, \cdots, L\}$。对于蜂窝用户 $c_i \in C$ 而言，分配给它的所有信道可以看作一个资源块 RB_i，与蜂窝用户集合 C 相对应，资源块的集合表示为 $RB=\{RB_1, RB_2, \cdots, RB_N\}$。DUE复用CUE的资源块来传输信息，而每个CUE的资源块可以被多个DUE接入。

在系统之中，每个蜂窝用户 c_i 的传输功率为 Q_i，则用户 c_i 接收到的信噪比可以表示为 $\gamma_i = \dfrac{Q_i G_{B,i}}{\sum\limits_j x_{ij} p_j^i G_{B,j} + N_0}$，该用户在信道 l 上的传输速率为 $r_i = B\log_2(1+\gamma_i)$。其中 $G_{B,i}$ 和 $G_{B,j}$ 分别表示基站到 c_i 和 d_j 的链路增益，N_0 指接收端接收到的高斯白噪声，x_{ij} 表示第 i 个资源块是否分配给第 j 个DUE，如果一个资源块 RB_i 被分配给 d_j，则 $x_{ij}=1$，反之 $x_{ij}=0$，p_j^i 表示 d_j 在资源块 RB_i 中的传输功率。规定每个DUE的传输功率是固定的并平均分配给其所占用的资源块，所以 $p_j^i = \dfrac{p_j}{\sum\limits_{i=1}^{N} x_{ij}}$，其中 p_j 表示 d_j 的传输功率。类似的，当 d_j 在资源块 RB_i 上传输时，其接收端 d_{rj} 接收到的信噪比为 $\gamma_j^i = \dfrac{p_j^i G_j}{Q_i G_{ij} + \sum\limits_{j' \neq j} x_{ij} p_j^i G_{jj'} + N_0}$，该DUE在资源块 RB_i 上的传输速率为 $r_j^i = B\log_2(1+\gamma_j^i)$。其中，$G_j$、$G_{ij}$ 和 $G_{jj'}$ 分别表示DUE发送端 d_{tj} 和接收端 d_{rj} 之间的信道增益、资源块 RB_i 和DUE接收端 d_{rj} 间的信道增益和目标DUE接收端 d_{rj} 和其他DUE发送端 $d_{tj'}$ 间的信道增益，p_j^i 为DUE发送端 d_{tj} 的传输功率。

将用户的QoE作为优化指标，通过满意度效用函数描述具有不同速率需求的用户的QoE定义为：

$$u(r) = \frac{1}{2}\left(\frac{1}{1+\mathrm{e}^{-\tau(r-r_{req})}} + \frac{1}{1+\mathrm{e}^{\tau[r+r_{req}-(r_d+r_s)]}}\right) \tag{7-12}$$

其中，r 为单个用户的吞吐量；r_{req} 为满足通信基本需求的最低速率需求；r_s 为用户饱和速率需求；r_d 为使用户满意度下降所对应的速率初始值；τ 为斜率参数。从式（7-12）可以看出，用户的QoE指标由两部分组成：第一部分表明当吞吐量越大时，用户越容易得到满足，即QoE越高；第二部分表明随着吞吐量的增大，用户需求已达到饱和，此时增加吞吐量已无法提升用户体验，反而造成了成本的增加。

将系统的总体效用值用 $U(X)$ 表示，即蜂窝用户和 D2D 用户的满意度效用之和。其中 $u_{c_i}(R_{c_i})$ 和 $u_{d_j}(R_{d_j})$ 分别由式（7-12）计算得出。因此，其最优化模型可以构建为：

$$
\begin{aligned}
&\max \quad U(X) = \sum_{i \in I} u_{c_i}(R_{c_i}) + \sum_{j \in J} u_{d_j}(R_{d_j}) \\
&\text{s.t.} \quad \text{C1}: x_{ij}\gamma_j^i \geqslant x_{ij}\gamma_j^{i\min}, \quad \forall i, j \\
&\qquad \text{C2}: \gamma_i \geqslant \gamma_i^{\min}, \quad \forall i \\
&\qquad \text{C3}: x_{ij} \in \{0, 1\}, \quad \forall i, j \\
&\qquad \text{C4}: \sum_j x_{ij} \leqslant q_{\max}, \quad \forall i \\
&\qquad \text{C5}: u_s \geqslant u_{s\min}, \quad \forall s = c_i, d_j
\end{aligned}
\tag{7-13}
$$

约束条件 C1 和 C2 限制 DUE 和 CUE 必须满足其 SINR 的要求，C3 表明 x_{ij} 的值只能是 0 或 1，C4 表明每个 CUE 的信道最多被 $q_{\max}$ 个 DUE 复用，C5 则保证了每个 CUE 和 DUE 的用户体验达到了其最低限度。

7.7.2　双层匹配博弈算法

在蜂窝-D2D 混合场景中存在两种不同的干扰，一种是 DUE 复用 CUE 的资源块从而对 CUE 产生的干扰，另一个为不同 DUE 复用同一个 CUE 资源块从而产生 DUE 间的干扰，因此提出了双层匹配博弈算法，将该复杂的信道分配问题分为两层问题进行解决，第一层：CUE 信道分配，基于多对一匹配博弈理论；第二层：DUE 信道分配，基于多对多匹配博弈理论。

7.7.2.1　蜂窝用户的信道分配

因为一个信道只能分配给一个 CUE，而一个 CUE 可以有多个信道，所以该问题可以建模为一个多对一匹配博弈问题。参与匹配的双方分别为 CUE 和信道。由匹配博弈理论可知，博弈双方的个体对另一方个体存在偏好关系，而该案例中的偏好关系初始均为无差异，即每个 CUE 都可能选择任意一个信道，每个信道也接收任意一个 CUE 的配对请求。

双层匹配算法整体匹配框架如图 7-9 所示。

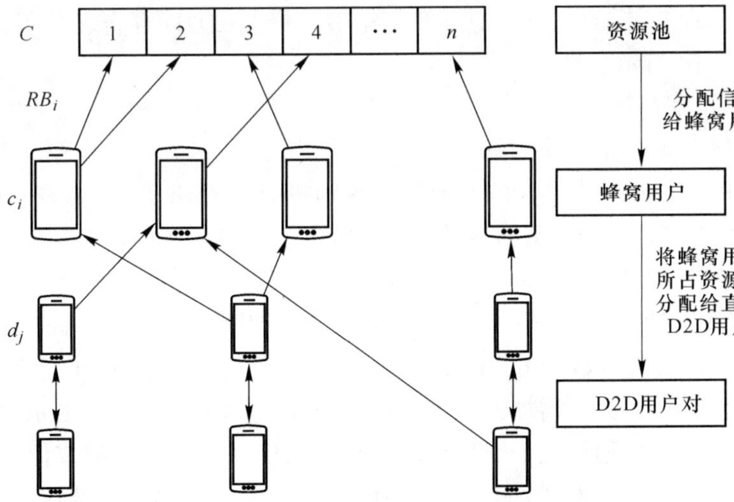

图 7-9　双层匹配算法整体匹配框架

CUE 的信道分配方案步骤如下。

步骤 1　初始化：建立初始的匹配状态。

步骤 2　计算每个用户 c_i 的效用并根据效用来更新自己的偏好列表，然后向自己最偏好的信道发出请求，并将其从偏好列表中去掉。

步骤 3　每个信道 l 对所有提出接入请求的 CUE 以及正在占用信道 l 的用户计算其各自效用，从而更新自己的偏好列表。

步骤 4　随机选择一个信道 l，从正在占用信道 l 的 CUE 撤回信道 l，然后将信道 l 分配给自己最偏好的 c_i，更新信道分配方案。

步骤 5　返回步骤 1，直到匹配没有被任何单个参与者或者（CUE，信道）的组合破坏，即得到一个稳定的匹配。

7.7.2.2　D2D 用户的信道分配

考虑带内通信的情况，建立 DUE 对和资源块之间的多对多匹配，网络中 CUE 和 DUE 共享频谱可以提高频谱和能量的利用效率，但同时也会给系统引入新的干扰。

DUE 信道分配方案步骤如下。

步骤 1　建立初始的匹配，每个 DUE 为其匹配的资源块分配能量。

步骤 2　每个 d_j 对其他的 $d_{j'}$ 所匹配的资源块和空闲的资源块计算效用，并根据效用来更新自己的偏好列表。然后再向自己最偏好的资源块发出建立交换阻塞对的请求。

步骤 3　每个资源块 RB_i 对接收到的建立交换匹配对请求的 DUE 计算效用，对满足将来交换阻塞对的 DUE 的效用更新自己的偏好列表。

步骤 4　每个资源块 RB_i 根据自己的偏好列表，同意最偏好的用户建立交换匹配对的请求，拒绝其他的用户。

步骤 5　更新匹配状态，同时更新与每个资源块匹配的 DUE 的个数。

步骤 6　返回步骤 1，直到匹配没有被任何单个参与者或者（DUE，资源块）的组合破坏，即得到一个稳定的匹配。

7.7.2.3　算法流程

结合以上 CUE 和 DUE 的信道分配方案，完整的蜂窝-D2D 混合场景下双层匹配博弈的算法流程如图 7-10 所示。

7.7.3　仿真结果

在仿真模型中，以 50m 为半径的圆形区域内随机分布 CUE 和 DUE，DUE 的接收端和发送端之间的最大距离为 20m。算法最大迭代次数 $t_{\max}=20$，路径衰减指数 $a=4$，路径衰减常数 $\beta=10^{-2}$，DUE 的最大发送功率 $P_j=23\text{dBm}$，CUE 最大发送功率 $Q_i=23\text{dBm}$，信道带宽 $B=180\text{kHz}$，信道噪声功率 $N_0=-114\text{dBm}$，每个 DUE 最大复用用户信道数为 2。

图 7-11（a）表示信道数为 6、DUE 个数为 2 时系统 QoE 随 CUE 个数变化的曲线。从中可以看出，随着 CUE 数的增加，系统 QoE 也增加。图 7-11（b）表示 CUE 个数为 4、DUE 个数为 3 时系统 QoE 随信道个数变化的曲线。从中可以看出，随着信道个数的增加，系统 QoE 也不断增加。同时从图 7-11（a）和（b）中可以看出随着迭代次数的增加，系统的 QoE 最终趋于稳定。

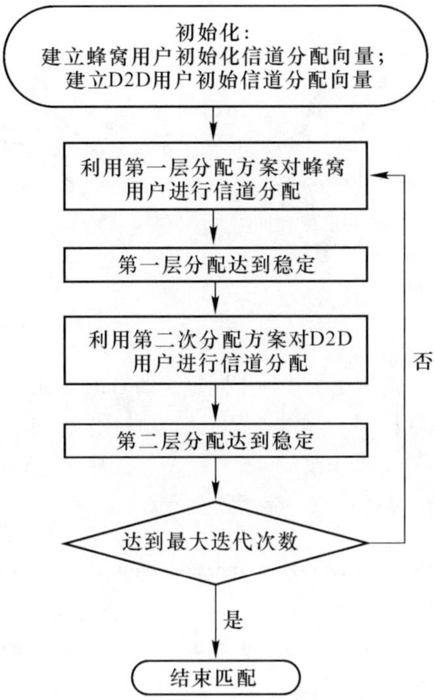

图 7-10　算法匹配流程

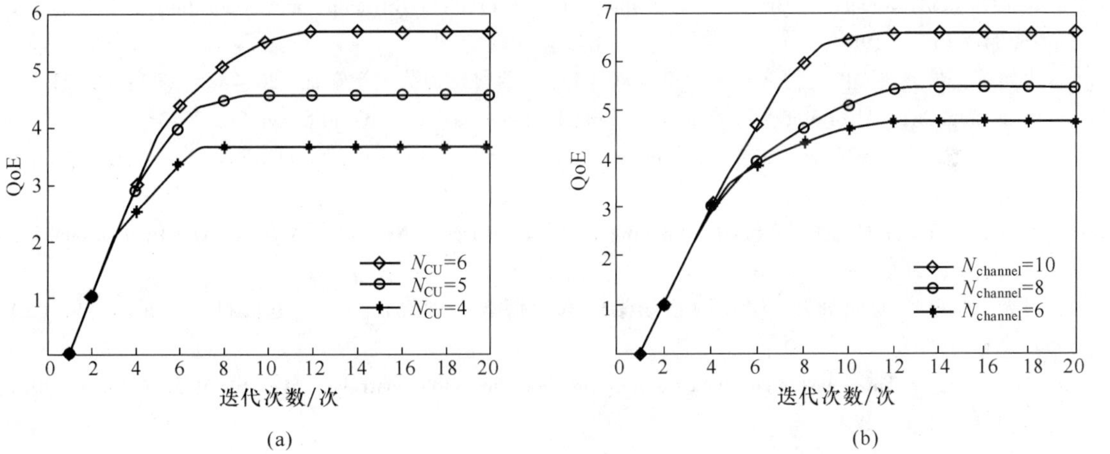

图 7-11　用户 QoE 随参数变化曲线

（a）QoE 随 CU 个数变化；（b） QoE 随信道个数变化

图 7-12 中对比了随机匹配、最优化匹配和双层博弈匹配 3 种算法的系统 QoE 随 CUE 个数和 DUE 个数变化的曲线，从图中可以看出无论是最优化匹配还是双层博弈匹配均比随机匹配性能更优。由于最优化匹配算法在最大化系统吞吐量，所以可以看到在某些情况下最优化匹配性能比双层博弈匹配算法更优，但是由于最优化匹配算法没有考虑用户公平性，因此在大多数情况下双层匹配博弈算法性能更优。从整体状况而言，双层匹配博弈算法要优于最优化匹配算法和随机匹配算法。

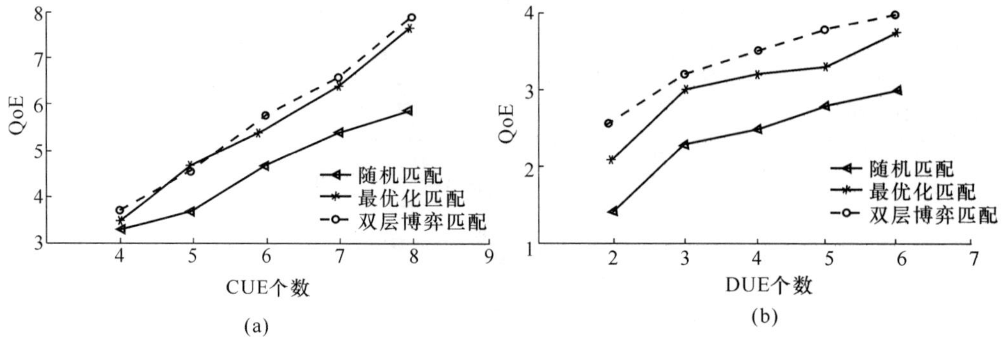

图 7-12 3 种不同算法的 QoE 对比
(a) 3 种算法性能随 CUE 个数的变化比较；(b) 3 种算法性能随 DUE 个数的变化比较

参考文献

[1] D. Gale, L. S. Shapley. College Admissions and the Stability of Marriage [J]. American Mathematical Monthly, 1962, 120 (5): 386-391.

[2] A. Roth, M. A. O. Sotomayor. Two-sided matching: A Study in Game-Theoretic Modeling and Analysis [M]. Cambridge University Press, 1992.

[3] R. W. Irving, S. Scott. The stable fixtures problem—A many-to-many extension of stable roommates [J]. Discrete Applied Mathematics, 2007, 155 (16): 2118-2129.

[4] Dan Gusfield, Robert W. Irving. The Stable Marriage Problem: Structure and Algorithms [M]. London: The MIT Press, 1989.

[5] 李建荣，吴欲波．匹配博弈理论及其发展 [J]. 江西科技师范大学学报，2014，25 (3)：69-73.

[6] D. F. Manlove. Algorithmics of Matching Under Preferences [M]. World Scientific, 2013.

[7] H. W. Kuhn. The Hungarian Method for the Assignment Problem [J]. Naval Research Logistics Quarterly 2, 1955: 83-97.

[8] Zhu Han, Yunan Gu, Walid Saad. Matching Theory for Wireless Networks [M]. Springer International Publishing AG, 2017.

[9] 姚天，张晖．面向蜂窝-D2D 混合场景的双层博弈匹配算法 [J]. 电信科学，2018，34 (1)：43-51.

[10] D. Gusfield. Three fast algorithms for four problems in stable marriage [J]. SIAM J. Comput, 1987, 16 (1): 111-128.

[11] R. W. Irving, P. Leather, D. Gusfield. An efficient algorithm for the optimal stable marriage [J]. J. ACM, 1987, 34 (3): 532-543.

[12] T. Feder. Network flow and 2-satisfiability [J]. Algorithmica, 1994, 11 (3): 291-319.

第 8 章　合作微分博弈

【本章要点】

微分博弈是处理双方或多方连续动态对抗冲突、竞争或合作问题的一种有效的理论和方法。无线通信网络通常会涉及多个用户竞争性（通信时间先后、通信频率、通信带宽的竞争等）使用资源。但是，由于用户的自私行为，每个用户都希望能够最大程度地满足自己的通信需求，这种无序的竞争反而可能导致网络的整体性能下降，因此，采用合作微分博弈理论来设计无线网络的资源分配方案能激发用户间的合作，从而达到网络的性能最优化与资源利用率最大化的目的[1]。

本章主要内容包括：8.1 节介绍了有限时域非合作微分博弈和无穷时域非合作微分博弈的概念和模型，并给出了两种非合作微分博弈的反馈纳什均衡解。8.2 节给出了特征函数型合作微分博弈的模型，与非合作微分博弈模型相比，其是最大化总联盟的总支付。然后给出了合作微分博弈解的概念。根据总联盟求出最优轨迹和最优策略后，并没有完成求解过程。合作微分博弈的核心是按照事先约定的有强制约束力的协议和最优性原则，沿着最优轨迹，保证合作支付分配的公平性和效率，同时考虑时间一致性的问题。为此，给出了夏普利值的概念，其能保证合作微分博弈解分配的唯一性和公平性，并具有良好的可微分性，也保证了时间一致性的问题。为了计算夏普利值，需要计算出总联盟中各个子联盟的贝尔曼值函数，然后给出合作微分博弈的特征函数，计算出夏普利值，最后根据夏普利值计算出每个参与者时间一致性的瞬时支付。8.3 节给出了 n 人合作微分博弈的六步骤求解过程。最后两节给出两个应用实例：基于合作微分博弈的认知无线网络动态频谱分配建模、基于合作微分博弈的移动 Ad Hoc 网络速率分配。

8.1　n 人非合作微分博弈模型及其解

军事、经济、政治乃至社会的各个方面都充满着对抗与竞争，博弈论与微分博弈论无疑是解决这些对抗与竞争问题的有力工具。他们之间虽有一定的联系，比如，都具有一些共同的基本要素：参与者、策略、行动、支付等，但又有着本质区别。就它们所解决的问题而言，在某种意义上，博弈论是静态的，而微分博弈是动态的。对于任何一个博弈，如果博弈的其中一位参与者在某时间点的行动依赖于他之前的行动，那么，该博弈便是一个动态博弈，反之则为一个静态博弈。微分博弈就是时间连续的动态博弈[2]，其是控制论和博弈论的重要分支，在军事对策和经济学领域具有非常广泛而重要的应用。本节主要讨论不含随机因素的确定性非合作微分博弈，为后面引出合作微分博弈提供基础。

8.1.1　n 人非合作微分博弈模型

一般而言，一个由 n 个参与者组成的非合作微分博弈中，每位参与者 $i(i \in \Gamma = \{1,$

2，…，n}）的目标函数或支付函数可以表示为[3]

$$\max_{u_i}\int_{t_0}^{t_f} g^i[\tau, x(\tau), u_1(\tau), u_2(\tau), \cdots, u_n(\tau)]\mathrm{d}\tau + q^i[t_f, x(t_f)] \tag{8-1}$$

其中，$x(\tau)\in X\subset R^m$ 为博弈的状态变量或状态（X 为状态空间），而这变量在静态博弈中是不存在的。$u_i(\tau)\in U^i$ 为参与者 i 的控制变量或控制，该变量在静态博弈中称为策略，但在微分博弈中称为控制，因为它代表一条随着时间而进展的策略路径，U^i 为策略空间。

在后文中，不区分策略与控制。用 $\tau\in[t_0, t_f]$ 表示非合作微分博弈的每一时间点或时刻，t_0 和 t_f 分别为非合作微分博弈的开始时刻和结束时刻，而 t_f-t_0 则为该博弈的持续时间。$g^i[\tau, x(\tau), u_1(\tau), u_2(\tau), \cdots, u_n(\tau)]\geqslant 0$ 和 $q^i[t_f, x(t_f)]\geqslant 0$ 分别表示参与者 i 的瞬时支付和终点支付。

在目标函数式（8-1）中，状态变量 $x(\tau)$ 的进展变化则取决于一个确定性的动态系统：

$$\dot{x}(\tau)=f[\tau, x(\tau), u_1(\tau), u_2(\tau), \cdots, u_n(\tau)],\ x(t_0)=x_0 \tag{8-2}$$

根据动态系统（8-2），状态变量 $x(\tau)$ 在时刻 τ 的变化 $\dot{x}(\tau)$ 取决于函数 $f[\tau, x(\tau), u_1(\tau), u_2(\tau), \cdots, u_n(\tau)]$，而该函数又取决于当前的时间 τ、状态 $x(\tau)$ 以及所有参与者在当前的控制（$u_1(\tau)$，$u_2(\tau)$，…，$u_n(\tau)$）。非合作微分博弈的时间连续主要体现在约束条件的微分方程，即式（8-2）。函数 $f[\tau, x(\tau), u_1(\tau), u_2(\tau), \cdots, u_n(\tau)]$、$g^i[\tau, x(\tau), u_1(\tau), u_2(\tau), \cdots, u_n(\tau)]$ 和 $q^i[t_f, x(t_f)]$，对于 $i\in\Gamma$ 和 $\tau\in[t_0, t_f]$ 都是可微函数。

当上述非合作微分博弈的结束时刻 t_f 趋近于无穷大时，则该 n 个参与者的非合作微分博弈就变成了下面的无穷时域非合作微分博弈问题，相应的支付函数为：

$$\max_{u_i}\int_{t_0}^{\infty} g^i[x(\tau), u_1(\tau), u_2(\tau), \cdots, u_n(\tau)]\mathrm{e}^{-r(\tau-t_0)}\mathrm{d}\tau,\ i\in\Gamma \tag{8-3}$$

而目标函数则取决于一个确定性的动态系统：

$$\dot{x}(\tau)=f[x(\tau), u_1(\tau), u_2(\tau), \cdots, u_n(\tau)],\ x(t_0)=x_0 \tag{8-4}$$

式中，r 是一个常贴现率。

由式（8-1）和式（8-2）组成的微分博弈称为有限时域非合作微分博弈，而由式（8-3）和式（8-4）组成的微分博弈则称为无穷时域非合作微分博弈。下面分别介绍这两种类型博弈的纳什均衡解。在介绍非合作微分博弈纳什均衡解的概念之前，需要先引入信息结构的概念。

对于每个参与者 $i\in\Gamma$，我们定义 $\eta^i(\tau)$ 为一个集合值函数

$$\eta^i(\tau)=\{x(t),\ t_0\leqslant t\leqslant \varepsilon_\tau^i\},\ t_0\leqslant\varepsilon_\tau^i\leqslant\tau \tag{8-5}$$

其中，ε_τ^i 对于 τ 是非递减的。集合值函数 ε_τ^i 包含时间区间 $[t_0, \varepsilon_\tau^i]$ 内的状态，而所包含的状态则决定参与者 i 在时刻 $\tau\in[t_0, t_f]$ 所能获得的和所能回忆的状态信息。也就是说，$\eta^i(\tau)$ 是参与者 i 的信息结构的描述，而（$\eta^1(\tau)$，$\eta^2(\tau)$，…，$\eta^n(\tau)$）则为非合作微分博弈的信息结构。

8.1.2 n 人非合作微分博弈的纳什均衡解

定义 8-1（纳什均衡） 令 $\boldsymbol{u}_{-i}^*(\tau)=\{u_1^*(\tau), u_2^*(\tau), \cdots, u_{i-1}^*(\tau), u_i^*(\tau), u_{i+1}^*(\tau), \cdots,$

$u_n^*(\tau)\}$ 为由参与者 $i \in \Gamma$ 以外的所有其他参与者的最优策略所组成的向量。若策略集合 $\{u_1^*(\tau), u_2^*(\tau), \cdots, u_n^*(\tau)\}$ 构成由式（8-1）和式（8-2）表示的 n 人非合作微分博弈的纳什均衡解，则对于所有的 $u_i(\tau) \in U^i$，$i \in \Gamma$，下列不等式都成立：

$$\begin{aligned}&\int_{t_0}^{t_f} g^i[\tau, x^*(\tau), u_i^*(\tau), \boldsymbol{u}_{-i}^*(\tau)]\mathrm{d}\tau + q^i[t_f, x^*(t_f)] \\ \geqslant &\int_{t_0}^{t_f} g^i[\tau, x^{[i]}(\tau), u_i(\tau), \boldsymbol{u}_{-i}^*(\tau)]\mathrm{d}\tau + q^i[t_f, x^{[i]}(t_f)], \quad i \in \Gamma\end{aligned} \tag{8-6}$$

而在时间区间 $[t_0, t_f]$ 中

$$\dot{x}^*(\tau) = f[\tau, x^*(\tau), u_1^*(\tau), u_2^*(\tau), \cdots, u_n^*(\tau)], \quad x^*(t_0) = x_0$$

$$\dot{x}^{[i]}(\tau) = f[\tau, x^{[i]}(\tau), u_i(\tau), \boldsymbol{u}_{-i}^*(\tau)], \quad x^{[i]}(t_0) = x_0, \quad i \in \Gamma$$

即要求下列 n 个不等式都成立：

$$\int_{t_0}^{t_f} g^1[\tau, x^*(\tau), u_1^*(\tau), u_2^*(\tau), \cdots, u_n^*(\tau)]\mathrm{d}\tau + q^1[t_f, x^*(t_f)]$$

$$\geqslant \int_{t_0}^{t_f} g^1[\tau, x^{[1]}(\tau), u_1(\tau), u_2^*(\tau), \cdots, u_n^*(\tau)]\mathrm{d}\tau + q^1[t_f, x^{[1]}(t_f)]$$

$$\int_{t_0}^{t_f} g^2[\tau, x^*(\tau), u_1^*(\tau), u_2^*(\tau), \cdots, u_n^*(\tau)]\mathrm{d}\tau + q^2[t_f, x^*(t_f)]$$

$$\geqslant \int_{t_0}^{t_f} g^2[\tau, x^{[2]}(\tau), u_1^*(\tau), u_2(\tau), u_3^*(\tau), \cdots, u_n^*(\tau)]\mathrm{d}\tau + q^2[t_f, x^{[2]}(t_f)]$$

$$\vdots$$

$$\int_{t_0}^{t_f} g^n[\tau, x^*(\tau), u_1^*(\tau), u_2^*(\tau), \cdots, u_n^*(\tau)]\mathrm{d}\tau + q^n[t_f, x^*(t_f)]$$

$$\geqslant \int_{t_0}^{t_f} g^n[\tau, x^{[n]}(\tau), u_1^*(\tau), u_2^*(\tau), \cdots, u_{n-1}^*(\tau), u_n(\tau)]\mathrm{d}\tau + q^n[t_f, x^{[n]}(t_f)]$$

满足以下 $n+1$ 个约束条件：

$$\dot{x}^*(\tau) = f[\tau, x^*(\tau), u_1^*(\tau), u_2^*(\tau), \cdots, u_n^*(\tau)], \quad x^*(t_0) = x_0$$

$$\dot{x}^{[1]}(\tau) = f[\tau, x^{[1]}(\tau), u_1(\tau), u_2^*(\tau), \cdots, u_n^*(\tau)], \quad x^{[1]}(t_0) = x_0$$

$$\dot{x}^{[2]}(\tau) = f[\tau, x^{[2]}(\tau), u_1^*(\tau), u_2(\tau), u_3^*(\tau), \cdots, u_n^*(\tau)], \quad x^{[2]}(t_0) = x_0$$

$$\vdots$$

$$\dot{x}^{[n]}(\tau) = f[\tau, x^{[n]}(\tau), u_1^*(\tau), u_2^*(\tau), \cdots, u_{n-1}^*(\tau), u_n(\tau)], \quad x^{[n]}(t_0) = x_0$$

根据上述定义，当所有参与者都采用各自的最优策略时，便没有一位参与者能够通过独自偏离其最优策略而得到好处。我们称策略集合 $\{u_1^*(\tau), u_2^*(\tau), \cdots, u_n^*(\tau)\}$ 为一个纳什均衡。在纳什均衡的情况下，如果参与者 $i \in \Gamma$ 独自采用非最优策略，那么，该微分博弈的状态会变为 $x^{[i]}(\tau)$，而在策略集合 $\{u_1^*(\tau), u_2^*(\tau), \cdots, u_{i-1}^*(\tau), u_i(\tau), u_{i+1}^*(\tau), \cdots, u_n^*(\tau)\}$ 下，参与者 i 的支付会低于纳什均衡时的支付。因此，理性的参与者不会选择独立偏离纳什均衡，从而保证了纳什均衡的稳定性。

对于非合作微分博弈，有三种典型的解概念，即开环纳什均衡、闭环纳什均衡和反馈纳什均衡。

（1）如果每位参与者在博弈的开始便指定各自在该微分博弈中使用的策略，那么，此

时的信息结构便可认为是开环的。在开环信息结构下，$\eta^i(\tau)=\{x_0\}$，$\tau\in[t_0,\ t_f]$，即只要在博弈开始时确定了信息结构，在博弈的持续期间均不会改变。开环信息结构的优点是控制简单，缺点是灵活性不够，不能动态地修改信息结构。此时，参与者的策略仅由初始状态 x_0 和当前时刻 τ 决定，即：$\{u_i(\tau)=\phi_i[\tau,\ x_0],\ i\in\Gamma\}$。而由所有参与者的最优策略所构成的集合便是该微分博弈的开环纳什均衡。

（2）在开环纳什均衡中，每位参与者的策略都依赖于博弈的当前时间和初始状态而不依赖于博弈的当前状态，这样势必会影响控制的效果，为此引入闭环纳什均衡。在闭环信息结构下，$\eta^i(\tau)=\{x_0,\ x(\tau)\}$，$\tau\in[t_0,\ t_f]$，此时，参与者的策略由当前时刻 τ、初始状态 x_0 以及当前状态 $x(\tau)$ 共同决定，即：$\{u_i(\tau)=\phi_i[\tau,\ x_0,\ x(\tau)],\ i\in\Gamma\}$。而由所有参与者的最优策略所构成的集合便是该微分博弈的闭环纳什均衡。

（3）由于闭环纳什均衡信息结构的复杂性和不唯一性，下面给出一种更加实用的反馈纳什均衡。在反馈纳什均衡的信息结构下，$\eta^i(\tau)=\{x_0,\ x(\tau)\}$ 或 $\eta^i(\tau)=\{x(t),\ t_0\leqslant t\leqslant\tau\}$，分别称为无记忆完美状态（MPS）和闭环完美状态（CLPS）。在反馈纳什均衡情况下，无论信息结构是闭环完美状态还是无记忆完美状态，反馈纳什均衡策略只依赖于当前时刻 τ 和当前状态 $x(\tau)$，而并不依赖于任何记忆（包括开始状态），即：$\{u_i(\tau)=\phi_i[\tau,\ x(\tau)],i\in\Gamma\}$。而由所有参与者的最优策略所构成的集合便是该微分博弈的反馈纳什均衡。

在这三种解法中，开环纳什均衡相对于反馈纳什均衡较易于分析处理和应用，而反馈纳什均衡虽然较复杂但是不需考虑时间一致性问题。下面重点介绍反馈纳什均衡解。

定义 8-2 对于由式（8-1）和式（8-2）组成的 n 个参与者的非合作微分博弈，假设信息结构是无记忆完美状态或闭环完美状态的，n 元组策略集合 $\{u_i^*(\tau)=\phi_i^*[\tau,\ x(\tau)]\in U^i,\ \forall i\in\Gamma\}$ 构成一个反馈纳什均衡解，若存在定义在 $[t_0,\ t_f]\times R^m$ 的函数 $V^i(t,\ x)$，并且对于每个参与者 $i\in\Gamma$ 都满足下列关系式：

$$V^i(t_f,\ x)=q^i[t_f,\ x(t_f)]$$

$$\begin{aligned}V^i(t,\ x)=&\int_t^{t_f}g^i[\tau,\ x^*(\tau),\ \phi_1^*(\tau,\ \eta_\tau),\ \phi_2^*(\tau,\ \eta_\tau),\ \cdots,\ \phi_n^*(\tau,\ \eta_\tau)]\mathrm{d}\tau+q^i[t_f,\ x^*(t_f)]\\ \geqslant&\int_t^{t_f}g^i[\tau,\ x^{[i]}(\tau),\ \phi_1^*(\tau,\ \eta_\tau),\ \phi_2^*(\tau,\ \eta_\tau),\ \cdots,\ \phi_{i-1}^*(\tau,\ \eta_\tau),\ \phi_i(\tau,\ \eta_\tau),\\ &\phi_{i+1}^*(\tau,\ \eta_\tau),\ \cdots,\ \phi_n^*(\tau,\ \eta_\tau)]\mathrm{d}\tau+q^i[t_f,\ x^{[i]}(t_f)],\ \forall\phi_i(\tau,\ \eta)\in U^i,\ x\in R^m\end{aligned}$$

而在区间 $[t_0,\ t_f]$，以下等式成立：

$$\begin{aligned}\dot{x}^{[i]}(\tau)=&f[\tau,\ x^{[i]}(\tau),\ \phi_1^*(\tau,\ \eta_\tau),\ \cdots,\ \phi_{i-1}^*(\tau,\ \eta_\tau),\ \phi_i(\tau,\ \eta_\tau),\ \phi_{i+1}^*(\tau,\ \eta_\tau),\ \cdots,\\ &\phi_n^*(\tau,\ \eta_\tau)],\ x^{[i]}(\tau)=x\end{aligned}$$

$$\dot{x}^*(\tau)=f[\tau,\ x^*(\tau),\ \phi_1^*(\tau,\ \eta_\tau),\ \phi_2^*(\tau,\ \eta_\tau),\ \cdots,\ \phi_n^*(\tau,\ \eta_\tau)],\ x(\tau)=x$$

式中，η_τ 表示数据集合 $\{x(\tau),\ x_0\}$ 或 $\{x(t),\ t_0\leqslant t\leqslant\tau\}$，取决于信息结构是无记忆完美状态还是闭环完美状态。

下面给出求解由式（8-1）和式（8-2）组成的非合作微分博弈的反馈纳什均衡解的必要条件的定理。

定理 8-1 n 元组策略集合 $\{u_i^*(\tau)=\varphi_i^*(t,\ x)\in U^i,\ i\in\Gamma\}$ 构成由式（8-1）和式（8-2）表示的 n 个参与者的非合作微分博弈的一个反馈纳什均衡解，若存在 n 个连续可

微函数 $V^i(t, x)$：$[t_0, t_f]\times R^m\to R$，并对每个参与者 $i\in\Gamma$ 都满足以下的贝尔曼（Bellman）方程：

$$\begin{aligned}-V_t^i(t, x) &= \max_{u_i}\{g^i[t, x, \varphi_1^*(t, x), \varphi_2^*(t, x), \cdots, \varphi_{i-1}^*(t, x), u_i(t, x),\\ &\quad \varphi_{i+1}^*(t, x), \cdots, \varphi_n^*(t, x)] + V_x^i(t, x)f[t, x, \varphi_1^*(t, x), \varphi_2^*(t, x), \cdots,\\ &\quad \varphi_{i-1}^*(t, x), u_i(t, x), \varphi_{i+1}^*(t, x), \cdots, \varphi_n^*(t, x)]\}\\ &= \{g^i[t, x, \varphi_1^*(t, x), \varphi_2^*(t, x), \cdots, \varphi_n^*(t, x)] +\\ &\quad V_x^i(t, x)f[t, x, \varphi_1^*(t, x), \varphi_2^*(t, x), \cdots, \varphi_n^*(t, x)]\}\end{aligned}$$

$$V^i(t_f, x) = q^i[t_f, x(t_f)], \quad i\in\Gamma$$

式中，$V^i(t, x)$ 是参与者 $i\in\Gamma$ 在时刻 t 和状态为 x 时，其在以后的博弈时间段 $[t, t_f]$ 的支付，也称为值函数。

对于由式（8-3）和式（8-4）组成的无穷时域非合作微分博弈，每个参与者的策略均独立于时间 τ 的选择而仅依赖于开始时间的状态 x，即 $\{u_i^*(\tau)=\varphi_i^*(x)\in U^i, i\in\Gamma\}$。

现在考虑由式（8-3）和式（8-4）组成的无穷时域非合作微分博弈的更一般的形式，即博弈的开始时间从任意时刻 t 开始。

相应的支付函数为：

$$\max_{u_i}\int_t^{\infty} g^i[x(\tau), u_1(\tau), u_2(\tau), \cdots, u_n(\tau)]\mathrm{e}^{-r(\tau-t_0)}\mathrm{d}\tau, \quad i\in\Gamma \tag{8-7}$$

而目标函数则取决于一个确定性的动态系统

$$\dot{x}(\tau)=f[x(\tau), u_1(\tau), u_2(\tau), \cdots, u_n(\tau)], \quad x(t)=x \tag{8-8}$$

定义 8-3　由式（8-3）和式（8-4）组成的 n 个参与者的无穷时域非合作微分博弈，假设信息结构是无记忆完美状态或闭环完美状态的，n 元组策略集合 $\{u_i^*(\tau)=\phi_i^*[x(\tau)]\in U^i, \forall i\in\Gamma\}$ 构成一个反馈纳什均衡解，若存在定义在 $[t_0, \infty]\times R^m$ 的值函数$V^i(t,x)$，并且对每个参与者 $i\in\Gamma$ 都满足以下关系式：

$$\begin{aligned}V^i(t, x) &= \int_t^{\infty} g^i[x^*(\tau), \phi_1^*(\eta_\tau), \phi_2^*(\eta_\tau), \cdots, \phi_n^*(\eta_\tau)]\mathrm{e}^{-r(\tau-t_0)}\mathrm{d}\tau\\ &\geqslant \int_t^{\infty} g^i[x^{[i]}(\tau), \phi_1^*(\eta_\tau), \phi_2^*(\eta_\tau), \cdots, \phi_{i-1}^*(\eta_\tau), \phi_i(\eta_\tau), \phi_{i+1}^*(\eta_\tau), \cdots,\\ &\quad \phi_n^*(\eta_\tau)]\mathrm{e}^{-r(\tau-t_0)}\mathrm{d}\tau, \ \forall\phi_i(\eta_\tau)\in U^i, \ x\in R^m\end{aligned}$$

而在区间 $[t_0, \infty]$，以下等式成立：

$$\dot{x}^{[i]}(\tau)=f[x^{[i]}(\tau), \phi_1^*(\eta_\tau), \cdots, \phi_{i-1}^*(\eta_\tau), \phi_i(\eta_\tau), \phi_{i+1}^*(\eta_\tau), \cdots, \phi_n^*(\eta_\tau)], \ x^{[i]}(t)=x$$

$$\dot{x}^*(\tau)=f[x^*(\tau), \phi_1^*(\eta_\tau), \phi_2^*(\eta_\tau), \cdots, \phi_n^*(\eta_\tau)], \ x^*(\tau)=x$$

式中，η_τ 表示数据集合 $\{x(\tau), x_0\}$ 或 $\{x(t), t_0\leqslant t\leqslant\tau\}$，取决于信息结构是无记忆完美状态还是闭环完美状态。

此时，由式（8-3）和式（8-4）组成的无穷时域非合作微分博弈与由式（8-7）和式(8-8) 组成的无穷时域非合作微分博弈的值函数之间的关系如下：

$$V^i(t, x)=\mathrm{e}^{-r(t-t_0)}\int_t^{\infty} g^i[x^*(\tau), \phi_1^*(\eta_\tau), \phi_2^*(\eta_\tau), \cdots, \phi_n^*(\eta_\tau)]\mathrm{e}^{-r(\tau-t)}\mathrm{d}\tau$$

由于 $\int_t^{\infty} g^i[x^*(\tau), \phi_1^*(\eta_\tau), \phi_2^*(\eta_\tau), \cdots, \phi_n^*(\eta_\tau)]\mathrm{e}^{-r(\tau-t)}\mathrm{d}\tau$ 仅依赖于当前状态 x，

则可以表示为：

$$W^i(x)=\int_t^{\infty} g^i[x^*(\tau),\ \phi_1^*(\eta_\tau),\ \phi_2^*(\eta_\tau),\ \cdots,\ \phi_n^*(\eta_\tau)]e^{-r(\tau-t)}d\tau$$

于是有：

$$\begin{aligned}V^i(t,\ x)&=e^{-r(t-t_0)}W^i(x)\\V_t^i(t,\ x)&=-re^{-r(t-t_0)}W^i(x)\\V_x^i(t,\ x)&=e^{-r(t-t_0)}W_x^i(x)\end{aligned}\tag{8-9}$$

此时，无穷时域非合作微分博弈的反馈纳什均衡解由下面的定理给出。

定理 8-2 n 元组策略集合 $\{u_i^*(\tau)=\varphi_i^*(x)\in U^i,\ i\in\Gamma\}$ 构成由式（8-3）和式（8-4）表示的 n 个参与者的无穷时域非合作微分博弈的一个反馈纳什均衡解，若存在 n 个连续可微函数 $W^i(x)$：$R^m\rightarrow R$，并对每个参与者 $i\in\Gamma$ 都满足以下的偏微分方程：

$$\begin{aligned}rW^i(x)=\max_{u_i}\{&g^i[x,\ \phi_1^*(x),\ \phi_2^*(x),\ \cdots,\ \phi_{i-1}^*(x),\ u_i(x),\ \phi_{i+1}^*(x),\ \cdots,\ \phi_n^*(x)]+\\&W_x^i(x)f[x,\ \phi_1^*(x),\ \phi_2^*(x),\ \cdots,\ \phi_{i-1}^*(x),\ u_i(x),\ \phi_{i+1}^*(x),\ \cdots,\ \phi_n^*(x)]\}\\=\ &g^i[x,\ \phi_1^*(x),\ \phi_2^*(x),\ \cdots,\ \phi_n^*(x)]+W_x^i(x)f[x,\ \phi_1^*(x),\ \phi_2^*(x),\ \cdots,\ \phi_n^*(x)]\end{aligned}$$

根据定理 8-2，将 $\{u_i^*(\tau)=\varphi_i^*(x)\in U^i,\ i\in\Gamma\}$ 代入式（8-4），可得最优状态轨迹为：

$$x^*(t)=x_0+\int_{t_0}^{t} f[x^*(\tau),\ \phi_1^*(x^*(\tau)),\ \phi_2^*(x^*(\tau)),\ \cdots,\ \phi_n^*(x^*(\tau))]d\tau,\qquad t\geqslant t_0\tag{8-10}$$

8.2 *n* 人合作微分博弈模型及其解

本节在非合作微分博弈的基础上讨论 n 人合作微分博弈。下面给出特征函数型合作微分博弈的模型及其解。

8.2.1 *n* 人合作微分博弈模型

考虑 n 个参与者合作的情况。假设 $\Gamma_c(x_0,\ t_f-t_0)$ 表示一个合作微分博弈，在此框架下，每个参与者都愿意达成某个最优原则来统一行动和分配合作支付。在合作框架下，参与者的共同最优性原则是实现支付之和最大化。

n 个参与者的合作微分博弈模型的支付函数可表示为：

$$\max_{u_1,\ \cdots,\ u_n}\sum_{i=1}^{n}\left\{\int_{t_0}^{t_f} g^i[\tau,\ x(\tau),\ u_1(\tau),\ u_2(\tau),\ \cdots,\ u_n(\tau)]d\tau+q^i[t_f,\ x(t_f)]\right\}\tag{8-11}$$

其中，状态变量 $x(\tau)$ 满足式（8-2）。

当上述博弈的时间 t_f 趋于无穷大时，该合作微分博弈称为无穷时域合作微分博弈，相应的支付函数定义为：

$$\max_{u_1,\ \cdots,\ u_n}\sum_{i=1}^{n}\left\{\int_{t_0}^{\infty} g^i[x(\tau),\ u_1(\tau),\ u_2(\tau),\ \cdots,\ u_n(\tau)]e^{-r(\tau-t_0)}d\tau\right\}\tag{8-12}$$

其中，状态变量 $x(\tau)$ 满足式（8-4）。

下面介绍一些合作微分博弈的概念和定义。

定义 8-4　设 $v(N;\ x_0,\ t_f-t_0)=\sum_{i=1}^{n}\left\{\int_{t_0}^{t_f}g^i[\tau,\ x^*(\tau),\ u_1^*(\tau),\ u_2^*(\tau),\ \cdots,\ u_n^*(\tau)]\mathrm{d}\tau+q^i[t_f,\ x^*(t_f)]\right\}$，式中，$\{x^*(t)\}_{t=t_0}^{t_f}$ 表示该合作微分博弈的最优轨迹，$u^*(\tau)=[u_1^*(\tau),\ u_2^*(\tau),\ \cdots,\ u_n^*(\tau)]$ 为最优控制集。

定义 8-5　假设 $S\subseteq N$ 为 N 中的任意一个联盟，则 $v(S;\ x_0,\ t_f-t_0)$ 称为联盟 S 的特征函数，它的值是联盟 S 与联盟 $N\backslash S$ 博弈所获得的最大支付。

由第 6 章介绍的特征函数的超可加性可知，对任意的 $S'\subset S\subseteq N$，有 $v(S;\ x_0,\ t_f-t_0)>v(S';x_0,\ t_f-t_0)$。由此可知，所有参与者形成总联盟 N 是有利的，将获得最大总支付为 $v(N;x_0,\ t_f-t_0)$，这也确保了合作微分博弈要求的总联盟能够形成的要求。设 $\Gamma_v(x_0,\ t_f-t_0)$ 表示特征函数型合作微分博弈。

8.2.2　解的分配

特征函数型合作微分博弈 $\Gamma_v(x_0,\ t_f-t_0)$ 的最优性原则包括两个方面的内容：

（1）合作策略集或控制集 $\boldsymbol{u}^*(\tau)=[u_1^*(\tau),\ u_2^*(\tau),\ \cdots,\ u_n^*(\tau)]$，$\tau\in[t_0,\ t_f]$ 的协议；

（2）在参与者之间分配合作总支付的机制或方案。一组满足最优性原则的支付分配被称为合作微分博弈解的分配。

下面给出分配的定义：

定义 8-6（分配）　给定一个特征函数型合作微分博弈 $\Gamma_v(x_0,\ t_f-t_0)$，使用 $\xi_i(x_0,\ t_f-t_0)$ 表示参与者 $i\in N$ 从总支付 $v(N;\ x_0,\ t_f-t_0)$ 中获得的属于自己的一份支付。如果所有参与者的支付组成一个向量 $\boldsymbol{\xi}(x_0,\ t_f-t_0)=[\xi_1(x_0,\ t_f-t_0),\ \xi_2(x_0,\ t_f-t_0),\ \cdots,\ \xi_n(x_0,\ t_f-t_0)]$，且满足以下两个条件，则称该向量为合作微分博弈 $\Gamma_v(x_0,\ t_f-t_0)$ 的一个分配。

（1）$\xi_i(x_0,\ t_f-t_0)\geqslant v(\{i\};\ x_0,\ t_f-t_0)$，$i\in N$；

（2）$\sum_{i=1}^{n}\xi_i(x_0,\ t_f-t_0)=v(N;\ x_0,\ t_f-t_0)$。

其中，条件（1）称为个体理性，即每个参与者在合作时获得的支付不少于非合作时所获得的支付，从而保证了联盟的稳定性；条件（2）称为集体理性，即保证帕累托最优。

定义 8-7（占优）　设 $\xi(x_0,\ t_f-t_0)$ 和 $\boldsymbol{\eta}(x_0,\ t_f-t_0)$ 为联盟 S 中的两组分配，如果满足下面两个条件，则称 $\xi(x_0,\ t_f-t_0)$ 关于联盟 S 占优 $\boldsymbol{\eta}(x_0,\ t_f-t_0)$。

（1）$\xi_i(x_0,\ t_f-t_0)\geqslant\eta_i(x_0,\ t_f-t_0)$，$i\in S$；

（2）$\sum_{i\in S}\xi_i(x_0,\ t_f-t_0)\leqslant v(S;\ x_0,\ t_f-t_0)$。

合作微分博弈的一个核心问题就是要找到一个或者一组分配，使得参与者都能按照这组分配来得到他们的支付，即该合作微分博弈的解。

与第 6 章的联盟型合作博弈相关解的概念类似，下面介绍几个合作微分博弈解的定义。

定义 8-8（核）　设 $\Gamma_v(x_0,\ t_f-t_0)$ 为一个特征函数型合作微分博弈，则博弈中不被任何分配占优的所有分配称为该合作微分博弈 $\Gamma_v(x_0, t_f-t_0)$ 的核，记作 $C_v(x_0, t_f-t_0)$。

定义 8-9 如果 $\dot{x}(\tau)=f[\tau, x(\tau), u_1(\tau), u_2(\tau), \cdots, u_n(\tau)]$ 中的一个轨迹 $\{x^*(t)\}_{t=t_0}^{t_f}$ 使得式 $v(N; x_0, t_f-t_0)=\sum_{i=1}^{n}\left\{\int_{t_0}^{t_f} g^i[\tau, x^*(\tau), u_1^*(\tau), u_2^*(\tau), \cdots, u_n^*(\tau)]\mathrm{d}\tau + q^i[t_f, x^*(t_f)]\right\}$ 成立，则称该轨迹为合作微分博弈 $\Gamma_v(x_0, t_f-t_0)$ 的一个条件最优轨迹。

定义 8-10 如果向量 $\Phi^v(x_0, t_f-t_0)=(\Phi_1^v(x_0, t_f-t_0), \Phi_2^v(x_0, t_f-t_0), \cdots, \Phi_n^v(x_0, t_f-t_0))$ 满足下面的条件：$\Phi_i^v(x_0, t_f-t_0)=\sum_{S\subset N(i\in S)}\frac{(n-s)!(s-1)!}{n!}[v(S; x_0, t_f-t_0)-v(S\setminus\{i\}; x_0, t_f-t_0)]$，$i\in N$，则称 $\Phi^v(x_0, t_f-t_0)=(\Phi_1^x(x_0, t_f-t_0), \Phi_2^x(x_0, t_f-t_0), \cdots, \Phi_n^x(x_0, t_f-t_0))$ 为合作微分博弈 $\Gamma_v(x_0, t_f-t_0)$ 的夏普利值，其是体现公平性和唯一性的博弈解。夏普利值的每个分量表示了合作微分博弈中参与者的支付共享。

对于有限时域合作微分博弈的反馈纳什均衡解如下：

定理 8-3 n 元组策略集合 $\{u_i^*(\tau)=\varphi_i^*(t, x)\in U^i, i\in\Gamma\}$ 构成 n 个参与者的合作微分博弈式（8-11）和式（8-2）的一个反馈纳什均衡解，若存在一个连续可微函数 $W(t,x)$：$[t_0, t_f]\times R^m\rightarrow R$，并对于每个参与者 $i\in N$ 都满足以下的贝尔曼方程：

$$\begin{aligned}-\frac{\partial W(t, x)}{\partial t} &= \max_{u_1, \cdots, u_n}\left\{\sum_{i=1}^{n} g^i[\tau, x(\tau), u_1(\tau), u_2(\tau), \cdots, u_n(\tau)] + \right.\\ &\quad\left.\frac{\partial W(t, x)}{\partial x}f[\tau, x(\tau), u_1(\tau), u_2(\tau), \cdots, u_n(\tau)]\right\}\\ &= \sum_{i=1}^{n} g^i[t, x, \varphi_1^*(t, x), \varphi_2^*(t, x), \cdots, \varphi_n^*(t, x)] + \\ &\quad\frac{\partial W(t, x)}{\partial x}f[t, x, \varphi_1^*(t, x), \varphi_2^*(t, x), \cdots, \varphi_n^*(t, x)]\end{aligned}$$

$$W(t_f, x)=\sum_{i=1}^{n} q^i[t_f, x(t_f)]$$

对于无穷时域合作微分博弈的反馈纳什均衡解如下：

定理 8-4 n 元组策略集合 $\{u_i^*(\tau)=\varphi_i^*(x)\in U^i, i\in\Gamma\}$ 构成 n 个参与者的合作微分博弈式（8-12）和式（8-4）的一个反馈纳什均衡解，若存在一个连续可微函数 $W(x)$：$R^m\rightarrow R$，并对于每个参与者 $i\in N$ 都满足以下的贝尔曼方程：

$$\begin{aligned}rW(x) &= \max_{u_1, \cdots, u_n}\left\{\sum_{i=1}^{n} g^i[x(\tau), u_1(\tau), u_2(\tau), \cdots, u_n(\tau)] + \right.\\ &\quad\left.\frac{\mathrm{d}W(x)}{\mathrm{d}x}f[x(\tau), u_1(\tau), u_2(\tau), \cdots, u_n(\tau)]\right\}\\ &= \sum_{i=1}^{n} g^i[x, \varphi_1^*(x), \varphi_2^*(x), \cdots, \varphi_n^*(x)] + \\ &\quad\frac{\mathrm{d}W(x)}{\mathrm{d}x}f[x, \varphi_1^*(x), \varphi_2^*(x), \cdots, \varphi_n^*(x)]\end{aligned}$$

根据定理 8-4，将 $\{u_i^*(\tau)=\varphi_i^*(x)\in U^i,\ i\in\Gamma\}$ 代入式（8-4），可得最优状态轨迹：

$$x^*(t)=x_0+\int_{t_0}^{t} f[x^*(\tau),\ \phi_1^*(x^*(\tau)),\ \phi_2^*(x^*(\tau)),\ \cdots,\ \phi_n^*(x^*(\tau))]\mathrm{d}\tau,\ t\geqslant t_0 \tag{8-13}$$

8.3　n 人合作微分博弈的求解过程

对于合作微分博弈而言，要求在每个时刻都必须满足个体理性和集体理性，而合作的成功取决于时间一致性。而一个时间一致性的解法有以下特性：当博弈沿着总联盟 N 形成后所获得的最优轨迹 $x^N(t)$ 进行，在每时每刻，所有参与者根据最初锁定的最优性原则，都不愿意偏离一直采用的最优策略。

更加通俗一点讲，时间一致性是指不管博弈是从时刻 t_0 开始还是从任意时刻 $t_f>t>t_0$ 开始，沿着最优轨迹，在同一时间段内获得的支付是相同的，而与博弈的开始时刻 τ 的选择无关。同时，从目标函数式（8-11）可以看出，包含了每个参与者 i 的瞬时支付 $g^i[\tau,\ x(\tau),\ u_1(\tau),\ u_2(\tau),\ \cdots,\ u_n(\tau)]$，而这些瞬时支付不仅依赖于自己的策略，还依赖于其他参与者的策略，为此我们希望找到替代函数 $B_i(t)$，而这个替代函数与所有参与者的策略没有直接关系，只要满足 $\sum_{i\in N}B_i(t)=\sum_{i\in N}g^i[\tau,\ x(\tau),\ u_1(\tau),\ u_2(\tau),\ \cdots,\ u_n(\tau)]$，$\forall t_0\leqslant\tau\leqslant t\leqslant t_f$。这样，我们就可以按照最初锁定的最优性原则，求得每个参与者的合作支付。为了获得这样的函数 $B_i(t)$，由定义 8-10 可知，夏普利值具有公平性和唯一性，且是每个参与者按照概率分布可以获得的合作支付，因此，需要与夏普利值进行关联，获得每个时刻的瞬时支付 $B_i(t)$。下面给出以下定义。

定义 8－11(解分配方案 IDP)　设 $B_i(t)$ 表示参与者 i 在时间 t 的分配，并记向量 $\boldsymbol{B}(t)=[B_1(t),\ B_2(t),\ \cdots,\ B_n(t)]$。如果每个分量 $B_i(t)$ 满足 $B_i(t)=r\Phi_i^v(x^N(t),\ t)-\frac{\mathrm{d}}{\mathrm{d}t}\Phi_i^v(x^N(t),\ t)$，$i\in N$，则称 $\boldsymbol{B}(t)$ 是一个解分配方案(Imputation Distribution Procedure，IDP)，进一步地，如果向量 $\boldsymbol{B}(t)$ 满足 $\Phi_i^v(x,\ t_0)=\int_{t_0}^{t}\mathrm{e}^{-r\tau}B_i(\tau)\mathrm{d}\tau+\mathrm{e}^{-r\tau}\Phi_i^v(x^N,\ t)$，$i\in N$，则称该解分配向量是时间连续的 IDP。

对于合作微分博弈的求解过程，包括三个步骤：

（1）计算合作微分博弈的特征函数；

（2）根据夏普利值（由于其公平性和唯一性）在所有参与者之间分配总合作支付；

（3）给出每个参与者一个时间一致性的分配方案。由于微分博弈是时间连续的动态博弈，所以需要保证不管博弈是从什么时刻开始，都可以获得一致的分配方案。

对于求解合作微分博弈解的以上三个步骤，可以进一步细分为六步[4]。下面给出求解由式（8-12）和式（8-4）组成的无穷时域合作微分博弈的合作博弈解的步骤，对于由式（8-11）和式（8-2）组成的有限时域合作微分博弈问题可使用类似的步骤求出其合作博弈解。前三步计算了特征函数的一些基本要素，第四步给出特征函数的定义，最后一步计算了基于特征函数的夏普利值。该值给出了合作微分博弈模型的解分配，即合作支付的时间一致性的动态分配过程。

1. 计算总联盟的最大支付

对于总联盟而言，相当于求解由式（8-14）和式（8-15）组成的无穷时域合作微分博弈。

$$\max_{u_1,\ \cdots,\ u_n}\sum_{i=1}^{n}\left\{\int_t^{\infty}g^i[x(\tau),\ u_1(\tau),\ u_2(\tau),\ \cdots,\ u_n(\tau)]\mathrm{e}^{-r(\tau-t)}\mathrm{d}\tau\right\} \tag{8-14}$$

$$\dot{x}(\tau)=f[x(\tau),\ u_1(\tau),\ u_2(\tau),\ \cdots,\ u_n(\tau)],\ x(t)=x^N(t) \tag{8-15}$$

使用 $W(N,\ x,\ t)$ 表示该问题的贝尔曼值函数，总联盟为 N。根据定理 8-4 即可求得总联盟的最优策略 $\boldsymbol{u}^N(x^N(\tau))=(u_1^N(x^N(\tau)),\ u_2^N(x^N(\tau)),\ \cdots,\ u_n^N(x^N(\tau)))$ 和最优状态 $x^N(\tau)$。

2. 计算联盟中各个参与者在非合作微分博弈下的反馈纳什均衡解

计算联盟中各个参与者在非合作微分博弈下的反馈纳什均衡解，意味着求解由式（8-1）和式（8-2）组成的非合作微分博弈的反馈纳什均衡解，其可以根据定理 8-2 求出，并使用 $V^i(t,\ x)$ 表示第 i 个参与者的贝尔曼值函数。

3. 计算除总联盟和单个参与者之外的所有可能联盟的支付

计算除总联盟和单个参与者之外的所有可能联盟的支付，这样的联盟有 2^n-n-2。对于这些联盟而言，相当于求解由式（8-16）和式（8-17）组成的无穷时域合作微分博弈。

$$\max_{u_i,\ i\in K}\sum_{i\in K}\left\{\int_t^{\infty}g^i[x(\tau),\ u_1(\tau),\ u_2(\tau),\ \cdots,\ u_n(\tau)]\mathrm{e}^{-r(\tau-t)}\mathrm{d}\tau\right\} \tag{8-16}$$

$$\dot{x}(\tau)=f[x(\tau),\ u_1(\tau),\ u_2(\tau),\ \cdots,\ u_n(\tau)],\ x(t)=x^N(t) \tag{8-17}$$

用 $W(K,\ x,\ t)$ 表示联盟 K 的贝尔曼值函数，则 $W(K,\ x,\ t)$ 满足以下的贝尔曼方程：

$$\begin{aligned} rW(K,\ x,\ t)=\max_{u_i,\ i\in K}\Big\{&\sum_{i\in K}g^i[x(\tau),\ u_1(\tau),\ u_2(\tau),\ \cdots,\ u_n(\tau)]\mathrm{e}^{-r(\tau-t)}+\\ &W_x(K,\ x,\ t)\cdot f[x(\tau),\ u_1(\tau),\ u_2(\tau),\ \cdots,\ u_n(\tau)]\Big\}\end{aligned} \tag{8-18}$$

4. 确定特征函数

无穷时域合作微分博弈的特征函数 $v(K;\ x,\ t)$ 定义如下：

$$v(\{i\};\ x,\ t)=V^i(x,\ t),\quad i\in N$$
$$v(K;\ x,\ t)=W(K,\ x,\ t),\quad K\subset N$$

5. 计算夏普利值

使用向量 $\boldsymbol{\Phi}^v(x,\ t)=[\boldsymbol{\Phi}_1^v(x,\ t),\ \boldsymbol{\Phi}_2^v(x,\ t),\ \cdots,\ \boldsymbol{\Phi}_n^v(x,\ t)]$ 表示该无穷时域合作微分博弈的夏普利值，则其中的每个分量可表示为：

$$\boldsymbol{\Phi}_i^v(x,\ t)=\sum_{i\in K}\frac{(k-1)!(n-k)!}{n!}[v(K;\ x,\ t)-v(K\backslash\{i\};\ x,\ t)],\quad i\in N \tag{8-19}$$

式中，k 表示联盟 K 中参与者的个数。

特别地，若该无穷时域合作微分博弈在整个博弈时间段内都保持该合作协议，则每个参与者所获得的支付均可按照如下的计算公式计算出其夏普利值：

$$\Phi_i^v(x_0,\ t_0) = \sum_{i \in K} \frac{(k-1)!(n-k)!}{n!}[v(K;\ x_0,\ t_0) - v(K \setminus \{i\};\ x_0,\ t_0)],\ i \in N \tag{8-20}$$

6. 确定一个具有时间一致性的解分配方案（IDP）

很显然，夏普利值对时间是可微分的，我们定义 $\boldsymbol{B}(t)=[B_1(t),\ B_2(t),\ \cdots,\ B_n(t)]$ 为该方案的解分配方案（IDP），利用式（8-21）的分配函数，对夏普利值 $\Phi_i^v(x,\ t)$ 提供一个瞬时的分配，即

$$B_i(t) = r\Phi_i^v(x^N(t),\ t) - \frac{\mathrm{d}}{\mathrm{d}t}\Phi_i^v(x^N(t),\ t) \tag{8-21}$$

8.4　基于合作微分博弈的认知无线网络动态频谱分配建模

动态频谱分配是分布式、多用户的多方动态博弈问题。各个认知用户在资源有限的情况下，对频谱的占用过程可以看作是一个博弈过程，这种博弈包括：通信时间先后的竞争、通信频率的竞争等。每个认知用户在使用频谱时，都希望能够最大程度地满足自己的通信需求，但是，对于整个认知无线网络来说，无序的竞争反而可能导致整体性能的下降。因此，为了提高多个认知用户的频谱分配效率，就必须让各个认知用户按照一定的规则或算法使用频谱。需要采用博弈论的理论、模型和算法，研究多用户间的频谱分配方法，解决多个认知用户的频谱资源竞争问题。

交互式认知无线网络中的动态频谱管理需要考虑四个方面的问题：

（1）认知用户对主用户的干扰问题；

（2）认知用户之间的竞争问题；

（3）考虑频谱时变特性的最优频谱分配问题；

（4）认知无线电系统的效率和用户间的公平性问题。

对于（1）（2）两个问题，可用静态博弈论的模型和方法，但第（3）个问题，特别是连续时变频谱的最优频谱分配问题，是随时间变化的动态博弈和合作的过程，需要使用合作微分博弈论。微分博弈是处理双方或多方连续动态对抗博弈问题的理论。国内外微分博弈的研究主要面向军事、经济等领域，尚未应用于通信资源共享问题。第（4）个问题，属于合作与协同，通过协调可实现合作，发挥各方的所长与优势，协同创造共赢的局面。因此，合作微分博弈适用于研究上述交互式认知无线网络的动态频谱分配问题[5]。

8.4.1　基于合作微分博弈的动态频谱分配形式化建模

关于认知无线网络动态频谱分配模型，业界和学术界已开展了广泛研究，发布了一些有益的成果。纵观国内外研究动向可以看出，当前的研究热点集中于静态博弈论和重复博弈展开，虽然以上这些方法在实现动态频谱分配方面取得了一些进步，但是不能真实地反映使用场景。事实上，动态频谱分配是一个随时间动态交互的过程，前一时刻的最优频谱分配方案，可能在下一刻不再保持其最优性。也就是说，在认知无线网络中，无线电环境随着时间和空间的变化有着不同的特性，并且工作频率和带宽等频带信息也具有不同的特性；同时，由于认知无线网络中用户对带宽的需求、可用信道的数量、状况和位置都是随

时变化的，因此，灵活有效的频谱分配方法显得至关重要。认知无线网络为了满足用户的 QoS 需求，必须在时变的可用频带中选出最佳频带。

伴随着合作微分博弈的一系列研究成果，为我们解决动态频谱分配问题提出了新的思路和方向，它为动态场景的决策选择问题提供了数学依据，也使得寻找稳态解成为可能，从而有效地利用频谱资源，满足不同用户对频谱资源的需求，增大系统容量，提高频谱利用率。因此，将合作微分博弈引入认知无线网络的研究是解决认知无线网络动态频谱分配问题的新途径。如何利用合作微分博弈理论对认知无线网络行为进行分析，构建基于合作微分博弈的动态频谱分配模型，必将对认知无线电技术的发展起到推动作用。

为了提高交互式认知无线网络动态频谱分配的效率，提出并建立一种基于合作微分博弈理论的交互式认知无线网络“联盟-竞争”型体系结构，根据位置、频率范围、频率使用密集程度和发射功率，将认知网络划分为不同的联盟，每个联盟内部有合作，各联盟之间有竞争。可更好地反映现实的认知无线电系统，具有更好的应用价值。

考虑具有 n 个认知用户的频谱共享场景，其中每个认知用户 $i\in N$ 的目标函数或支付函数如下：

$$\max_{u_i}\int_0^{\infty}\left[\frac{x(s)-u_i(s)}{x(s)}u_i(s)\right]\exp(-rs)\mathrm{d}s,\quad i\in N=\{1,2,\cdots,n\},\ s\in[0,\infty]\tag{8-22}$$

在目标函数（8-22）中，状态变量 $x(s)$ 表示交互式认知无线网络在时刻 s 可用频谱的百分比，控制变量 $u_i(s)$ 表示每个认知用户 $i\in N$ 在时刻 s 的频谱接入率，正常数 r 表示交互式认知无线网络的贴现率，设 $r=1.5$。

在交互式认知无线网络中，可用频谱的百分比满足如下的动态系统：

$$\dot{x}(s)=x(s)-\sum_{i=1}^{n}u_i(s),\quad x(0)=x_0\tag{8-23}$$

式（8-22）和式（8-23）组成动态频谱分配的一个合作微分博弈模型。

8.4.2 动态频谱分配模型求解

根据 8.3 节的介绍可知，合作微分博弈的求解过程分为 6 步：

1. 计算总联盟的最大支付

使用 $W(N,x,t)$ 表示该问题的贝尔曼值函数，总联盟为 N。

所有认知用户频谱使用的目标函数如下：

$$\max_{u_1,u_2,\cdots,u_n}\sum_{i\in N}\int_t^{\infty}\left[\frac{x(s)-u_i(s)}{x(s)}u_i(s)\right]\exp[-r(s-t)]\mathrm{d}s\tag{8-24}$$

在交互式认知无线网络中，可用频谱的百分比的变化满足如下的微分方程：

$$\dot{x}(t)=x(t)-\sum_{i=1}^{n}u_i(t),\quad x(0)=x_0,\quad x(t)=x^N(t)\tag{8-25}$$

求解由式（8-24）和式（8-25）组成的合作微分博弈的反馈纳什均衡解，可以得到如下的贝尔曼方程：

$$rW(N,x,t)=\max_{u_1,u_2,\cdots,u_n}\left\{\sum_{i=1}^{n}\frac{x-u_i}{x}u_i+W_x(N,x,t)\left(x-\sum_{i=1}^{n}u_i\right)\right\}\tag{8-26}$$

求解可得

$$u_i^N = [1 - W_x(N,\ x,\ t)]x/2,\ i \in N,\ W(N,\ x,\ t) = \frac{n + 1 - \sqrt{2n + 1}}{n}x \quad (8\text{-}27)$$

$$u_i^N = \frac{\sqrt{2n + 1} - 1}{2n}x,\quad i \in N \quad (8\text{-}28)$$

式（8-28）显示在总联盟下频谱接入率 u_i^N 与可用频谱的百分比 x 之间的关系，且交互式认知无线网络最优的可用频谱的百分比如下式：

$$x^N(t) = x_0 \exp\left(\frac{3 - \sqrt{2n + 1}}{2}t\right) \quad (8\text{-}29)$$

可用频谱的最优轨迹如图 8-1 所示。

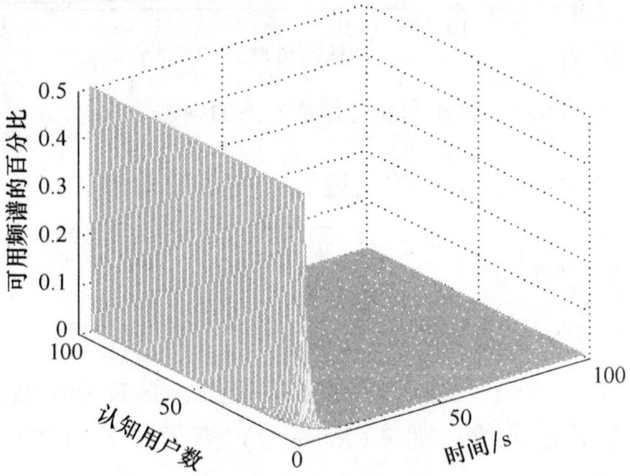

图 8-1　可用频谱的最优轨迹

2. 计算联盟中各个参与者在非合作的情况下的反馈纳什均衡解

计算联盟中各个参与者在非合作的情况下的反馈纳什均衡解，意味着求解由式（8-22）和式（8-23）组成的非合作微分博弈的反馈纳什均衡解[6]，其满足：

$$rV^i(t,\ x) = \max_{u_i}\left\{\frac{x - u_i}{x}u_i + V_x^i(t,\ x)\left(x - u_i - \sum_{j=1,\ j\neq i}^{n} u_j\right)\right\} \quad (8\text{-}30)$$

式中，$V^i(t,\ x)$ 表示第 i 个认知用户的贝尔曼值函数，式（8-30）的两边分别对 u_i 求偏导数，可得：

$$u_i^* = [1 - V_x^i(t,\ x)]x/2,\quad i \in N \quad (8\text{-}31)$$

将式（8-31）代入式（8-30）并求解，可得：

$$V^i(x,\ t) = \frac{n + 1 - \sqrt{n^2 + 2}}{2n - 1}x,\quad i \in N \quad (8\text{-}32)$$

贝尔曼值函数 $W(N,\ x,\ t)$ 和 $V^i(x,\ t)$ 的关系如图 8-2 所示。从图 8-2 可以看出，当认知用户数给定后，贝尔曼值 $W(N,\ x,\ t)$ 大于 $V^i(x,\ t)$，这意味着合作频谱接入速率大于非合作频谱接入速率。同时，也保证了个体理性。随着认知用户数的增加，贝尔曼值 $W(N,\ x,\ t)$ 也增加，但是 $V^i(x,\ t)$ 在减小。这说明无序的竞争导致了整体性能的下降。

为了改善认知无线网络的整体性能，认知用户之间的合作是必要的。

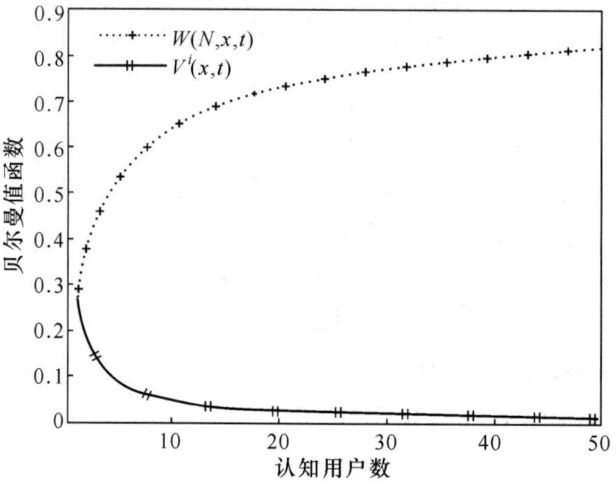

图 8-2　合作和非合作情况下的频谱接入对比

每个认知用户 $i \in N$ 的频谱接入率的反馈纳什均衡解求解如下：

$$u_i^* = \frac{n - 2 + \sqrt{n^2 + 2}}{2(2n - 1)}x, \quad i \in N \tag{8-33}$$

3. 计算除总联盟之外的所有可能联盟的支付

计算除总联盟和单个认知用户组成的博弈的收益，这样的联盟有 $2^n - n - 2$。以 $W(K, x, t)$ 表示联盟 K 的贝尔曼值函数，则 $W(K, x, t)$ 满足以下的贝尔曼方程：

$$rW(K, x, t) = \max_{u_i, i \in K}\left\{\sum_{i \in K}\frac{x - u_i}{x}u_i + W_x(K, x, t)\left[x - \sum_{i \in K}u_i - \sum_{j \notin K}u_j^*\right]\right\} \tag{8-34}$$

求解可得

$$W(K, x, t) = \frac{A - \sqrt{A^2 - k^2}}{k}x \tag{8-35}$$

$$u_i^K = \frac{k - A + \sqrt{A^2 - k^2}}{2k}x, \quad i \in K \tag{8-36}$$

式中，$A = n + 1 - (n - k) \cdot \dfrac{n + 1 - \sqrt{n^2 + 2}}{2n - 1}$。

4. 确定特征函数

合作微分博弈的特征函数 $v(K; x, t)$ 定义如下：

$$v(\{i\}; x, t) = V^i(x, t), \quad i \in N$$

$$v(K; x, t) = W(K, x, t), \quad K \subset N$$

$$v(\{i\}; x, t) = V^i(x, t) = \frac{n + 1 - \sqrt{n^2 + 2}}{2n - 1}x, \quad i \in N$$

$$v(K; x, t) = W(K, x, t) = \frac{A - \sqrt{A^2 - k^2}}{k}x$$

式中，$A=n+1-(n-k)\cdot\frac{n+1-\sqrt{n^2+2}}{2n-1}$，$K\subseteq N$。

假设 $x=1$，n 和 k 取任意值。根据方程（8-35），$W(K,x,t)$ 和认知用户数 n 之间的关系如图 8-3 所示。从图 8-3 可以看出，随着联盟中认知用户数的增加，贝尔曼值函数 $W(K,x,t)$ 也在增加。这保证了总联盟 N 可以形成，所有认知用户可以获得总频谱最大的使用率。

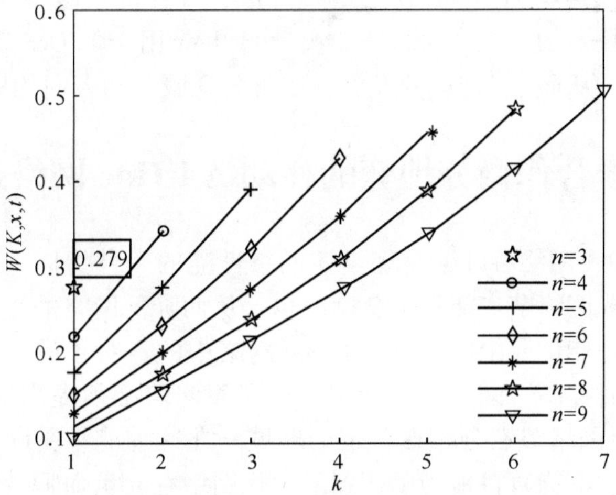

图 8-3　$W(K,x,t)$ 与 k 和 n 的关系

5. 计算夏普利值

夏普利值的表达式为：

$$\Phi_i^v(x,t)=\sum_{i\in K}\frac{(k-1)!(n-k)!}{n!}[v(K;x,t)-v(K\backslash\{i\};x,t)],\ i=1,\cdots,n \tag{8-37}$$

当 $n=3$ 时，有：

$$\Phi_i^v(x,t)=\frac{4-\sqrt{7}}{9}x,\qquad i\in\{1,2,3\} \tag{8-38}$$

6. 确定一个具有时间一致性的支付分配程序（IDP）

根据式（8-29）表示的交互式认知无线网络最优的可用频谱的百分比 $x^N(t)$，利用式（8-39）的分配函数，对夏普利值 $\Phi_i^v(x,t)$ 提供一个瞬时的分配：

$$B_i(t)=r\Phi_i^v(x^N(t),t)-\frac{\mathrm{d}}{\mathrm{d}t}\Phi_i^v(x^N(t),t) \tag{8-39}$$

直接计算式（8-39），可得：

$$B_i(t)=\frac{4\sqrt{7}-7}{18}x^N(t) \tag{8-40}$$

认知无线电真正的实施和部署，将有效缓解频谱资源的稀缺，提高频谱的利用率，这一点对中国尤为重要。同时，对管理者、维护人员、厂商和终端用户都将产生深远的影响。对频谱管理者而言，可以有效改善频谱的利用率，为新的通信应用提供更多可用的频谱。对维护人员而言，通过最大化可利用频谱，可以最大化收益；可以实现异构网络的无缝切换；可以有效降低运维成本。对厂商而言，可以降低成本，并对新的需求做出快速响应。对终端用户而言，可以在任何时间，任何地点，使用任何设备廉价地接入任意网络，实现无线遨游。

目前，IEEE 802.22 正在基于认知无线电研究开发无线区域网，而谷歌（Google）公司向联邦通信委员会（Federal Communications Committee，FCC）提议关于实时的电视广播频段拍卖模型，二者都是利用 700MHz 的电视波段，并在此波段上实现交互式宽带服务。随着大量无线应用和技术的发展，可以将认知无线电应用于低 QoS 需求的 Web 浏览、电子邮件以及其他应用，从而推动 5G 的发展，改善公众服务和人们的生活质量。

8.5 基于合作微分博弈的移动 Ad Hoc 网络速率分配

在 Ad Hoc 网络中，网络吞吐量是衡量该网络性能的一种指标，但是片面地追求提升网络吞吐量往往会造成网络节点能量的急剧减少，从而降低网络的生存周期。因此提升网络吞吐量和能量效率是能量受限的移动 Ad Hoc 网络中的一对矛盾的问题，很难达到网络吞吐量和能量效率同时提高。因为提升网络吞吐量意味着必须提高发送节点的传输速率，但在 Ad Hoc 网络中，网络节点分布在特定的区域，在这种能量受限的环境中，网络节点为了保存自己的能量，不能盲目地为了达到最大化网络吞吐量而牺牲自己的能量，因为过度消耗自己的能量可能导致能量耗尽甚至影响整个网络的寿命。然而，如果网络节点为了节省自己的能量而不发送或者不转发，又必然造成网络性能的降低。因此，寻找一种权衡网络吞吐量提高和能量效率优化的折中方法是非常必要的。

基于有限的能量资源和带宽资源，在多跳传输网络中决定传输速率和提高网络性能通常被看作资源分配或者速率分配问题。关于无线的资源分配问题需要考虑公平性和 QoS 要求，而基于网络效用最大化的速率分配算法通常被用来解决资源分配问题[7]。但是许多关于网络效用最大化的工作不考虑网络节点的自私行为和合作意愿。为此，本节基于合作微分博弈模型给出一种权衡网络吞吐量和能量效率的速率分配方案[8,9]。

8.5.1 基于合作微分博弈的形式化建模

把 Ad Hoc 网络建模为一个无向图 $G=(V, L)$，其中 V 表示节点集合、L 表示链路集合。对任意的两个节点 $u, v\in V$，如果节点 u 成功传输到节点 v，则表示链路 (u, v) 存在。对任意的节点 u，用 $M(u)$ 来表示它的一跳邻居，并且用 (v, u) 表示入链路和用 (u, v') 表示出链路，其中入链路是表示从 v 到 u 的链路，而出链路是表示从 u 到 v' 的链路。其中 $v, v'\in N(u)$。在本节中，假设链路 $l\in L$ 的容量为 C_l。

设 $N=\{1, 2, \cdots, n\}$ 表示参与博弈的传输节点的集合。假设所有待发送数据的源端节点为博弈中的参与者，参与者 $i\in N$ 在时间 t（$t\in[0, \infty)$）的传输速率为 $f_i(t)$。设 $x(t)$ 表示在时间 t 内的存储，即到达和汇聚的数据包数目。那么这个数据包数目的变化可以由下面的微分方程表示：

$$\dot{x}(t)=\sum_{i\in N}f_i(t)-\theta x(t), \quad x(0)=x_0 \tag{8-41}$$

其中，θ 表示节点队列中数据包的自然丢包概率，即表示缓存溢出的数据包比例。设 x_0 表示节点队列中的初始数据包数目。本节研究的问题是发送节点在权衡网络吞吐量提高和能量效率的基础上确定出链路上的传输速率。

考虑一个 Ad Hoc 网络，在节点按照某种路由协议发送数据之前，根据 IEEE 802. 11 MAC 协议，由 RTS/CTS/ACK 分配包来获取周围拓扑信息和链路状况。这样，通过分配报文和 MAC 的调度机制，发送节点之间通过合作微分博弈模型进行速率分配。

作为参与者，每个发送节点极小化一个效用函数，包括增加传输数据包和存储的支付，设 $C_i(f_i(t))$ 表示节点 i 增加传输数据包带来的额外支付，包括需要额外增加的能量支付和出链路上的拥塞支付。用 $S_i(f_i(t))$ 表示存储支付，即降低传输数据包数目带来的支付。假设 $Q_i(f_i(t))$ 表示额外的能量支付、$P_i(f_i(t))$ 表示拥塞支付，则有 $C_i(f_i(t))=Q_i(f_i(t))+P_i(f_i(t))$。其中：

$$Q_i(f_i(t))=\frac{\alpha}{2}(\overline{f_i(t)}-f_i(t))^2,\quad 0\leqslant\overline{f_i(t)}\leqslant f_i(t),\quad \alpha>0 \text{ 和 } i\in N \tag{8-42}$$

式中，$\overline{f_i(t)}$ 表示参与者 i 的最小传输速率，即表示它愿意发送的速率。式（8-42）表示参与者 i 增加传输速率从 $f_i(\bar{t})$ 到 $f_i(t)$ 的额外能量支付，很显然，如果 $0\leqslant f_i(t)\leqslant\overline{f_i(t)}$，则我们有 $Q_i(f_i(t))=0$。这是因为它意味着参与者 i 的能量支付没有增加，因此增加的能量支付为 0。这里，用二次模型表示能量支付，采用的模型是基于锂电池的电池能量释放模型[10]。

$$P_i(f_i(t))=\beta(f_i(t)-\max_{j\in M(i)}C_{ij})^+ \tag{8-43}$$

其中，$(z-C_l)^+=\max\{0,\ z-C_l\}$。如果 $z-C_l\leqslant 0$，则 $P_i(f_i(t))=0$，它表示没有拥塞支付产生，即表示出链路上没有发生拥塞。另外，存储支付设为：

$$S_i(f_i(t))=\omega(x_i(t)-f_i(t)),\quad \omega>0 \tag{8-44}$$

其中，$x_i(t)$ 表示节点 i 在时刻 t 存储的数据包个数；ω 表示存储支付参数。

在此基础上，对每个参与者 $i\in N$，建立目标函数如下：

$$\min_{f_i}D_i(f,\ x)=\int_0^{\infty}\exp(-\lambda t)\{C_i(f_i(t)+S_i(f_i(t)))\}\,\mathrm{d}s \tag{8-45}$$

其中，$\boldsymbol{f}=(f_1,\ f_2,\ \cdots,\ f_n)$；$\lambda$ 是贴现率。很显然，每个参与者的支付依赖于当前参与者传输的数据包和到达数据包的累积量。

由式（8-45）和式（8-41）组成 Ad Hoc 网络速率分配的一个合作微分博弈模型。

8.5.2　合作微分博弈算法求解

1. 计算总联盟的最大支付

总联盟解决了一个标准的动态规划问题，它极小化所有参与者的支付。根据定理 8-4，得到贝尔曼方程如下：

$$\lambda W(N,\ x,\ t)=\left\{\min_{f_1,\ \cdots,\ f_n}\sum_{i=1}^{n}\left[\frac{\alpha}{2}(\bar{f_i}-f_i)^2+\beta(f_i-\max_{j\in M(i)}C_{ij})^++\omega(x-f_i)\right]+W_x(N,\ x,\ t)\left[\sum_{i=1}^{n}f_i-\theta x\right]\right\} \tag{8-46}$$

式中，$W(N, x, t)$ 表示贝尔曼值函数。

在式（8-46）的右端对 f_i 求微分，并置零得到下面最优策略，即：

$$f_i^N = \bar{f_i} + \frac{1}{\alpha}(\beta + W_x(M, x, t) - \omega)$$

把 f_i^N 的值代入式（8-46）并解出 $W(N, x, t)$ 和 f_i^N，即：

$$W(N, x, t) = \left[\frac{n\omega}{\lambda(\lambda+\theta)} + \frac{\beta-\omega}{\lambda}\right]\sum_{i=1}^{n}\bar{f_i} + \frac{n\omega x}{\lambda+\theta} + \left[\frac{3n(\beta-\omega)(\lambda+\theta)+3n^2\omega}{2\alpha\lambda(\lambda+\theta)}\left(\beta-\omega+\frac{n\omega}{\lambda+\theta}\right) - \frac{n\beta}{\lambda}\sum_{i=1}^{n}\max_{j\in M(i)} C_{ij}\right] \tag{8-47}$$

$$f_i^N = \bar{f_i} + \frac{1}{\alpha}\left(\frac{n\omega}{\lambda+\theta} + \beta - \omega\right), \quad i \in N \tag{8-48}$$

数据包累积量的最优轨迹为：

$$x^N(t) = \mathrm{e}^{-\theta t}x_0 + \frac{1}{\theta}\left[\left(\sum_{i=1}^{n} f_i^N\right)(1-\mathrm{e}^{-\theta t})\right] \tag{8-49}$$

从步骤 1 得到在合作微分博弈的总联盟下，每个参与者的传输数据包分配为式（8-48）中的 f_i^N，而最小总支付为式（8-47）中的 $W(N, x, t)$。为了保证该合作微分博弈中参与者的个体理性和集体理性，在下列步骤中，设计了一个总支付的分配方案。

2. 计算联盟中各个参与者在非合作的情况下的反馈纳什均衡解

首先计算每个参与者的贝尔曼方程：

$$\lambda V^i(x, t) = \min_{f_1, \cdots, f_n}\left\{\left[\frac{\alpha}{2}(\bar{f_i} - f_i)^2 + \beta(f_i - \max_{j\in M(i)} C_{ij})^+ + \omega(x - f_i)\right] + V_x^i(x, t)\left(\sum_{j\in N,\ i\neq j} f_j^* + f_i - \theta x\right)\right\}, \quad i \in N \tag{8-50}$$

对式（8-50）中的右端的 f_i 微分并置零，可得到：

$$f_i^N = \bar{f_i} + \frac{1}{\alpha}(\beta + V_x^i(x, t) - \omega) \tag{8-51}$$

把式（8-51）代入式（8-50）中，可得：

$$V^i(x, t) = \left[\frac{\omega}{\lambda(\lambda+\theta)}\sum_{i=1}^{n}\bar{f_i} + \frac{\beta-\omega}{\lambda}\bar{f_i}\right] + \frac{\omega x}{\lambda+\theta} + \left[\frac{3(\beta-\omega)(\lambda+\theta)+2n\omega+\omega}{2\alpha\lambda(\lambda+\theta)}\left(\beta-\omega+\frac{\omega}{\lambda+\theta}\right) - \frac{\beta}{\lambda}\max_{j\in M(i)} C_{ij}\right] \tag{8-52}$$

则反馈纳什均衡下的传输速率为：

$$f_i^* = \bar{f_i} + \frac{1}{\alpha}\left(\frac{\omega}{\lambda+\theta} + \beta - \omega\right), \quad i \in N$$

这个反馈纳什均衡解表示每个参与者都不参与任何联盟得到的传输速率，也即表示非合作微分博弈的反馈纳什均衡解。

3. 计算除总联盟之外的所有可能联盟的支付

对每一个联盟 $K(k<n)$，我们定义值函数 $W(K, x, t)$ 满足贝尔曼方程：

$$\lambda W(K, x, t) = \min_{f_i,\ i\in K}\left\{ \sum_{i\in K}\left[\frac{\alpha}{2}(\bar{f_i} - f_i)^2 + \beta(f_i - \max_{j\in M(i)} C_{ij})^+ + \omega(x - f_i)\right] + W_x(K, x, t)\left(\sum_{i\in K} f_i + \sum_{j\notin K} f_j^* - \theta x\right)\right\}$$

类似于步骤 1 和步骤 2 的解法，得到：

$$W(K, x, t) = \left[\frac{k\omega}{\lambda(\lambda+\theta)} + \frac{\beta-\omega}{\lambda}\right]\sum_{i\in K}\bar{f_i} + \frac{k\omega x}{\lambda+\theta} + \left[\frac{3k(\beta-\omega)(\lambda+\theta) + 3k^2\omega + 2k\omega}{2\alpha\lambda(\lambda+\theta)}\left(\beta - \omega + \frac{k\omega}{\lambda+\theta}\right) - \frac{k\beta}{\lambda}\sum_{i\in K}\max_{j\in M(i)} C_{ij}\right] \tag{8-53}$$

$$f_i^K = \bar{f_i} + \frac{1}{\alpha}\left(\frac{k\omega}{\lambda+\theta} + \beta - \omega\right),\quad i\in K \tag{8-54}$$

4. 确定特征函数

定义特征函数如下：

$$v(\{i\}, x, t) = V^i(x, t),\quad i\in N$$
$$v(K, x, t) = W(K, x, t),\quad K\subseteq N$$

而 $V^i(x, t)$ 可以由式（8-51）得到，$W(K, x, t)$ 可以由式（8-53）得到。

5. 计算夏普利值

因为夏普利值是唯一的，它通常被采用为合作微分博弈的分配机制。假设 $n=3$，则由式（8-37）可得：

$$\Phi_i^v(x, t) = \frac{1}{2\lambda(\lambda+\theta)}\left[2\omega\left(\sum_{i=1}^{n}\bar{f_i} + \lambda x\right) + \frac{3\omega(\beta-\omega)(\lambda+\theta) + 9\omega^2}{\alpha(\lambda+\theta)}\right] + \frac{3(\beta-\omega)(\lambda+\theta) + 9\omega}{2\alpha\lambda(\lambda+\theta)}(\beta-\omega) + \frac{\beta-\omega}{\lambda}(\bar{f_i} - \max_{j\in M(i)} C_{ij})^+$$

6. 确定一个具有时间一致性的支付分配程序（IDP）

由式（8-21）可以计算该解分配为：

$$B_i(t) = \omega x^N(t) + \frac{3\omega(\beta-\omega)(\lambda+\theta) + 9\omega^2}{2\alpha(\lambda+\theta)^2} + (\beta-\omega)\frac{3(\beta-\omega)(\lambda+\theta) + 9\omega}{2\alpha(\lambda+\theta)} + (\beta-\omega)(\bar{f_i} - \max_{j\in M(i)} C_{ij})^+$$

从步骤 1 到步骤 6 得到了合作微分博弈模型的不同联盟下的传输速率值与不同联盟下的支付函数以及解分配（夏普利值）。通过以上步骤可以看出，得到的传输速率值、特征函数（合作支付）与解分配都基于参与者的最小传输速率（参与者愿意发送的数据包最小值）、达到的数据包累积量以及支付参数。

8.5.3　模拟实验与结果分析

本节给出模拟实验从而验证理论结论。考虑一个 Ad Hoc 网络的例子，该网络环境中存在三个源节点，分别为 1、2 和 3，它们是该合作微分博弈模型的参与者，设定信道容量都为 50Mbit。由于本节所讨论的合作微分博弈模型不涉及路由协议以及其他通信机制，因此这里仅分析参数对模型的影响。下面针对不同的能量支付参数和存储支付参数，采用 MATLAB 分析不同的支付函数以及可行的传输速率。

首先设 $x_{0,i}$ 表示节点队列中的初始数据包个数。表 8-1 给出了 3 个源节点的 $\overline{f_i}$ 和 $x_{0,i}$ 值。设参数 $\theta=0.038$，$\lambda=0.05$ 和 $\frac{\omega}{\alpha}=[0,\ 1.2]$。其中 ω 和 α 分别表示存储支付参数和能量支付参数。

表 8-1　初始数据包个数和最小功率值

源节点	$\overline{f_i}$	$x_{0,i}$
$i=1$	15	100
$i=2$	20	80
$i=3$	25	120

首先，图 8-4 描述了网络的总传输速率 $F_{\text{total}}^N=\sum_{i\in N} f_i^N$。其中 f_i^N 表示最优策略（最优传输速率值），它由式（8-48）得到。图 8-4 中的叉形线显示了存储支付参数 ω 对传输速率的影响，其中能量支付参数 α 是固定的。而图 8-4 中的星形线则显示了固定存储支付参数 ω 时能量支付参数对传输速率的影响。从图 8-4 可以看出，博弈模型中总联盟下的总传输速率随着存储支付参数的增加而增加，但随着能量支付参数的增加而减少。实际上，存储支付参数的增加意味着更多地关注网络吞吐量的优化，相反地，能量支付参数的增加意味着我们更多地关注如何减少额外能量支付（减少数据包的发送为目的）。从图 8-4 可以看出，当 $\omega=\alpha$，即 $\omega/\alpha=1$，两条线交叉。这意味着该交叉点是同时达到能量有效与网络吞吐量优化的均衡点。图 8-4 的对参数的仿真与前面的理论分析是一致的。同时，图 8-4 也给出了不同的支付参数下源节点决策出多大的传输速率。这个结论帮助网络设计者如何权衡能量有效和吞吐量优化从而设计支付参数，达到问题的最优设计。

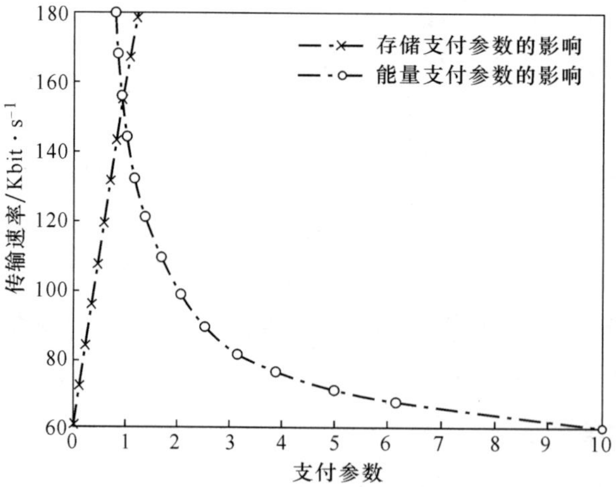

图 8-4　能量支付参数与存储支付参数对传输速率的影响

讨论完不同的支付参数对传输速率的影响之后，下面讨论不同联盟下的网络总传输速率（意味着网络吞吐量）F_{total}^{N}，F_{total}^{*}和 F_{total}^{K}，它们分别表示总联盟、非合作博弈以及中间联盟下的总传输速率。并且 $F_{\text{total}}^{*}=\sum_{i\in M}f_i^{*}$ 以及 $F_{\text{total}}^{K}=\sum_{i\in M}f_i^{K}$。在图 8-5 和图 8-6 中，分别根据不同的联盟研究了能量支付参数与存储支付参数对总传输速率的影响。首先图 8-5 显示了在相同的能量支付参数下，总传输速率随着存储支付参数的增加而增加。这是因为存储支付参数越大表示博弈中更关注降低存储支付，而源节点必须提高传输速率以达到降低存储支付的目的。这个仿真结果是与理论分析一致的。同时对于联盟数目来说，总联盟下的总传输速率最大，非合作博弈下（用菱形的线表示）的总传输速率最小。这个说明总联盟下网络的吞吐量最优，换句话说，总联盟能够激发每个参与者（源节点）更多地参与合作，从而在相同的吞吐量提高目标上，能自觉地提高自己的传输速率。

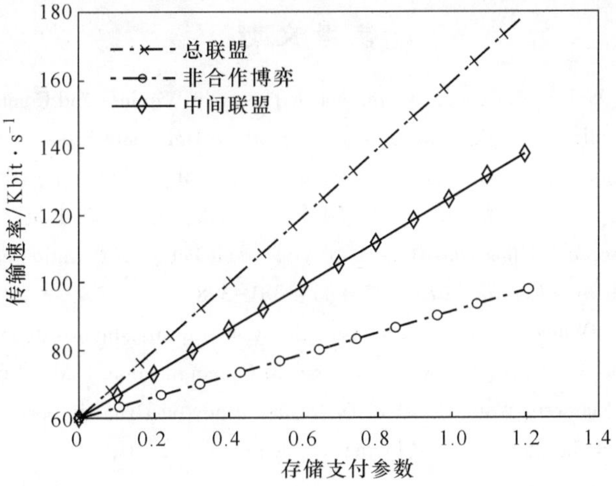

图 8-5　不同的联盟下存储支付参数对传输速率的影响

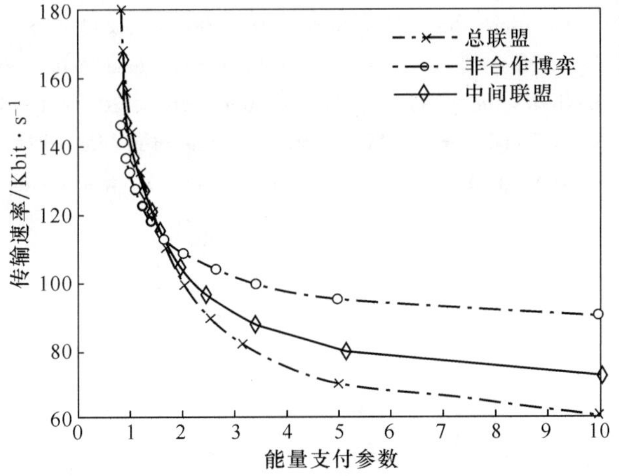

图 8-6　不同的联盟下能量支付参数对传输速率的影响

相反的是，图 8-6 显示的是在相同的存储支付参数下，总传输速率随着能量支付参数的增加而减少。这是因为能量支付参数越大意味着博弈中更关注降低能量支付，而源节点必须降低传输速率以达到降低能量支付的目的。这个仿真结果是与理论分析一致的。

同时对于联盟数目来说，总联盟下的总传输速率最小，非合作博弈的总传输速率最大。这说明总联盟下网络的能量最有效，换句话说，总联盟能够激励每个参与者（源节点）更多地参与合作，从而在相同的能量优化目标上，能自觉地降低自己的传输速率。

在能量受限的 Ad Hoc 网络中，提高网络吞吐量和降低能量消耗一直是一对矛盾。本节使用合作微分博弈模型来解决这个问题。该模型给出了一个权衡这两个指标的解方案，该方案依赖于支付参数，而通过调整和设置支付参数来达到权衡这两个指标的目的。并且给出了激发参与者参与合作的支付分配方案（夏普利值），即在达到网络最优（支付函数值最小）下的每个参与者的支付分享。这个分配方案能够体现公平性和唯一性。通过模拟的数值仿真，可以看到不同的参数设置对结果的影响以及不同的联盟数对总支付的影响。

参考文献

[1] H. Zhu, N Dusit, S Walid, B Tamer, H Are. Game Theory in Wireless and Communication Networks: Theory, Models, and Applications [M]. Cambridge: Cambridge University Press, 2012.

[2] 杨荣基，彼得罗相，李颂志．动态合作——尖端博弈论［M］. 北京：中国市场出版社，2007.

[3] 马忠贵．博弈论及其在无线通信网络中的应用［M］. 北京：国防工业出版社，2015.

[4] L. Petrosyan, G. Zaccour. Time-consistent shapley value allocation of Pollution cost reduction [J]. Journal of Economic Dynamics and Control, 2003, 27 (3): 381-398.

[5] Zhonggui Ma, Hongbo Wang. Dynamic Spectrum Allocation with Maximum Efficiency and Fairness in Interactive Cognitive Radio Networks [J]. Wireless Personal Communications, 2012, 64 (2): 439-455.

[6] Ma Zhonggui, Zhou Xianwei, Wang Hongbo, Tu Xuyan. Study on Dynamic Spectrum Management Model for Interactive Cognitive Radio [J]. Chinese Journal of Electronics, 2010, 19 (1): 145-149.

[7] R. La, V. Anantharam. Utility-based rate control in the internet for elastic traffic [J]. IEEE/ACM Transactions on Networking, 2002, 10 (2): 272-286.

[8] Xuna Miao, Xianwei Zhou, Huayi Wu. A cooperative differential game model based on transmission ratein wireless networks [J]. Operations Research Letters, 2010, 38 (4): 292-295.

[9] Xuna Miao, Xianwei Zhou, Huayi Wu. A cooperative differential game model based on network throughput and energy efficiency in wireless networks [J]. Optimization Letters, 2010: 1-14.

[10] S. Singh, M. Woo, C. S. Raghavendra. Power-aware routing in mobile Ad Hoc networks [R]. Proceedings of the 4th annual ACM/IEEE international conference on Mobile computing and networking, 1998: 181-190.